W0386694

LA LONGUE TRAÎNE

DU MÊME AUTEUR

Free ! Entrez dans l'économie du gratuit !, Pearson Education, 2009

Chris ANDERSON

LA LONGUE TRAÎNE

Quand vendre moins, c'est vendre plus

Champs essais

Copyright © 2006, 2008 by Chris Anderson
L'édition originale de cet ouvrage a été publiée aux États-Unis
par Hyperion, sous le titre *The Long Tail :
Why the Future of Business is Selling Less of More*
© 2007, 2009, Pearson Education France, Paris
© Flammarion, 2012, pour la présente édition
ISBN : 978-2-0812-8573-6

Pour Anne

INTRODUCTION

Les listes de best-sellers sont pour les Américains une obsession nationale. Notre culture locale est un vaste hit-parade. Nous sommes obnubilés par les succès – les faire, les choisir, en parler, suivre leur essor et leur déclin. Chaque week-end est une course au box-office, chaque jeudi soir une lutte darwinienne entre émissions de télévision pour déterminer la plus apte à survivre jusqu'à la semaine suivante. Quelques chansons à succès passent en boucle à la radio, tandis que les dirigeants de toutes les industries du loisir s'interrogent fébrilement sur ce qui marchera demain.

Tel est le monde que la loi du succès a bâti. Depuis un demi-siècle, étoiles filantes du box-office, disques d'or et taux d'audience à deux chiffres font vivre les secteurs massifs des médias et du divertissement. Il n'est pas étonnant que les hits, tubes et autres grands succès soient devenus comme des lunettes à travers lesquelles nous observons notre propre culture. Notre époque se définit d'après ses célébrités et ses produits grand public, qui forment le tissu conjonctif de notre expérience commune. Le star-system né à Hollywood voici quatre-vingts ans s'est aujourd'hui répandu dans les moindres recoins du commerce, depuis la chaussure jusqu'à la restauration. Nos médias sont obsédés par ce qui est à la mode et ce qui ne l'est pas. En somme, les hits font la loi.

Pourtant, si vous y regardez d'un peu plus près, vous verrez que ce tableau qui s'est formé avec la radio et la télévision d'après-guerre commence à s'écailler dans les coins. Les hits, aïe ! les hits font moins la loi. Le numéro un reste numéro un, mais les ventes correspondantes ne sont plus ce qu'elles étaient.

Parmi les cinquante albums les plus vendus de tous les temps [1], la plupart datent des années 1970 et 1980 (The Eagles, Michael Jackson) et aucun n'est postérieur à 2000. Les recettes brutes des films de Hollywood ont baissé de plus de 6 % en 2005, ce qui montre bien que le public des cinémas diminue alors même que la population augmente.

Tous les ans, les grandes chaînes de télévision [2] perdent un peu plus d'audience au profit de centaines de chaînes par câble spécialisées. Les hommes de 18 à 34 ans, public le plus recherché par les annonceurs, commencent à éteindre carrément la télévision pour consacrer à Internet et aux jeux vidéo une partie croissante du temps qu'ils passent devant un écran. Les chiffres d'audience des grandes émissions de variétés reculent depuis des dizaines d'années, et le numéro un d'aujourd'hui n'aurait pas été parmi les dix premiers en 1970.

En bref, même si les succès nous obsèdent encore, ils ne sont plus tout à fait le phénomène économique d'autrefois. Où s'en vont donc les consommateurs infidèles ? Nulle part en particulier. Ils se dispersent à tous vents, le marché se fragmente entre d'innombrables niches. Il y a bien un domaine en forte croissance, le web, mais il forme un magma indistinct, avec un million de destinations qui toutes à leur manière défient la logique conventionnelle des médias et du marketing.

iTunes a tué la vedette de la radio

J'ai grandi à une époque où la culture de masse était à son apogée, les années 1970 et 1980. L'adolescent moyen avait alors à sa disposition une demi-douzaine de chaînes de télévision et tout le monde ou presque regardait un petit nombre d'émissions, toujours les mêmes. Dans chaque ville, trois ou quatre stations de radio rock dictaient largement la musique que les gens écoutaient ; seuls quelques gamins chanceux avaient les moyens de se constituer des collections de disques qui s'aventuraient un peu au-delà.

Tous, nous voyions les mêmes films à gros budget, nous nous informions en lisant les mêmes journaux et en écoutant les mêmes émissions. Les seuls endroits ou presque où l'on pouvait sortir des sentiers battus étaient la bibliothèque et la boutique de bandes dessinées. Autant que je m'en souvienne, en dehors de la culture de masse, la seule culture dont j'avais connaissance venait des livres et de ce que mes camarades et moi-même pouvions créer, ce qui ne sortait pas du périmètre de nos jardins.

Comparez mon adolescence à celle de Ben, 16 ans, ado malin et filiforme qui a grandi avec Internet. Fils unique d'un couple aisé, élevé dans le quartier chic de North Berkeley Hills, il a un Mac dans sa chambre, un iPod bien rempli (plus un crédit hebdomadaire d'accès à iTunes) et une bande d'amis équipés de même. Comme ces derniers, il n'a jamais connu de monde sans haut débit, sans téléphone portable, sans MP3, sans TiVo et sans commerce électronique.

Toutes ces possibilités de connexion lui confèrent principalement une liberté d'accès sans filtre à la culture et à des contenus de toutes sortes, des plus répandus jusqu'aux plus marginaux. Le monde dans lequel il grandit n'est pas celui que j'ai connu ; il est bien moins dominé par les secteurs traditionnels des médias et du divertissement. Si vous ne vous reconnaissez pas dans les pages de ce livre, songez plutôt à Ben. Sa réalité est l'aile marchante de tous nos avenirs.

Tel que le voit Ben, le paysage culturel forme un continuum ininterrompu de la base au sommet, où productions commerciales et contenus amateurs se disputent son attention sur un pied d'égalité. Il ne fait aucune distinction entre ce qui plaît à la majorité des gens et les niches marginales : il choisit ce qu'il aime dans un menu illimité où figurent côte à côte films de Hollywood et bandes vidéo de jeux électroniques enregistrées par les joueurs.

Deux heures par semaine peut-être, Ben regarde une émission de télévision classique, principalement *West Wings* (en lecture différée par *time-shift*, bien sûr) et *Firefly*, un vieux feuilleton spatial qu'il a stocké sur son TiVo. Il considère aussi comme de la télévision les animations qu'il télécharge à l'aide de la technologie de partage de fichiers *peer-to-peer* BitTorrent, car elles ont d'abord été diffusées à la télévision japonaise (souvent, des passionnés leur ont ajouté des sous-titres en anglais).

En ce qui concerne le cinéma, il est friand de science-fiction, ce qui n'est pas très original. *Star Wars* le passionne, comme la série *Matrix*. Mais il regarde aussi des films qu'il télécharge, tels que des *machinimas* (films amateurs fabriqués à partir des personnages de jeux vidéo) et des productions indépendantes comme *Star Wars Revelations*, un film-hommage réalisé par des amateurs, dont les effets spéciaux rivalisent avec les originaux de Lucas.

Une partie de la musique qu'il écoute sur son iPod est téléchargée depuis iTunes, mais l'essentiel vient de ses amis. Quand l'un d'eux achète un CD, il fait en général des copies pour tous les autres. Ben aime surtout le rock classique – Led Zeppelin et Pink Floyd – assaisonné de quelques pistes sonores de jeux vidéo. Côté radio, il n'écoute que NPR [3], quand ses parents l'allument en voiture.

Les lectures de Ben vont des romans de la série *Star Wars* aux mangas japonais, en bonne partie grâce aux bandes dessinées du web. Comme quelques-uns de ses amis, il est attiré par la sous-culture nipponne au point d'apprendre le japonais à l'école. De mon temps, les collégiens étudiaient le japonais parce que le Japon était une puissance économique majeure et que la maîtrise de sa langue était censée ouvrir des opportunités de carrière. Aujourd'hui, ils apprennent le japonais pour pouvoir sous-titrer des dessins animés et explorer le monde des mangas au-delà de la production relativement ordinaire disponible en version traduite.

Ben passe la plus grande partie de son temps libre en ligne, que ce soit pour surfer au hasard ou pour participer à des forums d'utilisateurs comme ceux consacrés à Halo ou à *Star Wars*. Il ne s'intéresse pas à l'actualité – il ne lit aucun quotidien et ne regarde pas le journal télévisé –, mais il suit les derniers débats technologiques ou sous-culturels sur des sites comme Slashdot (actualités des technomanes) ou Fark (actualités burlesques). Tout au long de la journée, il ne cesse d'échanger des messages instantanés avec ses dix meilleurs amis. Il n'envoie pas beaucoup de SMS, mais il a des amis qui le font (les SMS ont la préférence de ceux qui se déplacent beaucoup ; les messages instantanés conviennent davantage à ceux qui passent plus de temps dans leur chambre). Il joue à des jeux vidéo avec ses amis, surtout en ligne. Il trouve que Halo 2 décoiffe, surtout avec ses niveaux modifiés par l'utilisateur.

Je soupçonne que mes années d'adolescence auraient ressemblé à cela si j'étais né vingt-cinq ans plus tard. La principale différence entre l'adolescence de Ben et la mienne est simplement affaire de choix disponible. Le mien se limitait à ce qui était diffusé sur les ondes. Lui a Internet. Je n'avais pas TiVo, ni même le câble ; il a tout cela, et aussi BitTorrent. J'ignorais totalement l'existence des mangas, et encore plus comment m'en procurer. Ben peut tous les obtenir. Aurais-je regardé les rediffusions de *Gilligan's Island*[4] si j'avais pu former en ligne avec mes amis un clan de World of Warcraft ? J'en doute.

Si les émissions de télévision étaient plus populaires dans les années 1970 qu'aujourd'hui, ce n'est pas parce qu'elles étaient meilleures mais parce que nous avions moins d'autres choix susceptibles de rivaliser avec elles sur nos écrans. Ce que nous considérions comme la montée d'une culture commune n'était pas tant le triomphe des talents de Hollywood qu'un effet de panurgisme provoqué par la radiotélédiffusion.

La radiotélédiffusion, c'est son grand avantage, est capable d'apporter une émission à des millions de gens avec une efficacité sans pareil. Mais elle ne peut faire l'inverse – amener un million d'émissions à une seule personne à la fois. Internet, en revanche, le fait à merveille. L'économie de l'ère de la radiotélédiffusion exigeait des émissions à succès – et à gros budgets – pour capter un vaste public. L'économie de l'ère du haut débit fonctionne inversement. Fournir le même flux à des millions de gens à la fois est extrêmement coûteux, et ce serait du gaspillage pour un réseau de distribution adapté aux communications de point à point.

Il y a encore une demande pour les grosses machines culturelles, mais elles ne sont plus l'unique marché. Les émissions à succès sont aujourd'hui en concurrence avec un nombre infini de marchés de niche de toutes tailles. Et les consommateurs se tournent de plus en plus vers celui où ils trouvent le choix le plus vaste. L'ère de la taille unique touche à sa fin et cède la place à quelque chose de neuf, un marché de multitudes.

Ce marché est l'objet du présent ouvrage.

L'éparpillement des masses en myriades de parcelles culturelles différentes est un phénomène infiniment perturbant pour le monde traditionnel des médias et du divertissement. Pendant des décennies ses dirigeants ont cherché à maîtriser de mieux en mieux les succès, leur création, leur choix et leur promotion, et voilà tout à coup que ces succès ne suffisent plus. Le public se tourne vers autre chose, vers une prolifération trouble et indistincte de… eh bien, nous n'avons pas de mot satisfaisant pour ces non-succès. On ne peut parler de « ratés », assurément, car la plupart d'entre eux n'ont jamais cherché à dominer le monde. Ils sont « tout le reste ».

Il est étrange que cette catégorie soit ainsi négligée. Après tout, elle englobe la vaste majorité de tout. La plupart des films ne sont pas de grands succès, la plupart des enregistrements musicaux n'entrent pas dans le Top 100, la plupart des livres ne sont pas des best-sellers, la plupart des programmes vidéo ne sont même pas mesurés par Nielsen, et encore moins classés en *prime time*. Beaucoup d'entre eux réunissent néanmoins des audiences qui se comptent en millions à travers le monde. Simplement, comme on ne les compte pas parmi les succès, on ne les compte pas du tout.

Or, ils sont le lieu où s'éparpille le marché de masse discipliné jusque-là. Le tableau simple où comptaient seuls quelques grands succès, et le reste pas du tout, laisse place à une mosaïque incompréhensible formée d'un million de minimarchés et de microcélébrités. De plus en plus, le marché de masse se transforme en une masse de niches.

Cette masse de niches a toujours existé, mais comme il devient de moins en moins cher de l'atteindre – de trouver des produits de niche pour les consommateurs, de trouver des consommateurs pour les produits de niche –, elle devient soudain une force culturelle et économique dont on doit tenir compte.

Le nouveau marché de niche ne remplace pas le marché des succès traditionnel, il ne fait que partager la scène avec lui pour la première fois. Pendant un siècle, pour utiliser de la manière la plus efficiente linéaires, écrans, chaînes et attention du public, toutes choses coûteuses, on a écarté tout ce qui ne faisait pas partie des succès. À présent, dans une nouvelle ère de consommateurs en réseau et de numérisation universelle, l'économie de cette distribution évolue radicalement, car Internet absorbe tous les secteurs qu'il touche, devenant magasin, salle de cinéma ou station de télévision pour une fraction du coût traditionnel.

On peut se représenter cette diminution des coûts de distribution comme la baisse d'un niveau d'eau ou le reflux d'une marée : peu à peu apparaît un nouveau paysage qui avait toujours été là – mais sous l'eau. Ces niches forment une vaste étendue de produits qu'il était auparavant antiéconomique de proposer. Beaucoup de ces produits étaient déjà là ; tout simplement, ils n'étaient pas visibles, ou pas faciles à trouver. Ce sont les films dont la diffusion n'est pas allée jusqu'à votre cinéma local, les morceaux que votre station de radio rock locale ne passait pas, les équipements sportifs non référencés par les chaînes d'hypermarchés. Aujourd'hui, ils sont disponibles *via* Netflix, iTunes, Amazon ou quelque autre site improbable signalé par Google. Le marché invisible est devenu visible.

D'autres produits de niche sont nouveaux, créés par une industrie naissante au carrefour du monde commercial et du monde sans but lucratif, où l'on ne sait pas très bien où finissent les professionnels et où commencent les amateurs. C'est le nouveau monde des blogueurs, des passionnés de vidéo ou des orchestres amateurs, tous soudain en mesure de trouver un public grâce à cette même économie enviable de la distribution numérique.

La loi des 98 %

Ce livre a eu pour point de départ un chiffre aberrant. En tant que rédacteur en chef de *Wired*, entre autres activités, je donne des conférences sur les grandes évolutions des technologies. Comme j'ai commencé ma carrière dans l'univers de la science avant d'apprendre l'économie chez *The Economist*, je scrute ces évolutions d'abord à travers des chiffres vérifiés. Or, par bonheur, jamais autant de chiffres n'avaient été disponibles. Les secrets de l'économie du XXIe siècle résident dans les serveurs des entreprises qui nous entourent, d'eBay à Wal-Mart. Même s'il n'est pas toujours facile d'obtenir les chiffres bruts, les dirigeants de ces entreprises les scrutent quotidiennement et savent avec beaucoup d'intuition faire le tri entre ceux qui sont significatifs et ceux qui ne le sont pas. Pour détecter une tendance, il n'est rien de tel que de les interroger.

C'est ce qui m'avait amené un jour de janvier 2004 dans le bureau de Robbie Vann-Adibé [5], P-DG d'Ecast, spécialiste des « juke-box numériques ». Un juke-box numérique est exactement comme un juke-box classique – une grosse boîte avec des haut-parleurs et des lumières clignotantes, souvent installée dans un bar –, sauf qu'au lieu de contenir une centaine de CD elle est connectée à Internet à haut débit et que les clients peuvent ainsi choisir parmi des milliers de morceaux téléchargés et stockés sur un disque dur local.

Dans le courant de notre conversation, Vann-Adibé m'a demandé de deviner le pourcentage des 10 000 albums disponibles sur ses juke-box dont au moins un morceau était vendu par trimestre.

Je savais bien sûr que c'était une question piège. La réponse normale aurait dû être 20 % à cause de la règle des 80/20, dont on sait d'expérience qu'elle s'applique pratiquement partout. C'est-à-dire que 20 % des produits représentent 80 % des ventes (et d'ordinaire 100 % des profits).

Mais Vann-Adibé vendait des contenus numériques, ce qui est tout différent. Je me suis donc audacieusement aventuré à répondre que 50 % de ces 10 000 albums, une proportion stupéfiante, vendaient au moins un morceau par trimestre.

À première vue pourtant, ce chiffre était délirant. Dans une grande librairie classique, la moitié des 10 000 premiers livres ne se vendent pas à un exemplaire par mois. La moitié des 10 000 premiers CD chez Wal-Mart (qui d'ailleurs ne détient pas autant de références) ne se vendent pas une fois par mois. On imagine difficilement un marché sur lequel se vendrait une fraction aussi élevée d'un catalogue aussi vaste. Mais puisque le numérique était différent, j'ai tenté ma chance en lançant un gros chiffre.

Il va sans dire que j'étais loin du compte. La réponse était 98 %.

« Étonnant, non ? m'a demandé Vann-Adibé. Tout le monde se trompe sur la réponse. » Lui-même avait été fort étonné : sa société avait beau ajouter toujours de nouveaux titres à ses collections, dépassant de loin les stocks de la plupart des disquaires du monde pour entrer dans le monde des niches des sous-cultures, ils continuaient à se vendre. Et plus elle en ajoutait, plus ils se vendaient. La demande de morceaux autres que les tubes paraissait sans limite. Bien sûr, ces chansons ne se vendaient pas en grandes quantités, mais presque toutes se vendaient au moins un peu. Et comme ils n'étaient que des bits dans une base de données dont le stockage et la distribution ne coûtaient presque rien, tous ces morceaux vendus une fois de temps en temps finissaient par faire masse.

Ce qu'avait découvert Vann-Adibé était que les niches musicales représentent ensemble un marché énorme et sans vraie limite. Il appelait ce phénomène la « loi des 98 % ». « Dans un monde où l'emballage ne coûte presque rien et où l'on accède instantanément à presque tout contenu présenté dans ce format, les consommateurs montrent un comportement constant : ils regardent presque tout », m'a-t-il dit plus tard. « Je crois que cela exige des grands changements chez les producteurs de contenus, mais quels changements ? Je n'en sais trop rien ! »

Je me suis mis en tête de répondre à cette question. Je voyais bien que cette statistique à rebours de ce qu'on aurait imaginé spontanément contenait une vérité forte sur la nouvelle économie du divertissement à l'ère numérique. Avec une offre sans limite, nos postulats quant aux rôles respectifs des tubes et des niches étaient entièrement faux. La rareté réclame des tubes : si quelques places seulement sont disponibles sur les linéaires ou les ondes radio, il est entièrement raisonnable de les consacrer aux titres qui se vendront le mieux. Et s'ils n'ont rien d'autre à leur disposition, les gens les achèteront.

Mais que se passe-t-il si le nombre de places est infini ? Considérer le métier sous l'angle des tubes n'est peut-être pas la bonne manière de le regarder. Après tout, les non-succès sont bien plus nombreux que les succès, et désormais les uns et les autres sont également disponibles. Que se passe-t-il si l'addition des non-succès – depuis les produits de niche prospères jusqu'aux ratages sans appel – forme un marché aussi important, sinon plus, que celui des tubes eux-mêmes ? La réponse à cette interrogation était claire : l'industrie du divertissement en serait radicalement transformée.

Ainsi me suis-je embarqué dans une étude qui allait me conduire chez tous les grands noms de l'industrie naissante du divertissement numérique, d'Amazon à iTunes. Partout où j'allais, on me disait la même chose : les succès, c'est bien, mais les niches sont en train de devenir le grand marché de demain. La loi des 98 % s'avérait presque universelle. Apple affirmait que sur un million de morceaux proposés par iTunes, tous s'étaient vendus au moins une fois (son catalogue a doublé depuis lors). Netflix reconnaissait que 95 % de ses 25 000 DVD d'alors (55 000 aujourd'hui) étaient loués au moins une fois par trimestre. Amazon ne publiait pas de chiffres précis, mais des études universitaires indépendantes sur ses ventes de livres semblaient indiquer que 98 % de ses 100 000 premiers livres se vendaient au moins à un exemplaire par trimestre. Et j'ai continué ainsi d'entreprise en entreprise.

Toutes étaient impressionnées de voir la demande qui se portait sur des catégories considérées naguère comme économiquement marginales, depuis les DVD des feuilletons télévisés britanniques, qui rencontrent un succès étonnant sur Netflix, jusqu'à la musique des années 1970, qui marche très fort sur iTunes. J'ai compris que, pour la première fois, j'observais les vrais contours de la demande dans notre civilisation, sans le filtre imposé par l'économie de rareté.

Ces contours sont, il faut le dire, vraiment, vraiment bizarres. On a du mal à penser que pratiquement tout ce qui se trouve proposé rencontre une demande. On a du mal, parce qu'en général on ne raisonne pas en termes d'unités par trimestre. Dans le commerce traditionnel, on s'interroge sur ce qui va se vendre beaucoup. On ne s'intéresse guère à ce qui se vend de temps en temps, car chez un disquaire traditionnel, un CD dont on ne vend qu'un seul exemplaire par trimestre occupe exactement autant de place qu'un CD dont on en vend mille. Cette place a un coût – sous forme de loyer, de frais généraux, de salaires, etc. –, qui doit être couvert par une certaine rotation mensuelle des stocks. Autrement dit, les titres marginaux gaspillent de l'espace.

Quand la place ne coûte plus rien, en revanche, il devient soudain possible de réexaminer ces articles peu vendus, et ils commencent à devenir intéressants. Telle est l'idée qui a conduit à la création d'Amazon, de Netflix et de toutes les autres entreprises que j'interrogeais. Toutes avaient compris que là où l'économie de la distribution traditionnelle s'essouffle, celle de la distribution en ligne se maintient. Les articles marginaux continuaient à ne pas se vendre beaucoup, mais ils étaient si nombreux que leur addition représentait au total un chiffre d'affaires considérable.

Tout au long du premier semestre 2004, j'ai donné corps à ce constat au cours de mes conférences, en affinant progressivement ma thèse. À l'origine, mon intervention avait pour titre « La loi des 98 % ». Puis ce fut « De nouvelles lois pour l'économie du divertissement » (ce qui n'était pas le mieux inspiré de mes titres).

Mais dès cette époque, j'ai obtenu quelques chiffres incontestables grâce à Rhapsody, l'un des acteurs de la musique en ligne. Il m'avait confié un mois de statistiques d'utilisation de ses clients, et quand j'en ai fait un graphique, je me suis aperçu que la courbe obtenue était différente de tout ce que je connaissais jusque-là.

Elle commençait comme n'importe quelle courbe de demande, modulée selon la faveur du public. Au début de la courbe, un petit nombre de grands succès étaient téléchargés un très grand nombre de fois ; puis la courbe déclinait fortement avec les morceaux moins demandés. Mais la chose intéressante était qu'elle ne tombait jamais à zéro. Si j'allais jusqu'au 100 000e morceau et si je faisais un zoom dessus, le nombre mensuel de téléchargements se comptait encore en milliers. Et la courbe se prolongeait, 200 000, 300 000, 400 000 morceaux – plus qu'aucun magasin ne pourrait jamais en avoir en rayon. Au plus loin que je regardais, il y avait encore une demande. En allant vers l'extrémité de la courbe, les morceaux n'étaient téléchargés que quatre ou cinq fois par mois, mais ce n'était encore pas zéro.

En statistiques, les courbes de ce type sont appelées « distributions à longue traîne », car la queue (ou traîne) de la courbe est très longue par rapport à sa tête. Ainsi, n'ai-je eu qu'à me pencher sur la traîne elle-même et à lui accoler un adjectif approprié, et « La Longue Traîne »

– *The Long Tail* – était née. Elle est arrivée à la vie par la diapo numéro 20 de l'une de mes présentations consacrées aux « nouvelles lois ». C'est je crois Reed Hastings, le P-DG de Netflix, qui m'a convaincu que j'étais en train de gaspiller mon avantage. À l'été 2004, « The Long Tail » n'était plus seulement l'intitulé de mes conférences mais j'avais presque terminé un article sous le même titre pour mon propre magazine.

Paru en octobre 2004, « The Long Tail » est vite devenu le plus cité des articles jamais publiés dans *Wired*. Ses trois observations principales – 1) la traîne des variétés disponibles est bien plus longue que nous n'en n'avons conscience, 2) elle est aujourd'hui économiquement accessible, 3) toutes ces niches, une fois agrégées, peuvent former un marché non négligeable – semblaient d'autant plus incontestables qu'elles s'appuyaient sur des données non publiées jusque-là.

Des traînes partout

Ce premier article a suscité un raz-de-marée de réactions, dont l'un des aspects les plus encourageants est qu'elles provenaient d'un vaste éventail d'industries. Cet article était avant tout une analyse de la nouvelle économie dans les secteurs des médias et du divertissement ; à peine l'avais-je un peu élargi pour mentionner au passage que des entreprises comme eBay (avec les objets d'occasion) et Google (avec les petits annonceurs) étaient aussi des entreprises à Longue Traîne. Mais ses lecteurs ont vu des Longues Traînes partout, de la politique aux relations publiques, de l'édition musicale au sport universitaire.

Ils avaient intuitivement saisi que les nouvelles efficiences dans la distribution, la production et le marketing étaient en train de bouleverser partout la définition de ce qui est commercialement viable. La meilleure façon de décrire ces forces est de dire qu'elles transforment des clients, des produits et des marchés non rentables en clients, produits et marchés rentables. Même si ce phénomène n'est nulle part aussi évident que dans le divertissement et les médias, il suffit d'aller sur eBay pour le voir plus largement à l'œuvre, des automobiles aux objets artisanaux.

D'une manière plus large, il est clair que la Longue Traîne relève de l'économie d'abondance – c'est ce qui se passe quand les goulots d'étranglement placés entre l'offre et la demande dans notre société commencent à disparaître et que tout devient disponible pour tout le monde.

On me demande souvent d'indiquer une catégorie de produits qui ne se prêterait pas à l'économie de la Longue Traîne. Je réponds d'ordinaire qu'il pourrait s'agir d'un produit de base non différencié, pour lequel la diversité serait non seulement absente mais indésirable. Par exemple la farine, que je me rappelais avoir vue en vente au supermarché dans un gros sac étiqueté « farine ». Puis un jour je suis entré dans l'épicerie de mon quartier et j'ai compris à quel point je me trompais : aujourd'hui, on y trouve plus de vingt sortes de farines différentes, qui vont des classiques comme la farine de blé complet et de blé bio à des curiosités comme les farines d'amarante ou de maïs bleu. Étonnant : la farine a déjà une Longue Traîne.

Notre prospérité croissante nous permet de passer du stade d'acheteurs opportunistes qui se procurent des produits de base sous marque (voire sans marque) à celui de miniconnaisseurs qui modulent leur goût avec mille subtilités qui les distinguent des autres. Nous adoptons désormais une foule de nouveaux comportements de consommation désignés par des appellations volontairement paradoxales : « massclusivité », « slivercasting », « personnalisation de masse ». Tous vont dans la même direction : davantage de Longues Traînes.

Bande-annonce pour l'économie du XXIe siècle

Ce livre est pour partie un projet de recherche économique réalisé avec l'aide et la participation d'étudiants et de professeurs des *business schools* de Stanford, du MIT et de Harvard. Il est pour partie le fruit de plus d'une centaine de conférences, de sessions de remue-méninges, de rencontres sur le terrain avec des entreprises et des groupes qui voient la Longue Traîne changer leur monde. Il est aussi pour partie une collaboration avec les dizaines d'entreprises et de dirigeants qui m'ont communiqué de nombreux mégaoctets de statistiques internes, m'ouvrant ainsi une fenêtre sans précédent sur la microéconomie émergente des marchés de l'ère en ligne.

En ce moment fascinant, l'économie du XXIe siècle se lit déjà clairement dans les bases de données des Google, Amazon, Netflix, iTunes et bien d'autres. Ces nombreux téraoctets de statistiques sur le comportement des consommateurs donnent une idée de la manière dont les consommateurs se comporteront sur des marchés où le choix sera infini, question qui ne signifiait pas grand-chose jusqu'à une époque récente mais qu'il est désormais essentiel de comprendre.

Étonnamment, très rares sont les économistes qui s'intéressent à ces données, et avant tout parce qu'ils ne les ont pas demandées (la plupart des universitaires avec lesquels j'ai travaillé sont des professeurs d'écoles de commerce, rarement des économistes). Il y a des exceptions : Hal Varian, économiste à UC Berkeley travaille à temps partiel chez Google et les spécialistes de la théorie des enchères, on s'en doute, adorent eBay, mais ils sont rares. Une partie des données présentées dans ce livre n'avaient jamais vu la lumière du jour auparavant.

Avançant en territoire inconnu, j'ai largement sollicité l'aide d'experts de nombreux horizons. À titre expérimental, j'ai réfléchi en public à beaucoup des concepts et des articulations les plus délicats sur mon blog, à l'adresse thelongtail.com. Voici comment cela se passait d'habitude : j'affichais un raisonnement inachevé sur l'évolution de la loi des 80/20, par exemple, et des dizaines de lecteurs avisés rebondissaient par des commentaires, des courriers électroniques ou des notes sur leur propre blog en suggérant des améliorations. Il se trouve que ce remue-méninges public et inorganisé a réussi à attirer plus de cinq mille lecteurs par jour en moyenne.

Les développeurs de logiciels diffusent des versions provisoires (« bêta ») de leur code à leurs utilisateurs les plus impatients. En échange du privilège de découvrir le programme avant les autres, ceux-ci le testent sur leurs propres machines, à leur propre manière, et trouvent les erreurs que le développeur n'avait pas vues. Ces bêtatests jouent un rôle essentiel dans la création de progiciels robustes. J'espère que le même processus – un banc d'essai public d'une grande partie de mes idées – m'aura permis d'écrire un livre meilleur, ou du moins plus étayé.

Notons quand même qu'il y a une différence entre bêtatester des idées en public et écrire vraiment un livre en public. Cette dernière formule a fait l'objet de nombreuses tentatives, souvent en mettant en ligne des chapitres à l'état de brouillon et parfois même en ouvrant le texte aux modifications collectives ; personnellement, j'ai choisi d'utiliser le blog plutôt comme un journal public de l'état de mes travaux. La rédaction effective du livre et de l'essentiel de ce qu'on trouvera dans les pages suivantes a été effectuée hors ligne.

Un dernier mot sur la genèse de ce livre. Même si l'expression « the Long Tail » (« la Longue Traîne ») est de moi, je ne saurais revendiquer l'idée d'utiliser l'efficience économique du commerce en ligne pour rassembler un vaste stock d'articles relativement peu vendus. On la doit à Jeff Bezos, fondateur d'Amazon, vers 1994. La plus grande partie de ce que j'ai appris provient de discussions avec lui, ses homologues chez Netflix et Rhapsody, et d'autres qui concrétisent cette idée depuis des années.

Ces entrepreneurs sont ici les vrais inventeurs. J'ai seulement tenté de synthétiser leurs résultats dans un cadre général. Tel est bien entendu le rôle de la science économique : elle s'efforce de dégager des schémas clairs, facilement compréhensibles, pour décrire les phénomènes du monde réel. Un tel schéma apporte en soi une avancée, mais celle-ci est peu de chose à côté des inventions originales de tous ceux qui ont les premiers découvert et exploité le phénomène.

1

La Longue Traîne

Comment la technologie est en train de transformer les marchés de masse en des millions de niches

En 1988, l'alpiniste britannique Joe Simpson a raconté dans un récit poignant, *La Mort suspendue* (*Touching the Void*), comment il avait failli perdre la vie dans les Andes péruviennes. Malgré de bonnes critiques, ce livre n'a rencontré qu'un succès modeste ; bientôt il s'est trouvé presque oublié. Dix ans plus tard, il s'est produit une chose étrange. Un autre récit d'alpinisme, *Tragédie à l'Everest* (*Into Thin Air*) de Jon Krakauer, est devenu un phénomène de librairie. Soudain, *La Mort suspendue* a recommencé à se vendre.

Les libraires n'ont pas tardé à le mettre en valeur à côté des piles de *Tragédie à l'Everest*, et les ventes ont continué à grimper. Début 2004, IFC Films a lancé un « docudrame » inspiré de ce récit qui a été bien accueilli par la critique. Peu après, HarperCollins a sorti une édition de poche révisée, qui allait figurer pendant quatorze semaines sur la liste des meilleures ventes du *New York Times*. À la mi-2004, *Touching the Void* l'emportait sur *Into Thin Air* par plus de deux à un.

Que s'est-il passé ? Le bouche-à-oreille en ligne a fonctionné. Après la parution de *Tragédie à l'Everest*, quelques lecteurs ont publié sur Amazon.com des commentaires soulignant ses ressemblances avec *La Mort suspendue*, moins connu, dont ils disaient le plus grand bien. D'autres acheteurs ont lu ces commentaires, se sont renseignés sur ce livre et l'ont ajouté à leur panier. Les logiciels du libraire en ligne ont vite noté que « les lecteurs qui ont acheté *Tragédie à l'Everest* ont aussi acheté *La Mort suspendue* » et se sont mis à suggérer d'acheter les deux livres ensemble. Des gens ont suivi ce conseil, applaudi des deux mains, publié de nouveaux commentaires dithyrambiques. Davantage de ventes, davantage de préconisations automatiques : un mouvement perpétuel s'était enclenché.

Lorsque le livre de Krakauer est arrivé dans les vitrines, il convient de le souligner, celui de Simpson était pratiquement épuisé. Dix ans plus tôt, les lecteurs de Krakauer n'auraient jamais entendu parler de Simpson – et s'ils en avaient entendu parler ils n'auraient pu se procurer son livre. Les libraires en ligne ont changé la donne. En associant des rayonnages illimités à des informations en temps réel sur les orientations des acheteurs et les opinions du public, ils ont créé de A à Z le phénomène *Touching the Void*. Résultat : une demande en hausse pour un livre presque inconnu.

Ce n'est pas seulement une propriété des libraires en ligne : c'est un exemple d'un modèle économique entièrement nouveau pour les secteurs des médias et du divertissement, un modèle dont on commence à peine à entrevoir le potentiel. Service après service, l'existence d'un choix infini révèle ce que les consommateurs veulent et comment ils le veulent – des DVD du loueur par correspondance Netflix aux chansons d'iTunes Music Store ou de Rhapsody. Les amateurs creusent profondément dans un catalogue qui leur propose une liste immense de titres disponibles, bien plus étendue que ce qu'on trouve chez les distributeurs traditionnels comme Blockbuster Video ou Tower Records. Et plus ils en trouvent, plus ils aiment ça. En sortant des sentiers battus, ils s'aperçoivent que leurs goûts ne sont pas aussi communs qu'ils l'auraient cru (ou que le marketing, la culture des hit-parades et la simple absence de choix le leur avaient fait croire).

Les statistiques et l'évolution des ventes de ces sites et d'autres du même genre montrent que l'économie émergente du divertissement numérique sera radicalement différente de l'actuel marché de masse. Si au XXe siècle l'industrie du divertissement reposait sur les hits, celle du XXIe siècle reposera également sur les *niches*.

Trop longtemps nous avons souffert de la tyrannie du plus petit commun dénominateur, soumis que nous étions à des films de l'été sans intérêt et à une musique pop préfabriquée. Pourquoi ? Parce que l'économie le voulait ainsi. Nos postulats sur les goûts du public ne sont en fait que des illusions dues à une inadéquation entre offre et demande – une réponse du marché à l'inefficacité de la distribution.

Le problème majeur, si l'on peut dire, est que nous vivons dans le monde matériel, et la plupart de nos médias culturels aussi, jusqu'à une période récente. Nos divertissements y étaient étroitement bridés.

La tyrannie du localisme

La calamité du commerce traditionnel est qu'il doit trouver un public local. Un cinéma moyen ne programmera un film que si celui-ci est susceptible d'attirer au moins 1 500 personnes en deux semaines. C'est en quelque sorte le loyer d'un écran. Un disquaire moyen doit vendre au moins quatre exemplaires d'un CD par an pour justifier sa place dans les bacs : c'est le loyer d'un centimètre de rayonnage. Et ainsi de suite pour les loueurs de DVD, les boutiques de jeux vidéo, les librairies ou les kiosques à journaux.

Dans tous les cas, les distributeurs n'auront en stock que les contenus capables d'attirer une demande suffisante pour que cela en vaille le coût. Or chacun d'eux ne s'adresse qu'à une population locale limitée – comprise dans un rayon d'une quinzaine de kilomètres peut-être pour un cinéma, moins pour un libraire ou un disquaire, et moins encore (pas plus de deux ou trois kilomètres) pour un loueur de vidéos. Peu importe qu'un grand documentaire soit susceptible d'intéresser nationalement un demi-million de spectateurs : ce qui compte est le public qu'il attirera dans la banlieue nord de Rockville, dans le Maryland, ou parmi les chalands du centre commercial de Walnut Creek en Californie.

Beaucoup d'œuvres de qualité qui pourraient attirer, voire enthousiasmer, de vastes publics au plan national ne franchissent pas la barre fixée par le commerce local. Ainsi le film d'animation *Les Triplettes de Belleville*, Oscar 2004 du meilleur dessin animé, n'est-il sorti que dans six salles aux États-Unis malgré d'excellentes critiques. Plus frappant encore est le sort ingrat réservé aux films de Bollywood. Chaque année, l'industrie cinématographique indienne produit plus de 800 longs métrages. On estime à 1,7 million le nombre d'Indiens vivant aux États-Unis. Pourtant, le très estimé *Lagaan : Once Upon a Time in India* en langue hindi n'y a été projeté que dans deux salles. Encore n'est-il que l'un des quelques films indiens à avoir trouvé un distributeur aux États-Unis cette année-là. La tyrannie de la géographie est telle qu'un public trop éparpillé équivaut à pas de public du tout.

Une seconde limitation du monde matériel est d'ordre physique. Le spectre radiophonique ne peut supporter qu'un nombre donné de stations, un câble coaxial qu'un certain nombre de chaînes de télévision. Et, bien entendu, leur programmation n'excède pas 24 heures par jour. Le drame des technologies de radiotélédiffusion est qu'elles sont très gourmandes en ressources limitées. Avec pour résultat encore une fois la nécessité de réunir de vastes publics dans une même aire géographique – ce qui dresse une autre haute barrière que seule une fraction des contenus potentiels parvient à franchir.

Au siècle dernier, le monde du divertissement proposait une solution commode à ces contraintes : il s'attachait à lancer de grands succès, des hits. Car ceux-ci remplissent les cinémas, tournent rapidement en rayon et évitent qu'auditeurs et téléspectateurs ne zappent. Cela n'est pas critiquable en soi. Les sociologues vous diront que de tels succès sont inscrits dans la psychologie humaine – qu'ils résultent du conformisme et du bouche-à-oreille combinés. Et certainement, une bonne partie d'entre eux ne volent pas leur place : airs ensorcelants, films captivants et livres stimulants peuvent attirer un vaste et large public.

Cependant, la plupart d'entre nous attendent davantage que des hits. Les goûts de chacun s'écartent de ceux de la masse à un moment ou à un autre. Et plus on explore d'autres voies, plus on les trouve attirantes. Au cours des dernières décennies, malheureusement, ces autres voies ont été marginalisées au profit de grosses machines commerciales fabriquées sur commande par des industries incapables de vivre autrement.

L'économie basée sur les succès, que nous étudierons plus amplement dans les prochains chapitres, est issue d'une époque à laquelle il n'y avait tout simplement pas assez de place pour tout proposer à tout le monde. Pas assez de rayonnages pour y exposer toute la production de CD, de DVD et de jeux. Pas assez d'écrans pour montrer tous les films disponibles. Pas assez de chaînes pour diffuser tous les programmes de télévision. Pas assez d'ondes radio pour émettre toute la musique créée. Et surtout pas assez d'heures dans une journée pour pouvoir tout faire entrer dans l'une ou l'autre de ces cases.

Tel est le monde de la *rareté*. Aujourd'hui, grâce à la distribution et au commerce en ligne, nous entrons dans un monde d'*abondance*. Et les différences sont profondes.

Marchés sans limite

Pour mieux distinguer le monde de l'abondance, revenons au distributeur de musique Rhapsody. Ce service de lecture musicale en continu (*streaming*), filiale de RealNetworks, propose actuellement plus de 3 millions de morceaux.

Si l'on dresse un graphique à partir des statistiques mensuelles de Rhapsody, on obtient une courbe de la demande qui ressemble beaucoup à celle de n'importe quel disquaire : elle montre l'énorme attrait des tubes, puis chute rapidement avec ceux qui sont moins demandés. Le graphique ci-contre porte sur les 25 000 morceaux les plus souvent téléchargés *via* Rhapsody en décembre 2005.

On remarque immédiatement que le mouvement se concentre apparemment sur un très petit nombre de morceaux à gauche du graphique. Cela n'a rien d'étonnant. Ce

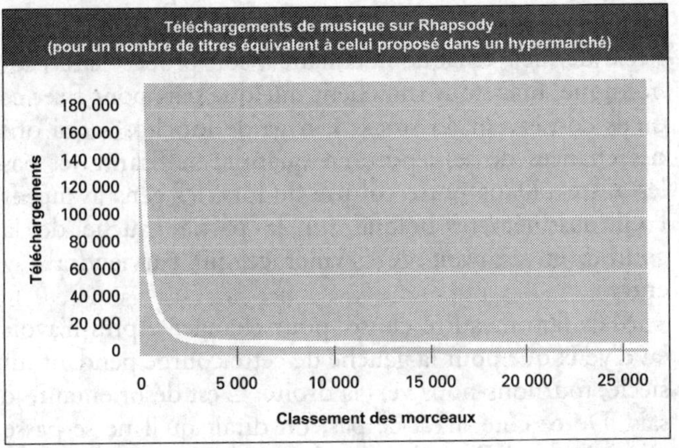

sont les tubes. Si vous étiez disquaire et que vous ne disposiez que d'une place limitée sur vos rayonnages, vous chercheriez naturellement à placer la barre pas trop loin de la gauche.

Ainsi, bien que le catalogue de toutes les maisons de disques contienne au total des millions de disques, le plus grand distributeur de musique américain, la société d'hypermarchés Wal-Mart, ne gère que des stocks proches de la tête de la courbe. Il détient environ 4 500 titres de CD. Chez Rhapsody, les 4 500 premiers albums représentent les 25 000 premiers morceaux [1] ; c'est pourquoi, j'ai arrêté le graphique à ce niveau. Ce que vous voyez ici représente le stock de Wal-Mart, dans lequel les deux cents albums de tête représentent plus de 90 % des ventes.

Il paraît assurément logique de privilégier les succès. Ils forment la part du lion du marché. Tout ce qui arrive derrière les 5 000 ou 10 000 premiers morceaux semble assez proche de zéro. Pourquoi s'embêter avec ces ratés en bas du classement ?

Telle était en somme la conception des marchés au siècle dernier. Chaque détaillant a son propre seuil économique, mais tous tranchent quelque part pour fixer ce qu'ils conservent en stock. On garde les choses qui ont des chances de se vendre en quantité suffisante, et pas les autres. Dans notre culture de hits, les gens avancent l'œil obstinément braqué sur la partie gauche de la courbe, en essayant de deviner ce qui parviendra à y entrer.

Mais faisons autre chose, pour changer. Après n'avoir eu d'yeux que pour la gauche de cette courbe pendant un siècle, tournons-nous vers la droite. C'est désorientant, je sais. De ce côté, n'est-ce pas, on dirait qu'il ne se passe rien ? Erreur ! Regardez de plus près. Encore plus près. À présent, vous distinguez deux choses.

D'abord, cette ligne n'est pas tout à fait à zéro. On s'en aperçoit mal, car les hits ont comprimé l'échelle verticale. Pour mieux distinguer les niches, faisons un zoom au-delà des titres les plus vendus. Dans le graphique ci-dessous, la courbe va du 25 000e morceau au 100 000e. J'ai modifié l'échelle verticale de manière que

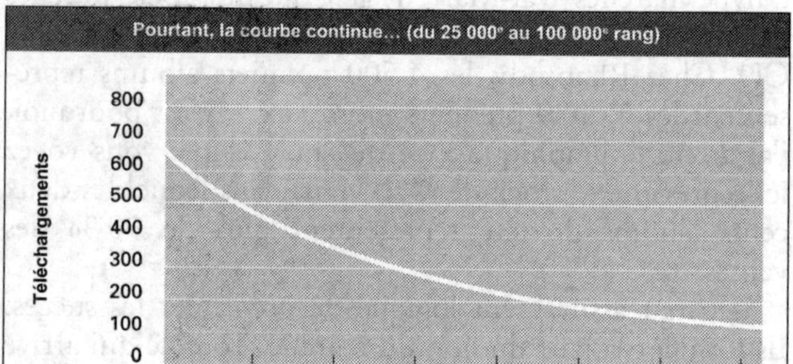

la courbe ne se confonde pas avec l'axe horizontal. Comme vous le voyez, le nombre de téléchargements demeure significatif. Au ras des pâquerettes, là où l'on a toujours considéré qu'il n'existait pas de demande significative, les chansons sont encore téléchargées en moyenne autour de 250 fois par mois. Étant donné le grand nombre de ces non-succès, leurs ventes, même si elles sont faibles individuellement, font vite masse. L'aire comprise sous cette partie de la courbe qui paraît se confondre avec le bas du graphique représente en réalité 22 millions de téléchargements par mois, soit près d'un quart de l'activité totale de Rhapsody.

Et cela ne s'arrête pas là. Zoomons encore pour voir ce qui se passe. Cette fois, nous arrivons aux confins de la traîne : du 100 000e morceau au 800 000e, le territoire des chansons introuvables sauf chez les disquaires les plus spécialisés (voir le graphique ci-dessous).

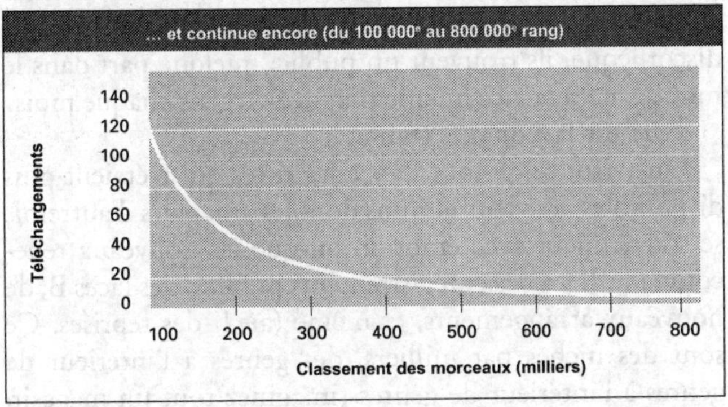

Dans ces zones reculées, comme on peut le voir, la demande n'est encore pas égale à zéro. L'aire comprise sous cette partie de la courbe représente encore 16 millions de téléchargements par mois, soit plus de 15 % du total chez Rhapsody. Prise séparément, aucune de ces chansons n'est très demandée, mais elles sont tellement nombreuses qu'elles forment collectivement un marché substantiel. En 2005, le stock de Rhapsody ne dépassait pas 1,5 million de morceaux environ, mais il n'a pas tardé à dépasser les 2 millions. Dans un an, il pourrait atteindre les 4 millions.

Ce qui est extraordinaire, c'est que pratiquement tous ces morceaux se vendront. Du point de vue d'un hypermarché comme Wal-Mart, le périmètre de l'industrie musicale ne comprend pas 60 000 morceaux. Pour les commerçants en ligne comme Rhapsody, en revanche, le marché est apparemment infini. Non seulement les 60 000 premiers morceaux de Rhapsody sont écoutés au moins une fois par mois, mais il en va de même pour les 100 000 premiers, les 200 000 premiers, les 400 000 premiers et même les 600 000 premiers, les 900 000 premiers et au-delà. Dès que Rhapsody ajoute des morceaux à sa discothèque, ils trouvent un public, quelque part dans le monde, ne serait-ce qu'une poignée de gens chaque mois.

Telle est la Longue Traîne.

On y trouve de tout. Il y a les titres qui n'étaient plus disponibles, les vieux albums dont les amateurs d'autrefois se souviennent avec émotion ou que les nouveaux redécouvrent. Il y a des enregistrements publics, des faces B, de nouveaux arrangements, et même (aïe !) des reprises. Ce sont des niches par milliers, des genres à l'intérieur de genres à l'intérieur de genres (imaginez tout un magasin de disques consacré aux *hair bands* ou à l'*ambient dub* des années 1980). Il y a les groupes étrangers naguère vendus hors de prix au rayon « importations », et des groupes obscurs produits par des labels non moins obscurs, dont beaucoup n'ont pas les moyens de se faire admettre chez un grand disquaire.

Oh, bien sûr, il y a aussi beaucoup de déchets dans cette partie de la Longue Traîne ! Mais, soulignons-le, ils abondent également sur les albums à succès, cachés derrière les tubes qui passent à la radio. Sur un CD, il faut les sauter ; en ligne, ils sont plus facilement évitables puisqu'on peut choisir individuellement les meilleurs morceaux des albums (avec l'aide de conseils personnalisés). Ainsi, à la différence des CD, où chaque morceau parasite peut coûter quelque chose comme un douzième du prix de l'album, en ligne, les déchets attendent sur un serveur sans gêner personne, ignorés par un marché qui apprécie les chansons d'après leurs propres mérites.

Ce qu'il y a de vraiment étonnant dans la Longue Traîne, c'est sa taille même [2]. Répétons-le, si vous totalisez un nombre suffisant de non-succès, vous obtenez en réalité un marché qui rivalise avec celui des succès. Prenez les livres : une librairie Borders propose en moyenne 100 000 titres. Or, chez Amazon, environ un quart des ventes de livres portent sur des ouvrages qui ne figurent pas dans les 100 000 premiers titres. Réfléchissons aux conséquences de ce fait. Si les statistiques d'Amazon sont représentatives, le marché des livres qui ne sont même pas vendus dans une librairie moyenne représente déjà un tiers du marché existant – et qui plus est, il grossit rapidement. Si cette évolution se poursuit, le marché potentiel du livre pourrait en réalité être deux fois plus important qu'il ne le paraît, pour autant qu'on parvienne à surmonter l'économie de la rareté. Comme le dit Kevin Laws, capital-risqueur et ancien consultant auprès de l'industrie musicale : « C'est dans les plus petites ventes qu'il y a le plus d'argent à gagner. »

Cela est vrai aussi des autres marchés à Longue Traîne que nous avons étudiés (voir le graphique ci-dessous).

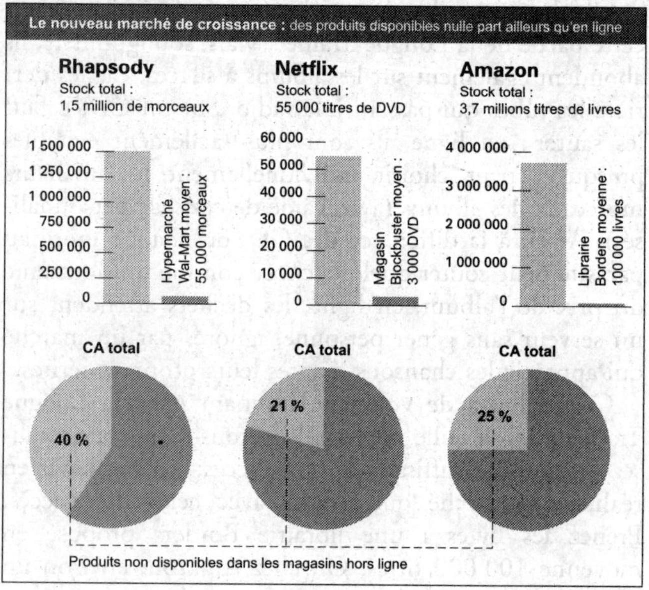

Si l'on y réfléchit, la plupart des entreprises qui réussissent sur Internet tirent parti de la Longue Traîne d'une manière ou d'une autre. Google, par exemple, réalise la plus grande partie de son chiffre d'affaires non pas avec les annonceurs géants mais avec les petits (la Longue Traîne de la publicité). eBay se consacre principalement à la traîne – des produits de niche, depuis les voitures de collection jusqu'aux clubs de golf spéciaux. En abolissant les contraintes de géographie et de taille, ces entreprises ne se contentent pas d'étendre les marchés existants : fait capital, elles en découvrent de totalement nouveaux. Qui plus est, dans tous les cas, ces nouveaux marchés qui échappent aux distributeurs physiques s'avèrent bien plus importants que quiconque ne l'avait prévu – et ils ne font que grossir.

En effet, au fur et à mesure que ces entreprises élargissaient leur offre (simplement parce que cela leur était *possible*), elles constataient que la demande suivait. En accroissant énormément le choix, on déclenchait apparemment une demande correspondante. S'agissait-il d'une demande latente de produits de niche qui existait déjà ou bien de la création d'une nouvelle demande ? Nous ne le savons pas encore. Mais nous savons que chez les entreprises pour lesquelles nous disposons des données les plus complètes – Netflix, Amazon, Rhapsody – les ventes de produits non disponibles chez leurs concurrents disposant de magasins en dur représentent entre un quart et près de la moitié du chiffre d'affaires total – et que chez tous ce pourcentage augmente chaque année. Autrement dit, la partie de leur activité qui progresse le plus vite est la vente de produits totalement absents des magasins traditionnels.

Ces entreprises aux rayonnages illimités ont découvert en pratique une mathématique nouvelle : un nombre très, très grand (les produits de la traîne) multiplié par un nombre relativement petit (les ventes de chacun d'eux) donne quand même un nombre très, très grand. Et, encore une fois, ce très, très grand nombre ne fait que devenir plus grand encore.

De plus, ces millions de ventes marginales forment une activité efficiente et économique. Exonérée des coûts d'un magasin – et même, dans le cas de services purement numériques comme iTunes, des coûts de fabrication et d'une grande partie des coûts de distribution –, la vente d'un produit de niche est une vente comme une autre, avec une marge identique à celle d'un succès (sinon meilleure). Pour la première fois dans l'histoire, succès et niches se trouvent sur un pied d'égalité économique : les uns et les autres ne sont que des enregistrements dans une base de données, qu'on récupère à la demande et qui justifient tout autant leur présence. La popularité perd soudain le monopole de la profitabilité. La nouvelle forme de la culture et du commerce se présente comme montré dans le graphique ci-dessous.

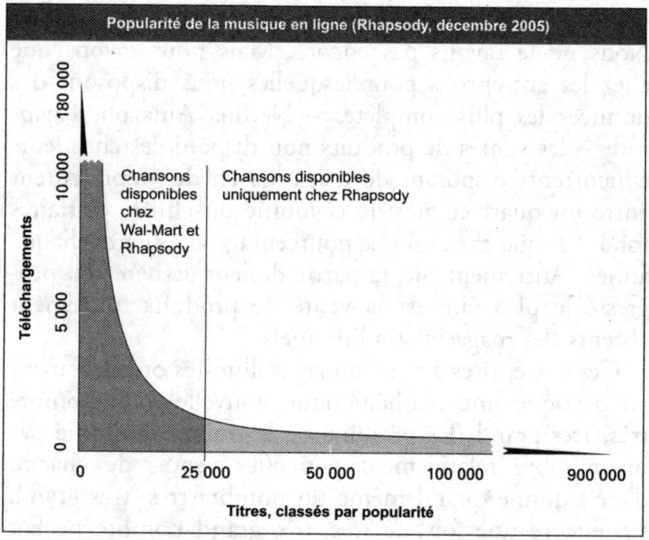

La majorité cachée

Pour apprécier la différence entre le choix limité d'hier et l'abondance d'aujourd'hui, représentons-nous notre culture comme un océan à la surface duquel on n'apercevrait que quelques îlots de succès : un îlot musical composé des albums du hit-parade, un îlot cinématographique composé des films les plus vus, un archipel d'émissions de télévision à grande audience, etc.

Considérons le niveau des eaux comme le seuil économique de cette catégorie, le volume de ventes nécessaires pour satisfaire les canaux de distribution. Les îlots représentent les produits assez demandés pour dépasser ce niveau et donc assez profitables pour être proposés dans des canaux de distribution aux capacités limitées, c'est-à-dire les rayonnages des grands distributeurs. Parcourez l'horizon des yeux et vous y verrez ces pics de popularité dressés au-dessus des vagues.

Mais ces îlots ne sont bien sûr que le sommet de grandes montagnes sous-marines. Si les coûts de distribution reculent, c'est comme si le niveau des océans baissait. Alors, tout à coup apparaissent des choses qui étaient cachées jusque-là. Et il y a beaucoup, beaucoup plus de choses sous la ligne des eaux qu'au-dessus. Maintenant que les commerçants en ligne commencent à exploiter leurs extraordinaires efficiences économiques, on commence à voir émerger la masse énorme d'une montagne de choix là où auparavant il n'y avait qu'un sommet.

Plus de 99 % des albums musicaux du marché ne sont pas disponibles aujourd'hui chez Wal-Mart. Sur les plus de 200 000 films, émissions de télévision, documentaires, vidéos, etc. qui ont fait l'objet d'une édition commerciale, un magasin spécialisé de la chaîne Blockbuster n'en détient en moyenne que 3 000. Il en va de même pour tous les autres grands détaillants et pour pratiquement tous les autres produits courants – des livres aux articles culinaires. La grande majorité des produits n'est pas disponible en magasin près de chez vous. Par nécessité, l'économie du commerce de détail traditionnel, soumis aux succès, limite le choix.

La possibilité de rapprocher l'offre et la demande moyennant des coûts considérablement plus bas modifie, au-delà des chiffres, la nature entière du marché. Le changement n'est pas seulement quantitatif mais également qualitatif. Le fait que les niches deviennent accessibles révèle une demande latente pour des contenus non commerciaux. Puis, une fois que la demande se tourne vers ces niches, l'économie de leur distribution s'améliore encore, et encore, amorçant un cercle vertueux qui va transformer des industries entières – et la culture elle-même – pour les décennies à venir.

2

Ascension et chute du hit

La culture mise au pas est l'exception et non la règle

Avant la révolution industrielle, la culture était essentiellement locale. Dans l'économie agraire, les populations étaient dispersées sur tout un territoire et la distance séparait les gens. La fragmentation culturelle a fait naître aussi bien les accents régionaux que la musique folklorique. L'absence de moyens de transport et de communication rapides limitait les mélanges culturels et la propagation des idées et modes nouvelles. C'était déjà une époque de culture de niches déterminées plus par la géographie que par les affinités.

Les influences variaient d'une ville à l'autre, car les vecteurs de culture commune étaient très limités. Hormis les troupes de théâtre itinérantes et un petit nombre de livres à la disposition de ceux qui savaient lire, l'essentiel de la culture ne circulait pas plus vite que les gens eux-mêmes. Si l'Église a été le principal acteur d'unification culturelle de masse en Europe occidentale, c'est parce qu'elle possédait la meilleure infrastructure de distribution et, grâce à la presse de Gutenberg, le média le plus massivement produit : la Bible.

Mais au début du XIXe siècle, l'avènement de l'industrie moderne et l'expansion du réseau ferroviaire ont entraîné une vague d'urbanisation massive ainsi que l'essor des grandes villes européennes. Ces nouvelles plaques tournantes du commerce et des transports ont mélangé les gens comme jamais auparavant, amorçant puissamment une nouvelle culture. Il ne manquait à celle-ci que des médias de masse pour prendre son essor.

Dans les deux derniers tiers du XIXe siècle, plusieurs technologies sont apparues à cet effet. D'abord les techniques de l'imprimerie commerciale se sont améliorées et généralisées, puis la photographie s'est répandue grâce à la nouvelle technique de la « plaque humide ». En 1877 enfin, Edison a inventé le phonographe. Ces technologies ont débouché sur la première grande vague de culture populaire, avec des vecteurs tels que les journaux et magazines illustrés, les romans, les feuilles de musique, les pamphlets politiques, les cartes postales, les cartes de vœux, les livres pour enfants et les catalogues commerciaux.

À côté des actualités, les journaux ont fait connaître les dernières modes urbaines venues de New York, Londres et Paris. Puis, au début du XXe siècle, Edison, toujours lui, a créé un autre marché de masse avec l'image animée, qui a donné aux vedettes de la scène de nouveaux médias enregistrés afin d'atteindre des auditoires plus vastes et de « jouer » simultanément dans de nombreuses villes.

Nous sommes une espèce grégaire, fortement influencée par les actions d'autrui. Et voilà que le film apportait un média capable non seulement de montrer ce que font les autres, mais aussi de le montrer avec une séduction à laquelle il devenait difficile de résister. Ce fut l'aube de l'ère de la célébrité.

Ces puissants vecteurs de culture ont eu pour effet de relier les gens à travers le temps et l'espace, en synchronisant la société. Pour la première fois de l'histoire, on pouvait parier sans risque que non seulement son voisin avait lu les mêmes nouvelles que soi dans le journal du matin et qu'il avait entendu parler de la même musique et des mêmes films, mais que cela était vrai aussi de bien des personnes à travers tout le pays.

L'essor de ces puissantes technologies de culture de masse n'a pas été universellement salué avec joie. En 1936, le philosophe marxiste Walter Benjamin [1] se disait inquiet d'une perte d'« aura » (les qualités transcendantes de l'art) à l'ère de la reproduction mécanique. Mettant en avant les exemples de la photographie et du film, et le remplacement de la musique en direct par des enregistrements, Benjamin déplorait que « la reproduction mécanique de l'art modifie la réaction des masses envers celui-ci. L'attitude réactionnaire envers une peinture de Picasso se transforme en attitude progressiste envers un film de Chaplin... Ce qui est conventionnel est apprécié sans esprit critique, et le vraiment nouveau est critiqué avec aversion ».

Mais il n'avait encore rien vu. L'explosion des médias diffusés sur les ondes, la radio et la télévision, n'allait pas tarder à changer le jeu complètement. La puissance des ondes électromagnétiques vient de ce qu'elles se diffusent dans toutes les directions pour ainsi dire *gratuitement*, caractéristique qui les a rendues aussi stupéfiantes lors de leur introduction que le serait Internet quelque cinquante ans plus tard. La possibilité d'atteindre tout le monde dans un rayon de plusieurs dizaines de kilomètres pour le prix d'une simple émission présentait des avantages économiques si irrésistibles que RCA s'est même lancé dans la fabrication de postes de radio au début des années 1920 pour subventionner et donc accélérer la pénétration des récepteurs sur lesquels on pourrait écouter ses programmes.

Mais les émissions locales et régionales n'atteignaient encore que des publics locaux et régionaux, souvent trop peu nombreux pour les annonceurs nationaux. Pour passer à l'échelon national, il fallait une autre technologie. En 1922, les unités régionales et à longue distance d'AT&T ont mis au point des technologies de transmission audio de qualité vocale et musicale sur les réseaux téléphoniques à longue distance, récents à l'époque. La station WEAF de New York, qui servait depuis longtemps de banc d'essai technologique, a établi une programmation régulière et a créé quelques-unes des premières émissions à incorporer des soutiens ou des parrainages publicitaires. Elle était redistribuée à des stations hors de New York grâce aux lignes téléphoniques à longue distance. Ce fut un succès immédiat et des liens bidirectionnels furent établis avec d'autres stations pour étendre au niveau national la couverture jusque-là locale d'événements sportifs ou politiques.

Ce fut le début de ce qu'on allait d'abord appeler des « chaînes » ou des « réseaux » radiophoniques. Ce fut aussi le début d'une culture nationale commune, rythmée par les trois notes du carillon de NBC, lequel servait à l'origine à indiquer aux ingénieurs quand basculer des émissions d'actualité aux émissions de variétés.

Entre 1935 et les années 1950, l'âge d'or de la radio a vu naître des vedettes nationales, d'Edward R. Murrow à Bing Crosby. Puis la télévision a pris le dessus, donnant naissance à une culture marchant vraiment du même pas. En 1954, une proportion stupéfiante de 74 % des foyers équipés de la télévision regardait tous les dimanches soir le feuilleton *I Love Lucy*.

L'âge d'or de la télévision a marqué le pic de ce qu'on pourrait appeler « l'effet machine à café », c'est-à-dire des conversations autour d'événements culturels partagés.

Dans les années 1950 et 1960 vous ne risquiez guère de vous tromper en pariant que tous vos collègues avaient regardé la même chose la veille au soir. La plupart d'entre eux avaient probablement regardé le journal télévisé de Walter Cronkite avant de se brancher sur la grande émission de variétés du moment, que ce soit *The Beverly Hillbillies, Gunsmoke* ou *The Andy Griffith Show.*

Tout au long des années 1980 et 1990 et même en ce début de XXIe siècle, la télévision est restée le grand unificateur de l'Amérique. Régulièrement, on enregistrait un record d'utilisation des chasses d'eau à la mi-temps de la finale du championnat de football américain, le Super Bowl. Des moyens téléphoniques records ont été mis en place pour permettre aux téléspectateurs de voter lors de la première saison de l'émission *American Idol*[2]. Chaque année, la publicité télévisée battait de nouveaux records, car les entreprises payaient les heures de pointe de plus en plus cher. Et pourquoi pas ? La télévision définissait un conformisme. Il y avait bien d'autres créneaux horaires que les heures de pointe, mais seules ces dernières comptaient vraiment.

Cependant, vers la fin des années 1990, au plus fort de la réussite commerciale des médias, le terrain culturel était en train de glisser sous eux. Les premières fissures allaient apparaître sur le terrain de bataille habituel des rébellions juvéniles, la musique.

Même si la musique ne se limitait plus aux représentations sur scène depuis l'invention du phonographe, c'est la radio qui a créé l'idole pop. Dans les années 1940 et 1950, *Your Hit Parade,* qui se voulait « un classement exact et authentique des goûts américains en matière de musique populaire », est devenu un spectacle obligé du samedi soir. Puis, avec l'essor, surtout auprès des jeunes, du *rock and roll* et du *rythm and blues* sont venus les palmarès de personnalités et la vogue des animateurs de radio. Dans les années 1950, Alan Freed et Murray « the K » Kaufman ont contribué à faire de la radio la plus puissante machine à fabriquer des tubes que le monde ait jamais connue.

La forme la plus aboutie de cette machine a été l'*American Top 40*, une émission radiophonique hebdomadaire reprise par de nombreuses stations et lancée en 1970 par Casey Kasem. C'était à l'origine un programme de trois heures qui présentait à rebours les quarante premières chansons du palmarès des cent meilleurs morceaux du moment établi par *Billboard*. Au début des années 1980, l'émission durait quatre heures et pouvait être écoutée tous les dimanches sur plus de 500 stations rien qu'aux États-Unis. Pour une génération d'enfants élevés dans les années 1970 et 1980, ce fut le grand vecteur de la culture pop. Chaque semaine, des millions d'entre eux entraient ainsi en communion avec le reste du pays, obsédés par les places gagnées ou perdues par tel ou tel groupe dans une liste de chansons qui n'aurait pas suffi à remplir un seul bac chez les disquaires.

La fin du hit-parade

À l'aube du XXIe siècle, la puissance de l'industrie musicale – la grande machine à fabriquer des tubes – était énorme. La profession – comme le montrait le succès commercial retentissant du pop ado, de Britney Spears aux Backstreet Boys – conservait le doigt bien fixé sur le pouls de la culture jeune. Les labels touchaient enfin à la perfection dans la fabrication des succès ; leurs services de marketing étaient désormais capables de prévoir et de créer la demande avec une précision scientifique.

Le 21 mars 2000, Jive Records faisait une démonstration de force avec le lancement de *No Strings Attached*, second album de *NSYNC, dernier en date et meilleur des *boy bands*. *NSYNC avait fait ses premières armes chez un label encore plus important, BMG, avant de passer, sur le conseil de ses grands sorciers du marketing, chez Jive, davantage axé sur la culture urbaine, pour acquérir davantage de légitimité dans les quartiers (et contrer une image un peu bébête). Cela a marché. L'album s'est vendu à 2,4 millions d'exemplaires la première semaine, ce qui était sans précédent, puis s'est installé en haut des palmarès pendant huit semaines. À la fin de l'année, 11 millions d'exemplaires avaient trouvé preneur.

La profession avait décrypté le code commercial. Elle avait trouvé la formule secrète du tube, qui rétrospectivement paraissait évidente : vendre à des jeunes femmes des jeunes gens virils. Ce qui avait fonctionné pour Elvis pouvait désormais être reproduit à une échelle industrielle. Tout était dans l'apparence et la personnalité calculée. La musique elle-même, sous-traitée auprès d'une petite armée de professionnels (cinquante-deux personnes ont ainsi participé à la création de *No Strings Attached*), n'avait pas beaucoup d'importance.

Les labels avaient de bonnes raisons de se sentir confiants. Les amateurs se bousculaient dans les magasins de disques. Les ventes d'albums avaient doublé entre 1990 et 2000, le taux de croissance le plus élevé de l'histoire de l'industrie. Seul Hollywood faisait mieux au sein de l'industrie du divertissement.

Mais alors même que *NSYNC fêtait son lancement colossal, le sol se dérobait sous cette industrie. Le

Nasdaq, qui s'était effondré dans la semaine précédant le lancement de l'album, a poursuivi son dérapage alarmant pendant le reste de l'année tandis que la bulle des *dot.com* se dégonflait. Cette année-là, aucun autre album n'allait battre de record, et le total des ventes de musique régresserait, pour la troisième fois seulement en vingt ans.

Au cours des quelques années suivantes, même une fois la reprise générale confirmée, l'économie de l'industrie musicale a empiré. Quelque chose de fondamental a changé en 2000. Les ventes ont chuté de 2,5 % en 2001, 6,8 % en 2002 et la dégringolade continue. Fin 2005 (après encore 7 % de baisse), les ventes de musique aux États-Unis avaient chuté de plus d'un quart par rapport à leur sommet. Vingt des cent albums qui forment le haut du palmarès de tous les temps sont apparus au cours de la période de cinq ans qui s'est étendue de 1996 à 2000. Les cinq années suivantes n'en ont produit que deux, *Speakerboxxx/The Love Below* d'OutKast et *Come Away with Me* de Norah Jones, classés respectivement 92e et 95e.

Il est très possible que le record de première semaine établi par *NSYNC ne soit jamais battu. Ce *boy band* resterait alors dans l'histoire non seulement comme la rampe de lancement de Justin Timberlake, mais comme le point culminant de la vague des hits, comme le dernier produit de la pop manufacturée à avoir utilisé à plein l'impeccable machine commerciale du XXe siècle avant qu'elle ne se détraque.

Le graphique ci-contre représente la courbe de tous les albums à succès depuis 1958 : disques d'or (plus de 500 000 exemplaires vendus), de platine (1 à 2 millions), de multiplatine (2 à 10 millions) et de diamant (10 millions et plus).

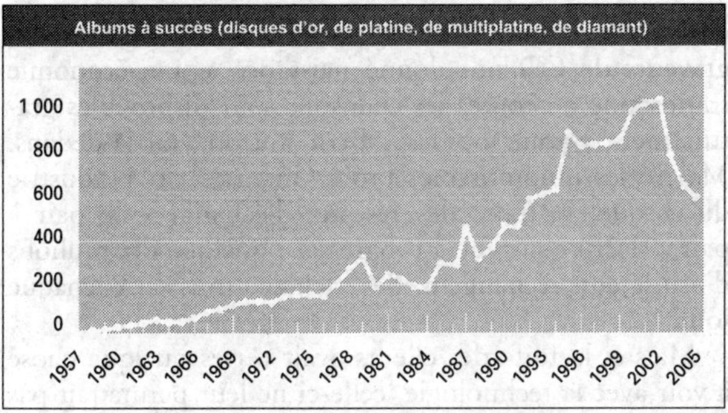

Entre 2001 et 2005, les ventes totales de l'industrie musicale ont chuté d'un quart. Mais le nombre des albums à succès a dégringolé de près de moitié. En 2000, les cinq premiers albums – y compris les mégasuccès de Britney Spears et d'Eminem – se sont vendus ensemble à 38 millions d'exemplaires. En 2005, les cinq premiers n'ont fait que la moitié de ce score : 19,7 millions d'exemplaires. Autrement dit, alors que l'industrie musicale va mal, sa branche qui fabrique les tubes va encore plus mal. Les clients se sont tournés vers des produits moins consensuels en se fragmentant en un millier de sous-genres différents. Pour la musique, en tout cas, on dirait que l'ère des gros tirages est finie.

Qui a tué l'album à succès ?

Qu'est-ce qui a poussé une génération des meilleurs clients de cette industrie – des fans ados et jeunes adultes – à déserter les magasins de disques ? « Le piratage », répond simplement l'industrie. Les effets cumulés de Napster et autres échanges de fichiers en ligne et des graveurs de CD ont donné naissance à une économie souterraine où toutes les chansons sont disponibles gratuitement à tout moment. Et il y a du vrai là-dedans. Malgré les innombrables procès intentés par l'industrie du disque, le trafic des réseaux d'échange « de pair à pair » (P2P) continue à progresser : quelque dix millions d'utilisateurs échangent des fichiers musicaux chaque jour.

Mais si la fuite des clients avait certes quelque chose à voir avec la technologie, celle-ci ne leur permettait pas seulement d'éviter le passage en caisse. Elle leur ouvrait aussi un choix massif, sans précédent, quant à ce qu'ils pouvaient écouter. Un réseau moyen d'échanges de fichiers propose plus de musique que n'importe quel disquaire. Puisque le choix était là, les amateurs de musique en ont profité. Aujourd'hui non seulement les auditeurs ont cessé d'acheter autant de CD, mais ils se sentent aussi moins de goût pour les énormes succès pour lesquels ils se bousculaient chez les disquaires les jours de lancement. Libres de choisir entre un *boy band* et quelque chose de nouveau, de plus en plus de gens optent pour l'exploration, et ils sont en général plus satisfaits de ce qu'ils trouvent.

Les échanges de fichiers entre internautes sont si massifs qu'une petite industrie s'est créée pour les mesurer et en tirer des leçons. Le plus en vue de ces analystes est BigChampagne, qui suit tous les partages de fichiers sur les principaux services P2P. Ce qu'il voit dans ces données est rien de moins qu'un basculement culturel au profit des artistes de niche.

Aujourd'hui, les passionnés de musique échangent plus de huit millions de morceaux, fort éloignés pour la plupart du palmarès Hot 100 publié par *Billboard.* Il existe une sous-culture prospère du *mash-up* (superposition de deux morceaux d'artistes différents), une autre consacrée à la musique composée à l'aide des puces à huit bits des vieilles consoles de jeu de Nintendo. Plus une quantité de rock indépendant du genre qui fait les grands spectacles mais qui ne passe pas à la radio. Fait notable, les *boy bands* ne sont pas particulièrement demandés.

L'essor des réseaux d'échange de fichiers n'a pas été le seul glissement tectonique dans le domaine culturel. En 2001, Apple a présenté son premier iPod, un lecteur MP3 tout blanc et d'aspect dépouillé, long de 10,16 cm, large de 6,35 et épais de moins de 2,5. Ce n'était nullement le premier lecteur MP3 du marché, mais grâce à son extrême simplicité, à sa présentation élégante et à une campagne publicitaire hautement efficace de la part d'Apple, l'iPod est devenu le premier appareil musical numérique portable à devenir un objet culte. Tandis que les gens abandonnaient Walkman et Discman, les oreillettes blanches de l'iPod sont devenues omniprésentes et emblématiques.

La vraie rupture introduite par l'iPod était sa capacité de stockage qui pouvait aller jusqu'à soixante mégaoctets. Cela permettait à ses utilisateurs de transporter des discothèques entières, jusqu'à dix mille chansons, soit un stock équivalent à celui d'un petit disquaire. En quelques années, l'iPod est devenu le compagnon sonore de millions de personnes, dans la rue, au travail ou dans les transports publics.

Mais remplir un iPod avec des morceaux qu'on paie se chiffre en milliers de dollars. En comparaison, la gratuité est un prix de référence incroyablement difficile à battre. Les arguments en faveur du téléchargement gratuit de chansons numériques depuis Internet vers un micro-ordinateur fonctionnent aussi à propos de l'iPod. Il en est de même pour ce qui est de décrypter, graver et échanger des CD, comme Apple y avait incité dans une campagne publicitaire restée fameuse. Les réseaux de pair à pair ont connu un développement exponentiel alimenté par les collections musicales réunies de millions d'utilisateurs. Résultat : beaucoup de piratage, bien sûr, mais aussi un choix massif, illimité – un bouquet des centaines de fois plus vaste que ce qu'on trouve chez un disquaire, et disponible sur pratiquement n'importe quel ordinateur portable.

Bien entendu, ces méthodes révolutionnaires pour se procurer de la musique ont aussi apporté des moyens sans précédent pour découvrir de nouvelles musiques. Si le fait de graver des CD pour se les échanger entre amis est du « marketing viral » (une rumeur passant de personne à personne) du genre le plus puissant, la diffusion de listes d'écoute est du bouche-à-oreille porté à une échelle industrielle. Il existe même des services de préconisation spécialisés comme Pandora et des centaines de stations de radio Internet, des entreprises qui non seulement prospèrent en jouant les intermédiaires entre amateurs et artistes *underground*, mais qui travaillent aussi à répondre aux préférences individuelles avec une précision croissante.

Que se passerait-il s'il existait quatre cents Top 40, un pour chaque petite niche musicale ? Ou quarante mille ? Ou quatre cent mille ? Soudain, le concept de hit cède la place à celui de microhit. À la vedette solitaire se joint un essaim de microvedettes, et au lieu de la petite élite du marché de masse, on a un nombre illimité de demi-élites de niche. La population des « tubes » augmente énormément, chacun s'adressant à un public plus restreint mais probablement plus motivé.

Cela n'est pas un fantasme : c'est ce que la musique est en train de devenir aujourd'hui. Un bon service musical en ligne comme Rhapsody établira une liste d'au moins quatre cents genres et sous-genres (ou division des genres en catégories nouvelles et incroyablement spécialisées comme l'« electronica/dance>beats&breaks>cut& paste »), avec chacune son propre petit palmarès. Cela crée bel et bien quatre mille minitubes, tous beaucoup plus significatifs pour les passionnés du genre auquel ils appartiennent que ne le fut jamais le palmarès national de Casey Kasem[3]. Il y a alors un nombre infini de « Top 10 » créés interactivement pour chaque client en fonction de son comportement d'écoute et de ses goûts particuliers, si étroits fussent-ils.

Nostalgie de la radiodiffusion

Les difficultés de l'industrie musicale ne se bornent pas aux ventes de CD. Les radios rock, qui ont longtemps été le support de marketing favori pour les éditeurs de musique, se trouvent dans une passe tout aussi mauvaise. En 1993, les Américains écoutaient la radio en moyenne vingt-trois heures et quinze minute par semaine. Au printemps 2004, cette durée était tombée à dix-neuf heures et quarante-cinq minutes. Jamais, depuis vingt-sept ans, l'écoute de la radio n'avait été à un niveau aussi bas et il semble que la programmation la plus affectée soit celle de la musique rock. En 2005, en moyenne, une radio rock a fermé boutique chaque semaine aux États-Unis, dans la plupart des cas pour devenir plutôt une radio de débats ou une radio latino, formats plus « accrocheurs » (leurs auditoires les écoutent plus longtemps) que le rock et le pop, dont l'attrait ne dépasse pas celui de la chanson qui passe à un moment donné. *American Top 40* ne séduit plus autant que naguère ; Casey Kasem jouit tranquillement de sa retraite.

Les experts ne sont pas d'accord sur la cause première, mais voici les principaux candidats :

- L'essor du phénomène iPod : Quand on dispose de la meilleure des radios personnelles, qui a encore besoin de la FM ?
- Le téléphone portable : Les banlieusards coincés dans les embouteillages ont fait la fortune de la radio dans les années 1980. Les embouteillages sont toujours là, mais désormais on préfère bavarder au téléphone.
- La loi sur les télécommunications (Telecommunications Act) de 1996 : En suscitant la création d'un millier de stations de radio supplémentaires, cette loi a accru la concurrence et dégradé l'économie des acteurs en place. La loi a aussi allégé les règles limitant le nombre de stations appartenant à un même propriétaire dans chaque région, d'où l'essor de…
- Clear Channel : Souvent accusé des maux dont souffre la radio, ce géant des médias est autant un symptôme qu'une cause de la brutalité de l'économie du secteur. Une fois celui-ci déstabilisé par le Telecommunications Act à la fin des années 1990, Clear Channel a pu moissonner des stations en difficulté. La société en possède aujourd'hui plus de 1 200, soit une sur dix aux États-Unis. Son projet était d'abaisser considérablement les coûts de la radio en centralisant la programmation et en l'informatisant dans les stations locales. Il en est résulté un effet d'homogénéisation.
- L'offensive antigrossièreté de la FCC : La police de ce qui se dit sur les ondes a toujours fait partie des

missions de la Federal Communications Commission (FCC), mais celle-ci a rarement fait son devoir avec autant de vigueur que depuis une demi-douzaine d'années. Elle s'en est surtout prise au truculent Howard Stern, homme de radio et personnage à scandale. Condamné à des amendes sans précédent, Stern a fini par abandonner la radiodiffusion terrestre. Fin 2005, il est passé chez Radio Sirius, une radio par satellite sur laquelle il s'adresse – sans guère de censure – à un public d'abonnés depuis janvier 2006. Aujourd'hui, les animateurs de radio ont des raisons de craindre que ce qu'ils disent ou diffusent puisse leur coûter non seulement de l'argent mais même leur emploi. Résultat : encore plus d'homogénéisation.

Cette déliquescence de la radio rock finira par entraîner la disparition du Top 40. La musique elle-même n'est pas moins appréciée – bien au contraire. Il n'y a jamais eu de période plus favorable pour les artistes ou les mélomanes. Mais c'est Internet qui est devenu le grand véhicule de découverte pour la nouvelle musique. Le modèle traditionnel appliqué pour le marketing, la vente et la distribution de la musique est dépassé. Le système des grands labels et de la distribution au détail, qui avait pris des dimensions titanesques dans la foulée de la machine à fabriquer les succès qu'était la radio, s'est enfermé dans un modèle économique dépendant des disques d'or ou de platine – qui ne sont plus assez nombreux aujourd'hui. Nous assistons à la fin d'une époque.

Ce qu'écoutent tous ces porteurs d'oreillettes blanches équivaut pour eux à leur propre station de radio, la publicité en moins. La culture a changé, au lieu de suivre la foule jusqu'en haut des palmarès, on recherche son propre style et l'on explore des chemins éloignés des poncifs radiophoniques, dans une relative obscurité ou en remontant dans le temps pour retrouver les classiques.

En 2005, Rupert Murdoch, président de News Corp, a montré dans un discours qu'il était l'un des premiers géants des médias à saisir l'ampleur de la fracture actuelle entre l'élite et les amateurs : « Les jeunes ne veulent plus s'en remettre à un personnage divin qui leur dira d'en haut ce qui est important, dit-il. Ils veulent commander à leurs médias et non plus être commandés par eux. »

Ce qui se passe dans la musique se retrouve dans pratiquement tous les autres secteurs des médias de masse et du divertissement. Voici quelques statistiques pour 2005 :

- Le « box-office » de Hollywood a chuté de 7 %, poursuivant ainsi une baisse de fréquentation amorcée en 2001 et qui paraît s'accélérer.
- La lecture des journaux, qui était à son maximum en 1987, a chuté de 3 % (sa plus forte chute en un an) et se retrouve à des niveaux qu'on n'avait pas vus depuis les années 1960.
- Les ventes en kiosque des magazines sont à leur niveau le plus bas depuis que des statistiques sont établies, c'est-à-dire depuis plus de trente ans.
- L'audience des chaînes de télévision baisse constamment, car les téléspectateurs désertent vers les chaînes câblées ; depuis 1985, la part de l'audience télévisée détenue par les réseaux est tombée des trois quarts à moins de la moitié.

L'effet machine à café décline. En 2005, l'émission de télévision la plus écoutée, *CSI*, n'était regardée que par 15 % des foyers. Avec un tel score, elle n'aurait pas figuré parmi les dix premières dans les années 1970. En fait, toutes les émissions de télévision les plus regardées de tous les temps, sauf une, datent de la fin des années 1970 (avec pour seule exception les Jeux olympiques d'hiver 1994, qui datent quand même de plus de dix ans). Ensemble, les centaines de chaînes câblées rassemblent désormais plus de téléspectateurs que les réseaux. Personne ne détient plus de situation dominante.

Même les émissions de télévision *a priori* incontournables ne le sont plus vraiment. Les scores d'audience télévisée du championnat de baseball 2005, en chute de 30 % par rapport à l'année précédente, ont été les plus faibles de tous les temps. Les matchs de la NBA en 2005 ont eux aussi presque atteint leur plancher avec un recul de presque un quart en un an. En 2006, le taux d'audience des Grammy Awards, qui récompensent le monde de la musique, a chuté de 10 %. Les Jeux olympiques d'hiver 2006 ont enregistré leur plus mauvais score depuis vingt ans, en baisse de 37 % par rapport aux Jeux de Salt Lake City en 2002. Et les Oscars sont tombés à un niveau qu'on n'avait pas vu depuis 1987.

> Nous sommes maintenant un pays de niches, dit Patrick Goldstein, critique au *Los Angeles Times*. Il existe encore des films qui attirent les foules, des émissions de télévision à succès et des CD qui font de grosses ventes, mais moins d'événements représentatifs d'une culture pop communautaire. Les choses se passent ailleurs, le public regarde des émissions sur le câble ou lit des blogs destinés à un auditoire précis.

L'arrivée des TiVo et des magnétoscopes numériques n'a fait qu'accélérer la disparition de l'effet machine à café en éliminant son aspect *temporel*. Aujourd'hui, même si les gens regardent les mêmes émissions, ce n'est pas forcément le même soir ou au même moment. Qui a envie d'écouter les comptes-rendus des gens qui les ont regardées en temps réel et qui ruineraient tout effet de surprise ?

Qui dit économie de succès dit culture de succès

Même si leurs plus beaux jours sont derrière eux, les grands hits exercent encore un effet maximal sur ce que nous attendons des médias. Les secteurs de la presse et du divertissement tels qu'ils existent sont encore tournés vers la recherche, le financement et la création de grands succès.

Les produits de divertissement, qu'il s'agisse de films, d'émissions de télévision ou d'albums de musique, sont parfois coûteux à fabriquer, à faire connaître et à distribuer. Le coût moyen d'une production de Hollywood, par exemple, est aujourd'hui de 60 millions de dollars, plus ou moins 50 % de plus pour le marketing. Pourtant, il demeure aussi difficile que toujours de prédire quels sont les films qui vont toucher une corde sensible chez les consommateurs. C'est pourquoi les metteurs en scène et les acteurs qui ont fait leurs preuves sont aussi bien payés : ils amènent un peu de prévisibilité dans une activité largement imprévisible. Mais les stars elles-mêmes connaissent des échecs, ce qui fait que les studios, maisons de disques et autres réseaux de télévision suivent une politique de catalogue pour étaler leur risque.

Comme des capital-risqueurs, ils répartissent leurs mises sur un certain nombre de projets, en investissant dans chacun d'eux suffisamment d'argent pour qu'il ait une vraie chance de devenir un succès. Dans la meilleure hypothèse, espèrent-ils, la plupart des projets couvriront leurs frais et quelques-uns échoueront lamentablement.

Ce qui signifie que les rares projets qui deviendront des hits, de grands succès, doivent combler les trous creusés par les autres.

En ce sens, ces entreprises ont absolument besoin de hits. Et pas seulement de produits rentables ; non, nous parlons là d'énormes mégasuccès aux chiffres colossaux. Le niveau élevé des coûts de production et les incertitudes du succès réclament des gagnants non seulement qu'ils gagnent, mais qu'ils gagnent *gros*. Et le reste ? Eh bien, ce seront les ratés ! Peu importe que la critique les encense et même qu'ils soient vus ou entendus par des millions de gens. S'ils ne rapportent pas plusieurs fois leur coût, ils ne font pas leur travail : financer le reste du catalogue.

Entreprendre de tourner un film à succès n'est pas exactement la même chose qu'entreprendre de tourner un bon film. Si l'on veut attirer des dizaines de millions de spectateurs payants, il y a des choses qui se font et des choses qui ne se font pas. On paie aussi cher qu'on peut se le permettre pour convaincre un acteur aussi connu que possible. On n'essaie pas d'être « trop intelligent ». On rédige un scénario qui se termine bien. On ne tue pas la vedette. Si l'on fait un film d'action, on multiplie les effets spéciaux. Et, toutes choses égales d'ailleurs, on fait de préférence un film d'action. Assurément, il est possible d'ignorer ces règles et de rencontrer quand même le succès, mais pourquoi prendre des risques ? Après tout, on investit beaucoup d'argent.

La mentalité inspirée par les hits s'est répandue hors des bureaux directoriaux de Hollywood pour imprégner la culture nationale américaine. Les exigences économiques de la machine à succès s'imposent à tous. Les Américains se sont approprié les réflexes comptables du capital-risque dans le divertissement. C'est pourquoi ils suivent les scores de fréquentation hebdomadaire comme ceux du sport professionnel : ils établissent des classements et font le tri entre clairs vainqueurs et perdants évidents.

Obnubilés par les stars, nous saluons l'inflation des cachets perçus par les locomotives et nous suivons leur existence publique inepte avec bien plus d'intérêt que nous n'en manifestons pour leur œuvre. Des athlètes superstars aux P-DG en vue, nous prêtons une attention disproportionnée à ceux qui se trouvent tout au-dessus du panier. Autrement dit, on nous a habitués à voir le monde à travers le prisme des succès.

Ce qui n'est pas un succès est un échec. La production qui ne réussit pas le test de l'économie n'aurait jamais dû exister. Dans cette mentalité soumise au succès, ce sont les grands succès qui font l'histoire et le meilleur critère de qualité est la recette brute des entrées. Et cette règle ne s'applique pas seulement à Hollywood. C'est ainsi qu'on distribue les emplacements sur les rayonnages des magasins, qu'on remplit les créneaux horaires à la télévision, qu'on établit les listes de diffusion à la radio. Le tout est d'affecter les ressources rares aux produits qui le « méritent », c'est-à-dire les plus populaires.

En fin de compte, notre réaction envers la culture des succès renforce la culture des succès. Le monde des rayonnages est un jeu à somme nulle : un produit en remplace un autre. Mis dans l'obligation de faire un choix, tous les maillons de l'industrie du divertissement choisissent naturellement les produits les plus populaires, auxquels on donne les meilleures places. En mettant son poids commercial derrière les grands succès, on ne fait que creuser davantage leur écart par rapport à tout le reste. Économiquement, c'est comme si l'on disait : « Puisqu'il ne peut y avoir que quelques riches, aidons-les à devenir superriches. » Ainsi la courbe de la demande devient-elle encore plus pentue.

Mais voici que les choses évoluent. Alors qu'autour de la machine à café se trouvaient réunies par-delà les frontières culturelles des personnalités aussi diverses qu'on peut en trouver sur le lieu de travail, de plus en plus, nous formons nos propres tribus, reliées davantage par des affinités et des centres d'intérêt communs que par des programmes télévisés par défaut. Nos machines à café deviennent de plus en plus virtuelles – elles se multiplient, se différencient, et les gens qui s'assemblent autour d'elles se sélectionnent eux-mêmes. D'un marché de masse, nous redevenons une nation de niches, définie non par la géographie mais par nos centres d'intérêt.

Révolution logistique → lié par Web
→ sécurisé par BCK
→ optimisé par IA.

3

Une brève histoire de la Longue Traîne

De la liste des souhaits au panier virtuel

Si la Longue Traîne, telle qu'elle se manifeste aujourd'hui, est largement un phénomène d'Internet, son origine est antérieure à Amazon ou à eBay, et même au web. Elle couronne en fait une série d'innovations commerciales remontant à plus d'un siècle et qui sont autant de progrès dans la manière de fabriquer, trouver, distribuer et vendre des marchandises. Songez à tous les éléments non Internet qui rendent possible, par exemple, un achat chez Amazon : transport express, codes ISBN, cartes de crédit, bases de données relationnelles et même codes-barres.

Il a fallu des dizaines d'années pour que ces innovations s'imposent et évoluent. Puis Internet a permis aux entreprises de les relier entre elles pour accroître leur effet et leur portée. Autrement dit, le web a simplement unifié les éléments d'une révolution de la chaîne logistique qui mijotait depuis des décennies.

Les racines de la Longue Traîne et des rayonnages sans limites remontent d'ailleurs à la fin du XIXe siècle et aux premiers entrepôts centraux géants – vastes bâtiments érigés dans des zones industrielles près des nœuds ferroviaires du Midwest des États-Unis, en commençant par

Chicago. Sous leurs immenses nefs métalliques est née une ère de vaste choix et d'abondance, appuyée sur des piles de palettes de bois chargées de produits achetés en gros volumes grâce à la production de masse – une nouveauté à l'époque. Ces multitudes de produits étaient acheminées par wagons grâce au réseau ferroviaire qui était en train de transformer l'économie et la culture du pays.

Le premier à avoir montré au consommateur américain ce que tout cela pouvait lui apporter fut un employé des chemins de fer de North Redwood, dans le Minnesota. Il s'appelait Richard Sears. Un jour de 1886, un bijoutier de Chicago adressa par erreur une caisse de montres à un distributeur local de North Redwood qui n'en voulait pas. Sears racheta les montres pour son compte puis les vendit à d'autres cheminots de la ligne, réalisant au passage un joli bénéfice. Ce qui le décida à en acheter d'autres et à lancer une entreprise de distribution horlogère.

En 1887, il transféra son affaire à Chicago et fit paraître dans le *Chicago Daily News* une offre d'emploi pour une personne capable de réparer des montres (il était absurde, se disait-il, de mettre au rebut les montres défectueuses qu'on lui renvoyait). Alvah C. Roebuck envoya sa candidature. Six ans plus tard, tous deux s'associèrent pour fonder Sears, Roebuck and Co., qui allait vendre des montres par correspondance en envoyant des catalogues aux agriculteurs saignés par les boutiques locales et les innombrables intermédiaires.

La promesse de Sears, Roebuck and Co. était simple, si l'on en croit son histoire officielle : « Grâce à de gros volumes d'achats, aux chemins de fer et à la poste, et plus tard au colis postal et à la distribution gratuite en zone rurale, la société proposait une alternative bienvenue aux magasins ruraux à tarifs élevés. »

Née avec les montres, l'entreprise ne tarda pas à s'étendre à tout ce dont un foyer ou une entreprise rurale pouvait avoir besoin. Sears et Roebuck distribuaient aux agriculteurs des catalogues pleins de textes accrocheurs rédigés par Sears lui-même, puis répondaient à leurs commandes à partir de leurs immeubles de Chicago, de plus en plus grands. Les deux associés finirent par investir 5 millions de dollars dans la construction de bureaux et d'ateliers de VPC dans les quartiers ouest de Chicago. Lors de son ouverture en 1906, avec près de 300 000 m^2 d'ateliers consacrés à la VPC, cet établissement était le plus grand immeuble commercial du monde.

Ce qu'ont rendu possible les très efficaces entrepôts de Sears et Roebuck est ni plus ni moins qu'une révolution. Mettez-vous à la place d'un agriculteur perdu quelque part dans l'immense prairie du Kansas voici plus de cent ans. Vous êtes à plusieurs heures de route du plus proche magasin généraliste, et ni les produits du magasin ni le carburant ne sont bon marché. Puis, un beau jour, la tournée hebdomadaire du facteur dépose à votre porte le « livre des souhaits » 1897 de Sears : 786 pages bourrées de tout ce qui se fabrique sous le soleil, à des prix à peine croyables.

Le « livre des souhaits » 1897 était – et demeure – étonnant. Même aujourd'hui, à l'ère d'Amazon, on a peine à croire qu'une telle diversité existe. Tassés dans un volume gros comme un annuaire du téléphone, on y trouvait 200 000 articles et variantes décrits en petits caractères avec quelque six mille illustrations lithographiques.

Voici un échantillon des dix premières pages : soixante-sept sortes de thé, trente-huit sortes de café, vingt-neuf sortes de cacao. Viennent ensuite plusieurs centaines d'épices et d'extraits différents, puis un nombre égal de fruits secs ou en boîte, et tout un petit supermarché d'autres aliments. Quand on arrive à la onzième page vient le tour du savon, plus de soixante sortes, suivi par 770 autres pages où l'on trouve de tout, des médicaments aux armes à feu (y compris un revolver au prix de 68 cents !) et des vêtements aux landaus en passant par les violons à 2 dollars.

Il y avait de quoi bouleverser une famille rurale. Avec le *boum* lourd de cet unique pli dans la boîte aux lettres, le choix de produits disponibles se trouvait multiplié par mille par rapport à l'assortiment d'un magasin généraliste de campagne. Le catalogue apportait aussi une chute des prix souvent égale ou supérieure à 50 %, même en incluant les frais d'envoi.

Sears s'est fait connaître de ses clients potentiels grâce à un « marketing viral » avant la lettre. En 1905, la société a invité par courrier ses meilleurs clients de l'Iowa à distribuer chacun vingt-quatre catalogues à leurs amis et voisins et à leur communiquer leur nom. S'il en résultait des commandes, les clients d'origine étaient récompensés de leurs bons soins par un cadeau – fourneau, bicyclette ou machine à coudre.

Les techniques logistiques qui ont permis le miracle d'abondance de Sears ne paraissent pas non plus si étrangères de nos jours : la société avait recours à la fois au stockage de marchandises dans ses propres réserves et à des « entrepôts virtuels » assurés par un réseau de fournisseurs susceptibles de livrer les marchandises directement à partir de leurs propres usines. Sears a même été concessionnaire d'un fabricant de landaus à l'unité.

Dans les entrepôts eux-mêmes, les innovations étaient aussi étonnantes. Insatisfaits du peu d'efficience de leurs livraisons, les dirigeants de Sears ont mis au point un système dans lequel chaque commande se voyait attribuer dès son arrivée une heure d'expédition précise. Le ou les objets commandés devaient se trouver à tel moment dans tel bac de la salle de collationnement des marchandises. Afin que le délai fixé soit respecté, la commande passait du stockage en vrac à la salle de préparation des colis en empruntant un système complexe de convoyeurs et de toboggans.

Ce système de gestion du temps a apporté de l'efficacité à la VPC et a permis aux ateliers de Chicago de traiter dix fois plus d'affaires. On y a bientôt vu la « huitième merveille du monde » de l'économie. On raconte que Henry Ford a visité les établissements Sears de Chicago pour étudier leur très efficace chaîne d'assemblage.

Paradoxalement, les propres chaînes de montage de Ford allaient un jour obliger Sears à franchir une nouvelle étape dans sa marche vers l'abondance, celle du *superstore*. Quand les automobiles sont devenues abordables et que les routes se sont améliorées, la clientèle rurale de Sears n'a plus été obligée d'acheter sur catalogue. Au même moment débutait la grande vague d'urbanisation des États-Unis, et cette clientèle a commencé à abandonner la ferme au profit de l'usine. En 1900, la population rurale était plus nombreuse que la population urbaine. En 1920, la situation s'était inversée.

Les acheteurs des villes préféraient les magasins aux catalogues. En 1925, Sears a ouvert une boutique dans les locaux de son usine de VPC. L'expérience a été un succès immédiat. Avant la fin de l'année, Sears avait ouvert sept nouveaux magasins de détail, dont quatre dans ses ateliers de VPC. Leur énorme choix et leurs prix bas intéressaient tout le monde, et l'efficacité logistique atteinte par Sears avec la VPC lui permettait de proposer aussi un assortiment sans précédent dans ses magasins (ce qui a contribué à jeter les bases de ce qui allait devenir le modèle de l'hypermarché Wal-Mart).

Les Américains voulaient qu'on leur propose du choix. Les supermagasins offraient un vaste assortiment à prix bas. Ils prêchaient la religion des économies d'échelle, et pour comprendre ce concept (les magasins sont d'autant plus efficaces qu'ils sont plus grands) il suffisait de comparer leurs étiquettes à celles des commerçants traditionnels. Jusqu'où irait-on dans cette voie ?

Nourrir la traîne

Puis est venu le tour de l'alimentation. Le premier supermarché a été un magasin à l'enseigne King Kullen qui s'est ouvert le 4 août 1930, au plus fort de la crise économique, dans le quartier new-yorkais du Queens. Comparable aux magasins minimalistes du superdiscount contemporain, il vendait plus d'un millier de produits et a fait office de catalyseur d'une nouvelle ère du commerce alimentaire. Comme Sears, King Kullen proposait plus de choix, des prix inférieurs et tous les produits de première nécessité sous un même toit, le tout assorti de la possibilité pour ses clients de choisir les produits directement sur ses étagères.

Avec le self-service et l'abondance, il a fallu transporter et stocker les courses qu'on a vite pris l'habitude de faire une fois par semaine en grande quantité au lieu de visiter l'épicerie au jour le jour. Le succès rapide du supermarché a eu pour facteurs essentiels le chariot (apparu en 1937), l'automobile, le parking gratuit et les réfrigérateurs mécaniques côté domicile comme côté magasin.

L'histoire officielle du secteur selon le Food Marketing Institute décrit ainsi ce qui s'est passé :

> Le supermarché a contribué à créer une classe moyenne. Ses prix bas ont permis aux familles de réaliser de grosses économies, aussitôt consacrées à l'automobile, à la maison, à l'éducation et aux autres besoins et commodités de l'existence. La multiplication des supermarchés dans les années 1950 et 1960 a joué un rôle central dans l'apparition de la classe moyenne américaine. Célébrant le 25e anniversaire du supermarché, le président Kennedy disait que ses techniques de marketing à bas coût « ... ont rendu possible l'élévation du niveau de vie et ont largement contribué à notre croissance économique ».
>
> Pendant la guerre froide, de 1958 à 1988, quelque 50 000 citoyens soviétiques se sont rendus aux États-Unis. La plupart d'entre eux en ont profité pour visiter un supermarché. Ils y ont vu comment une économie de libre marché pouvait fournir une alimentation abondante et abordable, au point de devenir une métaphore de ce qui était possible au capitalisme et pas au communisme. Dans son autobiographie, Boris Eltsine a raconté comme suit sa visite dans un supermarché de Houston en 1989 : « Quand j'ai vu ces rayonnages chargés de centaines, de milliers de boîtes de conserve, d'emballages et de biens de toutes sortes, pour la première fois j'ai vraiment éprouvé un sentiment de détresse pour le peuple soviétique. Qu'un pays potentiellement aussi riche que le nôtre ait été réduit à un tel état de pauvreté ! C'est une idée terrible ! »

L'épicerie de quartier des années 1920 proposait environ 700 articles, vendus en vrac pour la plupart, et les consommateurs devaient se procurer ailleurs leur viande, leurs produits frais, leur pain, leurs laitages, etc. Le supermarché a tout réuni sous un même toit. Et surtout, le nombre des références qu'il propose est allé en augmentant : 6 000 en 1960, 14 000 en 1980, plus de 30 000 aujourd'hui.

Le consommateur, clé de voûte

Un nouveau grand bond en avant dans la diversité s'est produit au niveau des foyers avec l'apparition des numéros téléphoniques à appel gratuit (les numéros à indicatif 800 aux États-Unis). Au début, leurs ambitions étaient modestes. En 1967, AT&T a lancé un nouveau produit appelé « interstate WATS (Wide Area Telephone Service) », ou encore « Automated Collect Calling », dans l'idée surtout de prévenir une pénurie imminente de standardistes, submergées par le nombre d'appels en PCV acceptés par les entreprises. AT&T avait pensé que le nouveau service pourrait l'aider à faire face à un manque de personnel, mais n'imaginait pas qu'il intéresserait grand monde par ailleurs. La société n'aurait pas osé rêver qu'en 1992, seulement vingt-cinq petites années plus tard, 40 % des communications acheminées par son réseau téléphonique interurbain seraient des appels gratuits.

Les appels téléphoniques gratuits ont donné un nouvel essor aux achats sur catalogue. L'ère moderne de l'automobile avait déplacé les populations hors des villes, vers les banlieues, où le choix se limitait aux centres commerciaux locaux. Une génération banlieusarde de plus en plus aisée et matérialiste réactivait la société de consommation et, au milieu des années 1970, les cartes de crédit sont venues à la rescousse de ses désirs. Les numéros « verts » étaient le nécessaire catalyseur d'une explosion des courses à domicile.

Contrastant avec les énormes entrepôts centraux de l'époque Sears, où l'on trouvait toutes sortes de marchandises, cette vague de catalogue s'intéressait davantage à des niches ciblées. Les techniques d'impression couleur permettaient à des distributeurs spécialisés d'inonder leur public cible avec des centaines de milliers ou même des millions de catalogues où les articles étaient représentés avec une qualité égale à celle des magazines. On pouvait encore gagner de l'argent avec des taux de réponse de 1 %.

Les produits de niche avaient une fois de plus trouvé un moyen de toucher le grand public. Articles de sport, vêtements de marque, objets de décoration, lingerie, mobilier de jardin, loisirs : chaque mois apportait un nouveau défilé d'offres spécialisées. Avec seulement un coup de téléphone et une carte de crédit, les consommateurs auraient leur produit en main sous une ou deux semaines. Mais aussi impressionnant qu'ait pu paraître cet alambic postal, les apports du micro-ordinateur n'allaient pas tarder à le dépasser de la tête et des épaules.

Le catalogue suprême

Le e-commerce, dont l'essor sur le web a commencé au début des années 1990, s'est d'abord appuyé sur le modèle de la vente par catalogue, en se contentant de faciliter les commandes, d'élargir le choix offert et de toucher plus de monde à moindre coût. Internet était un moyen d'offrir un catalogue à chacun sans nécessiter ni impression ni courrier. Clairement, il fonctionnerait partout où les catalogues fonctionnaient, et au-delà.

Bien entendu, certaines catégories étaient plus prometteuses que d'autres. Mais lesquelles ?

Cette question, Jeff Bezos se l'est posée un jour, dans son bureau du fonds d'investissement DE Shaw de New York. C'était en 1994 et Internet commençait à décoller, avec une progression de 2 300 % en un an par rapport à son maigre public d'alors. « Quantitativiste » débutant, Bezos avait reçu mission de son patron de trouver des opportunités d'affaires sur Internet. Plus de dix ans plus tard, lors d'une manifestation dans la Silicon Valley, il expliquait :

> Je suis allé à la Direct Marketing Association et j'ai demandé la liste de toutes les choses qui se vendaient à distance. La catégorie numéro un était celle des vêtements. Les produits gastronomiques venaient en numéro deux. Les livres arrivaient en fin de liste, et encore était-ce en raison de choses comme le Club du livre du mois, car il n'existait pratiquement aucun catalogue papier pour la vente de livres.

Le début des années 1990 a été une époque de grand essor pour l'édition aux États-Unis. Crown Books avait déjà transformé ce métier en créant une chaîne de magasins à prix cassés, qui avait attiré des ventes records et déclenché une vague de baisse des prix analogue. Puis Barnes & Noble et Borders sont allés un pas plus loin avec leurs énormes superlibrairies. Aménagées parfois dans des cinémas ou des bowlings désaffectés, elles proposaient jusqu'à 100 000 titres, soit un stock cinq fois plus important que celui d'un libraire local moyen. Cela représentait un énorme accroissement de l'offre et du choix disponibles, les débuts d'une ère d'abondance pour l'acheteur de livres.

Les livres devenaient moins chers et plus nombreux : qu'aurait-on pu souhaiter de mieux ?

De nouveau, Bezos s'est posé la question [1] :

J'essayais de faire un tri. En 1994, utiliser le web, avec ses navigateurs primitifs et la technologie disponible à l'époque, était plutôt pénible. Le navigateur ne cessait de se bloquer, les choses ne marchaient pas bien et, même avec le meilleur modem disponible à l'époque, votre bande passante était étroite.

J'en ai conclu que, compte tenu des technologies de l'époque, toute autre possibilité était préférable au web. Il n'était pas souhaitable de vendre des vêtements sur le web, même si c'était la meilleure catégorie, parce qu'on pouvait les vendre très efficacement en magasin et sur catalogue. Tels étaient mes critères : choisir une catégorie dans laquelle on pourrait agrémenter substantiellement la vie du client dans une dimension possible uniquement sur le web.

Dans la catégorie livres, il s'avère que le choix est un facteur très important des impressions ressenties par les clients. On constate aussi que les gros catalogues de livres sur papier sont impossibles car totalement incommodes. Plus de cent mille nouveaux livres sont publiés chaque année et même une superlibrairie ne peut les proposer tous. Les plus grosses superlibrairies comptent 175 000 titres et il n'en existe guère que trois d'une telle taille. C'est donc devenu mon idée : faire d'Amazon.com le premier endroit où l'on pourrait trouver et acheter aisément un million de livres différents.

Le quantitativiste avait ainsi mis le doigt sur une opportunité dans une industrie qui paraissait parvenue à son stade de maturité, l'édition. Les éditeurs étaient nombreux, mais l'essentiel de la distribution se trouvait entre les mains de deux grossistes dont les entrepôts étaient stratégiquement implantés dans tout le pays pour répondre à tous les besoins.

Un boulevard était ainsi ouvert à un commerçant virtuel.

Le chiffre de 175 000 titres paraît énorme, et pourtant Bezos savait que les plus grandes superlibrairies elles-mêmes ne détenaient en stock qu'une mince fraction de tous les livres disponibles. Et il était clair que s'ils pouvaient non seulement faire des recherches sur les titres de livres mais aussi lire des comptes-rendus, les clients trouveraient plus facilement ce qu'ils désiraient vraiment.

Il existait à l'époque environ 1,5 million de livres en langue anglaise, même si l'on ne trouvait que 10 % d'entre eux dans les superlibrairies. Aujourd'hui, la base de données en ligne Books in Print répertorie plus de 6,1 millions de titres. Bezos savait aussi que les catalogues en ligne d'éditeurs étaient en train de se multiplier. Ils offraient des ouvrages universitaires, des livres techniques, des livres édités à compte d'auteur, etc. Il n'y avait aucune raison pour qu'Amazon ne les propose pas tous.

Ce qu'offrait Internet était un moyen d'éliminer la plupart des barrières physiques qui s'opposaient à un choix illimité. Les superlibrairies étaient vastes, mais elles devaient encore se plier à l'économie des rayonnages, de l'immobilier, du personnel, des emplacements, des horaires de travail et du climat. Plus grandes et plus efficientes que les librairies indépendantes, elles pouvaient offrir plus de choix. Cependant, leur modèle économique a lui-même atteint ses limites avant celles de l'offre de titres.

Les achats en ligne ont aujourd'hui dépassé les achats sur catalogue et représentent à peu près 5 % des achats au détail en Amérique. Ils continuent à progresser au rythme frénétique de 25 % par an et sont en bonne voie pour confirmer la prédiction initiale de Jeff Bezos : le commerce en ligne atteindrait un jour environ 15 % du commerce total, et plus d'un dixième des 12 000 milliards du PIB américain passerait par lui.

L'une des plus vastes catégories est celle des sites en ligne créés par les géants du commerce traditionnel. Le site web Bn.com complète l'enseigne Barnes & Noble ; on y trouve un choix égal à celui d'Amazon. Les cartes de réduction fonctionnent également sur les deux canaux et l'on peut se faire livrer le jour même à Manhattan, où B&N possède plusieurs superlibrairies. Si un magasin n'a pas un livre en stock, le personnel peut satisfaire la demande d'un client en passant une commande pour lui en ligne. Il en va de même chez Best Buy, branche en ligne des hypermarchés Wal-Mart, et chez d'innombrables autres détaillants. L'espace illimité disponible sur les linéaires du web leur permet d'offrir à leurs clients plus de diversité et de commodité afin de les fidéliser davantage et d'attirer de nouveaux acheteurs, qu'ils se trouvent ou non à proximité d'un de leurs magasins en dur.

Des Longues Traînes partout

Depuis les commerçants purement virtuels comme eBay jusqu'aux activités en ligne de la distribution traditionnelle, possibilités de stockage illimitées, informations abondantes et outils de recherche intelligents – la vision initiale de Bezos – apparaissent comme des avantages aussi déterminants que le fondateur d'Amazon l'avait prévu. C'est pourquoi il existe à présent des marchés à Longue Traîne à peu près partout où vous portez les yeux.

De même que Google exploite la Longue Traîne de la publicité, Microsoft allonge celle des jeux vidéo vers les petits jeux à petit prix téléchargeables depuis son réseau Xbox Live. Les projets de logiciel libre comme Linux ou

Firefox sont la Longue Traîne de la programmation, tandis que la délocalisation exploite la Longue Traîne de la main-d'œuvre. Internet a même rendu possible une Longue, hem, très Longue Traîne de la pornographie pour tous les goûts imaginables !

Il y a des exemples plus ésotériques comme la « Longue Traîne de la bière » avec la prolifération des microbrasseries, la « Longue Traîne de la mode » avec le développement des chemises, chaussures et autres vêtements personnalisés ou la « Longue Traîne de l'enseignement » avec l'essor des universités en ligne.

Enfin, pour illustrer l'amplitude des applications de la théorie, considérez cette analyse de la « Longue Traîne de la sécurité nationale » établie par un expert militaire, John Robb, directeur du site web Global Guerrillas [2] :

> Traditionnellement, la guerre (la capacité de changer la société par la violence) était réservée aux États-nations, sauf dans de rares cas. L'État avait le monopole de la violence. De ce fait, la répartition de la violence était limitée, tronquée. Ce monopole est menacé par trois évolutions :
>
> • La démocratisation des instruments de guerre. La dislocation due à la mondialisation rend possible des producteurs de niche (par exemple des gangs). Il suffit pour se lancer de quelques hommes, quelques pieds-de-biche et un avion (soit un exemple de réunion efficace d'outils simples trouvés auprès d'infrastructures économiques omniprésentes).
>
> • L'amplification des dégâts provoqués par les producteurs de niche quand ils font la guerre. La magie des perturbations subies par les systèmes en cas de guérilla globale, qui fait que des attaques peu coûteuses ont des répercussions économiques et sociales majeures.
>
> • L'accélération du bouche-à-oreille. De nouveaux groupes peuvent plus aisément trouver/former des recrues,

diffuser leur message vers un vaste auditoire et trouver/coordonner leurs activités avec d'autres groupes (alliés).

Résultat : une Longue Traîne s'est formée. De nouveaux producteurs de violence spécialisés ont éclos. Ils trouvent en face d'eux une demande qui a elle aussi augmenté radicalement. De vastes concepts (comme la lutte entre l'Islam et les États-Unis), dont les tenants ne sont pas des États, ont chauffé à blanc des fournisseurs de niche comme Al Qaïda et ses clones.

[illegible]

[illegible]

4

LES TROIS FORCES DE LA LONGUE TRAÎNE

Fabriquez-le, distribuez-le et aidez-moi à le trouver

La théorie de la Longue Traîne peut se ramener à ceci : notre culture et notre économie, naguère focalisées sur un nombre relativement restreint de grands succès (produits et marchés grand public) formant la tête de la courbe de la demande, se tournent de plus en plus vers les très nombreuses niches de sa traîne. Aujourd'hui, sans les contraintes d'espace disponible et autres goulots d'étranglement de la distribution, des biens et services étroitement ciblés peuvent présenter autant d'intérêt économique que ceux destinés aux masses.

Mais ce n'est pas suffisant. Il faut aussi que la demande suive cette nouvelle offre. Sinon, la traîne s'étiolera. Comme elle ne se mesure pas seulement par la variété disponible mais par les gens qu'elle attire, la vraie forme de la demande n'apparaît que lorsque les consommateurs se voient offrir un choix infini. C'est l'agrégation des ventes, utilisations ou autres formes de participation de tous ces gens dans les niches nouvellement disponibles qui transforme l'expansion massive du choix en une force économique et culturelle. La Longue Traîne commence par un million de niches, mais elle n'a de signification que si ces niches sont peuplées de gens qui les désirent.

Ce qui nous mène aux six thèmes de l'ère de la Longue Traîne :

1. Sur pratiquement tous les marchés, il existe bien plus de produits de niche que de grands succès. La baisse du coût des outils de production et leur généralisation accroissent de manière exponentielle le rapport numérique entre les premiers et les seconds.
2. Les coûts engagés pour atteindre ces niches chutent aujourd'hui de manière spectaculaire. Grâce à une combinaison de forces comme la distribution électronique, les technologies de recherche et le haut débit, une fois que sa pénétration a atteint une masse critique, les marchés en ligne redéfinissent totalement l'économie du commerce de détail. Ainsi, sur de nombreux marchés, il est désormais possible d'offrir des produits d'une diversité massivement accrue.
3. Mais le simple fait de proposer plus de variété ne suffit pas en soi à bouleverser la demande. Encore faut-il que les consommateurs aient les moyens de trouver les niches correspondant à leurs besoins et intérêts particuliers. Une palette d'outils et de techniques – recommandations, classements, etc. – y pourvoient efficacement. Ces « filtres » peuvent pousser la demande vers l'aval de la traîne.
4. Une fois que la variété s'est massivement élargie et qu'on a les moyens de faire un tri en son sein, la courbe de la demande s'aplatit. Il existe encore des hits et des niches, mais les premiers s'affaiblissent relativement aux secondes.
5. Toutes ces niches s'additionnent. Bien qu'aucun d'entre eux ne se vende en grande quantité, les produits

de niche sont si nombreux qu'ils peuvent former ensemble un marché rivalisant avec celui des grands succès.

6. Une fois que tout cela est en place, la forme naturelle de la demande se trouve révélée, débarrassée des distorsions imposées par les goulots d'étranglement de la distribution, la pauvreté des informations et l'insuffisance des locaux commerciaux. Or cette forme est beaucoup moins déterminée par les grands succès qu'on n'était porté à le croire. Elle s'avère en fait aussi diversifiée que la population elle-même.

Conclusion : une Longue Traîne n'est rien d'autre qu'une culture débarrassée du filtre de la rareté économique.

Comment naissent les Longues Traînes ?

Rien de ce qui précède ne se produit sans un grand déclencheur économique : la baisse des coûts exposés pour atteindre les niches. D'où vient cette baisse des coûts ? Bien que la réponse varie d'un marché à l'autre, l'explication fait intervenir d'ordinaire au moins l'une des trois puissantes forces suivantes.

La première force est *la démocratisation des outils de production*. Le meilleur exemple en est le micro-ordinateur, qui a mis entre les mains de Monsieur Tout-le-monde aussi bien la presse typographique que le studio de musique ou de cinéma. Les rangs des « producteurs » – ces particuliers désormais capables de faire ce qui n'appartenait qu'aux professionnels quelques années plus tôt – en ont été multipliés par mille. Des millions de gens ont désormais la possibilité de réaliser un court métrage ou un

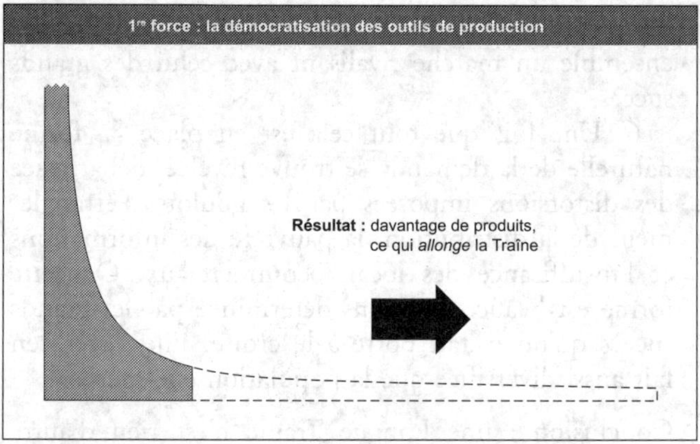

album, ou de faire connaître leurs pensées au monde – et un nombre étonnamment grand d'entre eux le font en effet. Le talent n'est pas universel, mais il est largement répandu. Donnez à suffisamment de gens la capacité de créer, et inévitablement des joyaux apparaîtront.

C'est pourquoi l'univers des contenus disponibles croît aujourd'hui plus vite que jamais. Cela allonge la traîne vers la droite, en multipliant plusieurs fois la population des marchandises disponibles. Dans le domaine musical, par exemple, les sorties de nouveaux albums progressent dans des proportions phénoménales : 36 % en 2005, avec 60 000 titres (contre 44 000 en 2004), en grande partie du fait de la facilité avec laquelle les artistes peuvent aujourd'hui enregistrer et diffuser leur propre musique. Dans le même temps, des groupes ont téléchargé vers MySpace plus de 30 000 morceaux gratuits, ce qui a encore allongé la traîne.

La deuxième force est la *baisse des coûts de consommation due à la démocratisation de la distribution.* Le fait que n'importe qui puisse produire un contenu n'a d'intérêt que

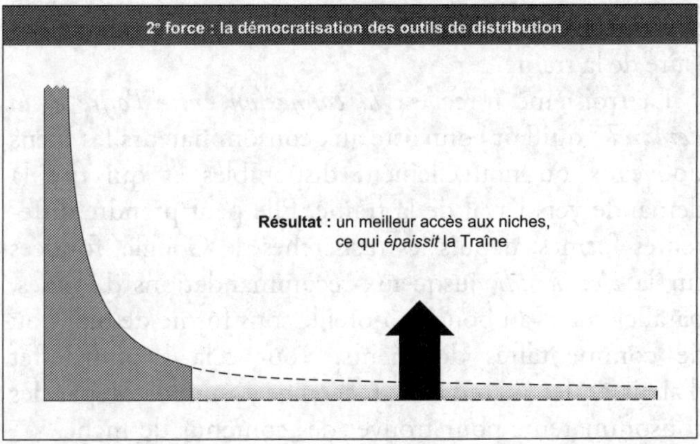

si d'autres peuvent en profiter. Avec le micro-ordinateur, tout le monde est devenu producteur ou éditeur, mais c'est avec Internet que tout le monde est devenu distributeur.

Dans sa dimension la plus spectaculaire, c'est une économie de bits et non plus d'atomes, la différence entre les fractions de centimes que coûte la distribution de contenus en ligne et les euros dépensés quand on utilise des camions, des entrepôts et des rayonnages. Encore une fois, même pour les biens matériels, Internet a réduit de façon spectaculaire les coûts nécessaires pour toucher les consommateurs. Il a fallu aux hypermarchés Wal-Mart des décennies et des milliards de dollars pour mettre en place la chaîne logistique la plus élaborée du monde afin d'offrir à des dizaines de millions de clients un choix massif à des prix bas. Aujourd'hui, n'importe qui peut toucher un marché non moins vaste avec une annonce sur eBay.

Internet permet tout simplement d'atteindre plus de monde pour moins cher, ce qui a pour effet de rendre plus liquide le marché de la traîne. D'où un accroissement de la consommation qui élève la courbe des ventes et augmente l'aire de la traîne.

La troisième force est *la connexion entre l'offre et la demande*, qui fait connaître aux consommateurs les biens nouveaux ou nouvellement disponibles et qui tire la demande vers l'aval de la traîne. Elle peut prendre différentes formes, depuis les recherches de Google, fondées sur la *vox populi*, jusqu'aux recommandations d'iTunes, parallèlement au bouche-à-oreille sous forme de blogs ou de commentaires de clients. Tout cela a pour effet d'abaisser les « coûts de recherche » supportés par les consommateurs pour trouver des contenus de niche.

En économie, les coûts de recherche désignent tout ce qui entrave la recherche de ce que vous désirez. Certains de ces coûts ne sont pas monétaires, comme le temps perdu, les tracas, les erreurs d'orientation, les malentendus. D'autres se chiffrent en argent, comme les achats malencontreux ou le fait de payer quelque chose trop cher faute d'avoir trouvé une solution moins coûteuse.

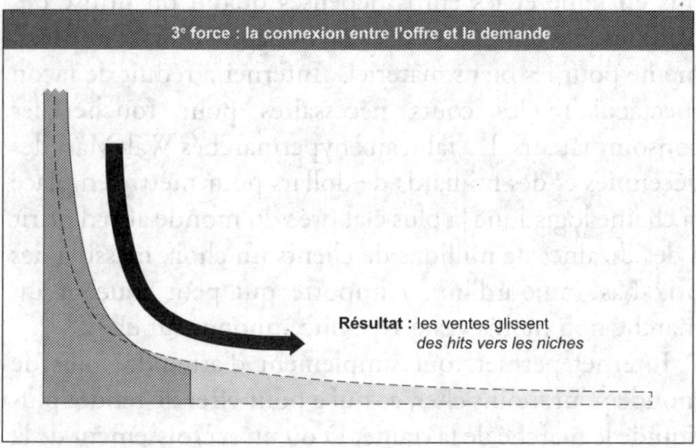

Tout ce qui facilite la découverte de ce que vous désirez au prix qui vous convient abaisse vos coûts de recherche.

Nous approfondirons cela dans la suite de ce livre, mais les autres consommateurs sont souvent le meilleur des guides, car ils obéissent aux mêmes stimulations que nous. Netflix et Google utilisent le jugement collectif des consommateurs en observant ce que font des millions d'entre eux pour le transformer en résultats de recherches ou en recommandations appropriées.

Les consommateurs jouent aussi un rôle de guide à titre individuel, quand ils rédigent des commentaires ou des blogs sur ce qu'ils aiment ou ce qu'ils n'aiment pas. Exploiter ces informations venues de la base quand vous recherchez quelque chose de nouveau est aujourd'hui si facile que vous avez plus de chances que jamais de trouver ce que vous voulez. Cela a pour effet économique de vous inciter à aventurer vos recherches plus loin en dehors du monde que vous connaissez déjà, ce qui provoque un glissement de la demande vers les niches.

Quand les consommateurs se parlent, il se produit aussi autre chose : ils s'aperçoivent que, collectivement, leurs goûts sont beaucoup plus divers que ne le laisse penser le marketing dirigé vers eux. Leurs centres d'intérêt se subdivisent en communautés d'affinités de plus en plus étroites, ils s'enfoncent de plus en plus profondément au cœur de leur thème de prédilection, comme c'est toujours le cas quand des esprits semblables se rencontrent. Encouragés par la compagnie, virtuelle ou non, ils explorent l'inconnu ensemble, en s'aventurant plus loin des sentiers battus.

L'explosion des technologies qui relient les consommateurs entre eux pousse la demande de la tête de la courbe vers sa traîne. Autrement dit, cette troisième force accroît encore la demande qui va vers les niches et aplatit la courbe en déplaçant son centre de gravité vers la droite.

Imaginez-vous chacune de ces trois forces comme représentant un nouvel ensemble d'opportunités sur le marché émergent de la Longue Traîne. La démocratisation des outils de production conduit à une énorme augmentation du nombre de producteurs. L'économie numérique, hyperefficiente, débouche sur de nouveaux marchés et de nouveaux lieux d'échange. Enfin, la possibilité de faire appel à une intelligence répartie entre des millions de consommateurs pour guider les gens vers ce qui leur convient le mieux fait jaillir toutes sortes de nouvelles recommandations et de nouvelles méthodes de marketing, qui fonctionnent au fond comme les nouveaux faiseurs d'opinion.

En raccourci, les choses se présentent ainsi :

	Force	**Activité**	**Exemple**
1	Démocratisation de la production	Producteurs et outilleurs de la Longue Traîne	Caméscopes numériques, logiciels de retouche musicale et vidéo, outils de blog
2	Démocratisation de la distribution	Agrégateurs de la Longue Traîne	Amazon, eBay, iTunes, Netflix
3	Connexion entre l'offre et la demande	Filtres de la Longue Traîne	Google, blogs, recommandations Rhapsody, listes de best-sellers

Les trois prochains chapitres exploreront en détail ces nouvelles opportunités commerciales.

5

Les nouveaux producteurs

Ne sous-estimez jamais la puissance d'un million d'amateurs qui ont les clés de l'usine

Dans la nuit du 23 février 1987, l'observatoire souterrain Kamiokande II, au Japon, a détecté une bouffée de onze neutrinos d'une durée de treize secondes. Onze neutrinos, cela ne paraît peut-être pas beaucoup, mais l'observatoire n'en détecte d'habitude qu'un ou deux par heure, et rarement ensemble. L'événement avait donc quelque chose de spécial. Mais sa signification réelle n'allait apparaître que quelques heures plus tard, à la suite d'autres observations.

La théorie astrophysique avait déterminé depuis longtemps que lorsqu'une étoile explose, la plus grande partie de son énergie est libérée sous forme de neutrinos – des particules subatomiques à faible masse qui traversent les planètes comme des projectiles traversent une feuille de papier. Selon un pan de la théorie, la seule manifestation observable dans la première phase d'une telle explosion est une pluie de particules de ce type ; il faut ensuite quelques heures pour que la fournaise se manifeste sous forme de lumière visible. Les chercheurs avaient donc prédit qu'en cas de transformation d'une étoile en supernova à proximité de nous, les neutrinos seraient détectés environ trois heures avant que l'explosion n'apparaisse dans le spectre visible.

Pour vérifier cette corrélation entre neutrinos et lumière visible, il restait à effectuer les deux observations et à mesurer le temps écoulé entre elles. Mais la partie optique de ces observations couplées posait un problème : il fallait regarder le ciel dans la bonne direction. Pour les observatoires de neutrinos, ce n'était pas trop difficile : du fait de sa forme sphérique, la chambre de détection de Kamiokande pouvait enregistrer les neutrinos arrivant sur Terre dans n'importe quelle direction. En revanche, pour voir l'explosion en lumière visible, il fallait braquer un télescope exactement dans la bonne direction exactement au bon moment. Or, il va sans dire que la quantité de ciel à surveiller est colossale.

Les astronomes professionnels n'étaient tout simplement pas assez nombreux pour observer le ciel de manière à avoir une vraie chance de repérer un tel événement. Mais il y avait des milliers d'astronomes amateurs, tous trop heureux de le faire eux-mêmes.

Armés de télescopes relativement peu coûteux et guidés par ordinateur, dont les optiques de Dobson permettent une ouverture assez large (30 cm n'ont rien d'inhabituel) pour une longueur inférieure à 1,5 mètre, ainsi que de capteurs CCD (*charge-coupled device*) capables de détecter plus de lumière que l'œil humain, les astronomes amateurs contemporains peuvent photographier le ciel mieux que les astronomes dotés de télescopes grands comme une maison d'il y a cent ans.

La première personne à observer la Supernova 1987A se situait quelque part entre les amateurs et les professionnels. Ian Shelton, un Canadien, avait renoncé à ses études pour aller faire le ménage dans un observatoire des Andes chiliennes en échange du droit d'utiliser son télescope de 24 pouces quand les universitaires ne s'en servaient pas. Ce qui était le cas en cette venteuse nuit du 23 février. Cette nuit-là, Shelton décida d'utiliser le télescope pour une exposition de trois heures sur les énormes Nuages de Magellan.

Et voilà que, très exactement 168 000 ans plus tôt, à 168 000 années-lumière de là, une étoile avait explosé en périphérie de la nébuleuse de la Tarentule. Vue de la Terre et du point d'observation de Shelton, on aurait cru assister en direct à l'explosion : une éclaboussure de lumière apparue soudain dans un coin des Nuages, qui n'avait rien de remarquable l'instant d'avant. Shelton contempla les clichés photographiques pendant vingt minutes avant de sortir constater le phénomène de ses propres yeux. Et il était bien là : la première supernova vue à l'œil nu depuis 1604.

Le rapport entre Shelton et l'observatoire de Kamiokande II est une affaire de chronologie. L'observatoire avait signalé la bouffée de neutrinos à 7 h 35 TU (temps universel). Shelton observa la première lumière brillante vers 10 heures TU – un peu moins de trois heures plus tard. Jusque-là, tout collait avec la théorie. Mais le phénomène aurait-il pu être visible plus tôt, avant le début de l'observation de Shelton ?

Heureusement, deux autres passionnés d'astronomie étaient au travail cette nuit, munis de petits télescopes d'amateurs. En Nouvelle-Zélande, Albert Jones, un vétéran crédité de plus d'un demi-million d'observations, avait observé la nébuleuse de la Tarentule à 9 h 30 sans y voir rien d'anormal. Robert McNaugth, lui aussi amateur, avait photographié l'explosion à 10 h 30 TU en Australie, ce qui confirmait les heures indiquées par Shelton. La lumière était donc arrivée entre 9 h 30 et 10 heures.

Ainsi a eu lieu l'une des plus grandes découvertes astronomiques du XXe siècle. Une théorie capitale sur le fonctionnement de l'univers a été confirmée grâce à des amateurs en Nouvelle-Zélande et en Australie, à un ex-amateur essayant de devenir professionnel au Chili et à des physiciens patentés aux États-Unis et au Japon. Tous furent cités comme coauteurs dans l'article scientifique qui annonça au monde cette découverte.

Dans une étude publiée en 2004, le groupe de réflexion britannique Demos a décrit cet événement comme un moment clé dans l'avènement de l'ère « Pro-Am », dans laquelle professionnels et amateurs travaillent côte à côte : « L'astronomie était l'apanage d'instituts de recherche, la science avec un grand S. Désormais, elle passe aussi par des collaborations Pro-Am. Beaucoup d'amateurs continuent à travailler de leur côté et beaucoup de professionnels restent cantonnés dans leurs institutions académiques. Mais on voit se créer des réseaux de recherche internationaux qui relient professionnels et amateurs partageant le même intérêt pour les étoiles, les comètes et les astéroïdes. »

Comme le souligne Timothy Ferris dans *La Nuit du temps*, où il relate l'histoire de l'astronomie amateur moderne, « s'il fallait fixer la date à laquelle l'astronomie à l'ancienne, apanage de professionnels solitaires rivés à leur télescope, a fait place à un réseau mondial reliant professionnels et amateurs… le 23 février 1987 serait un bon candidat ». Et Demos de conclure : « L'astronomie se transforme rapidement en une science animée par un vaste mouvement mutualiste Pro-Am œuvrant aux côtés d'un corps bien moins nombreux d'astronomes et d'astrophysiciens professionnels. »

Les technologies qui rendent possible ce mouvement Pro-Am en astronomie sont les instruments optiques de

Dobson, les CCD et Internet, qui intervient comme mécanisme d'échange d'informations. Ces outils ont élargi les rangs des astronomes amateurs et renforcé énormément leurs apports. En une vingtaine d'années, l'astronomie est devenue l'un des domaines scientifiques les plus démocratisés, et cela tient en partie au fait que le rôle joué par les amateurs y est aussi visible.

La Nasa fait souvent appel aux amateurs pour la surveillance de certains astéroïdes susceptibles de se diriger vers la Terre ; ce travail d'observation est coordonné grâce à une liste de diffusion de messages électroniques dénommée Minor Planet Mailing List, administrée par Richard Kowalski, 42 ans, bagagiste en Floride chez US Airways le jour et astronome amateur la nuit. Certains des huit cents amateurs de cette liste enregistrent leurs observations pour le plaisir ; d'autres espèrent accéder à l'immortalité en faisant une découverte importante qui portera leur nom. Ce qu'il faut noter, c'est que personne ne le fait pour l'argent.

L'astronomie est un terrain naturel pour le bénévolat. Le ciel, on l'a vu, pose un problème : il faut regarder au bon endroit au bon moment pour être témoin des nouveaux phénomènes les plus intéressants, comme les astéroïdes ou les évolutions stellaires. Cela dépend moins de la taille ou du prix des télescopes que du nombre d'yeux braqués vers le ciel à un moment donné. Les amateurs multiplient plusieurs fois les effectifs de l'astronomie – et pas seulement en regardant les étoiles dans leur jardin.

Le projet SETI@home (« Search for Extraterrestrial Intelligence at home ») fait appel à la puissance de traitement inemployée de plus d'un demi-million d'ordinateurs domestiques. Des heures et des heures de bruit blanc provenant de l'espace ont d'abord été collectées par un radiotélescope. Puis ces données ont été réparties entre les bénévoles. Quand ces derniers n'utilisent pas leur micro-ordinateur, un économiseur d'écran spécial se déclenche. Derrière les images cosmiques affichées, le programme scanne tous les enregistrements reçus dans l'espoir de détecter un signal qui pourrait provenir d'une intelligence extraterrestre. Avec la ventilation de ses données entre les ordinateurs de ses bénévoles, le projet a considérablement accru le volume de signaux qu'il est capable de traiter ; les participants, eux, n'ont rien d'autre à faire que de télécharger un logiciel.

Un autre projet a mutualisé l'analyse des images de Mars. La Nasa a présenté sur le web des photos prises depuis des dizaines d'années par les vaisseaux spatiaux Viking et invité les visiteurs à cliquer sur tous les cratères qu'ils pouvaient voir, en les classant entre « récents », « dégradés » et « fantômes ». Ce travail fastidieux, accompli d'ordinaire par des scientifiques et des étudiants, peut demander des années. Mais en trois mois seulement, le projet « Mars Clickworkers » a permis l'identification de plus de 200 000 cratères par les bénévoles. Une fois établie la moyenne de tous les clics, ce travail collectif des amateurs s'est révélé presque aussi exact que celui des experts en géologie planétaire.

Dans le logiciel « *open source* », où quiconque peut contribuer à un projet, le mot d'ordre est : « Si les yeux sont assez nombreux, tous les bugs sont insignifiants. » Il en va de même en astronomie : si les yeux sont assez nombreux, nous verrons l'astéroïde qui portera notre nom, et suffisamment tôt pour que cela serve à quelque chose.

Bien entendu, il y a des limites à ce que des Pro-Ams peuvent faire. Ils collectent surtout des données, ils ne créent pas de nouvelles théories en astrophysique. Parfois, ils sont incapables d'analyser correctement les données obtenues. Cependant, leur place paraît assurée dans cette discipline. « Il y aura toujours une division du travail entre professionnels et amateurs », a écrit l'historien des sciences John Lankford dans le magazine *Sky & Telescope*, bible des astronomes amateurs américains. « Mais il pourrait devenir plus difficile de distinguer les deux groupes dans l'avenir. »

Démocratiser les outils de production

La nouveauté, ici, est la manière dont les choses se passent et non le concept lui-même. D'ailleurs, Karl Marx pourrait bien avoir été le premier prophète de l'économie Pro-Am. Comme le note Demos, « Dans *L'Idéologie allemande*, rédigé entre 1845 et 1847, Marx affirmait que le travail – le labeur subi, non spontané et rémunéré – serait supplanté par l'autoactivité. » En fin de compte, espérait-il, un jour viendrait où « la production matérielle laisse à chacun un surplus de temps destiné à d'autres activités ». Marx évoquait une société communiste « … où chacun, au lieu d'avoir une sphère d'activités exclusive, peut se former dans la branche qui lui plaît… pour chasser le matin, aller à la pêche l'après-midi, pratiquer l'élevage le soir, critiquer après le repas, selon mon bon plaisir, sans jamais devenir chasseur, pêcheur ou critique ».

Pour rester sur le vocabulaire de Marx, les Pro-Ams sont une création de la première force de la Longue Traîne, la démocratisation des outils de production.

L'effet observé en astronomie se retrouve dans d'innombrables autres domaines. Tout comme la guitare électrique au fond du garage a démocratisé la musique pop il y a quarante ans, les outils informatiques de création et de production démocratisent le studio d'enregistrement. Le GarageBand d'Apple, fourni gratuitement avec chaque Mac, accueille l'utilisateur en lui suggérant : « Enregistrez votre prochain tube » et lui procure les outils nécessaires. De même, les caméscopes numériques et les logiciels de montage (fournis gratuitement avec Windows et avec n'importe quel Mac) mettent entre les mains du vidéaste moyen un équipement naguère réservé aux professionnels.

Puis vient l'écrit, toujours à la pointe de l'égalitarisme. Sans doute est-ce le photocopieur qui a le premier fait mentir l'aphorisme selon lequel « le pouvoir de la presse appartient à celui qui la possède », mais c'est le blog qui a vraiment déclenché la renaissance de l'édition amateur. Aujourd'hui, des millions de gens publient quotidiennement pour un public collectivement plus vaste que celui revendiqué par n'importe quel grand organe de presse. Là aussi, ce qui a permis l'essor du blog a été la démocratisation des outils : l'arrivée de logiciels et de services simples et bon marché qui ont facilité l'édition en ligne au point de la rendre accessible à tous.

Ainsi en va-t-il aussi de la retouche et de l'impression photographiques sur ordinateur, des jeux vidéo qui incitent les joueurs à créer et diffuser leurs propres niveaux de substitution, ou encore de l'impression de livres à la demande. Voici quelques décennies, deux raisons empêchaient la plupart d'entre nous de faire des films à succès : (1) l'absence des outils nécessaires, (2) l'absence du talent nécessaire. Aujourd'hui, seule demeure la seconde excuse – qui n'est d'ailleurs plus aussi solide qu'autrefois. Hollywood, si efficace soit-il, n'est pas capable de dénicher tous les grands cinéastes potentiels de la planète. La technologie, peu coûteuse et omniprésente, y parvient bien mieux. Dans le passé, le talent faisait son chemin jusqu'aux outils de production ; à présent, c'est l'inverse.

La conséquence de tout cela est que nous commençons à passer du rôle de consommateurs passifs à celui de producteurs actifs. Et nous le faisons pour le plaisir (le mot « amateur » vient du latin *amator*, « amoureux », de *amare*, « aimer »). Il suffit de regarder autour de soi : les blogs amateurs disputent l'attention des lecteurs aux grands journaux, les orchestres du dimanche diffusent leur musique en ligne sans passer par une maison de disques et Monsieur Tout-le-monde se fait critique en ligne. C'est comme si le réglage par défaut de la production était passé du « Gagnez le droit de le faire » au « Qu'est-ce qui vous en empêche ? »

À propos de ce passage du consumérisme à la participation, l'écrivain Doc Searls parle de « producteurisme » :

> L'« économie de consommation » est un système contrôlé par le producteur dans lequel les consommateurs ne sont rien de plus que les sources d'énergie qui métabolisent les « contenus » pour les transformer en argent. Tel est l'effet absolument pervers du pouvoir absolu exercé par les producteurs sur les consommateurs depuis que les premiers ont réussi la révolution industrielle.
>
> Apple donne aux consommateurs des outils qui les transforment en producteurs. Cette pratique transforme radicalement le marché aussi bien que l'économie qui en vit.

Je le constate avec mes jeunes enfants plongés, pendant que j'écris, dans un *machinima*, ou film d'animation produit sur ordinateur à partir d'un logiciel de jeu vidéo. Grâce aux moteurs 3D de jeux comme Halo 3 ou Sims, les metteurs en scène de *machinimas* n'ont qu'à écrire un script, déterminer les personnages et enregistrer les textes. Tout le reste – déroulement, caméra, personnages et véhicules – est géré par le logiciel. C'est comme s'il y avait un mini-Pixar dans chaque Xbox ou chaque PC.

Placés devant un *machinima*, les enfants commencent par le regarder et l'apprécier comme un spectacle. Puis ils s'interrogent sur la manière dont il a été produit. Enfin, ils se demandent s'ils pourraient en faire autant. (La réponse est oui, bien entendu.) Le fini hollywoodien qui manque aux *machinimas* est largement compensé par l'inspiration créatrice. La jeune génération grandit en regardant certains des siens produire des œuvres impressionnantes de créativité. Il lui en restera forcément quelque chose.

C'est quelque chose que de regarder un film ou d'écouter un morceau de musique et de crier au génie en songeant qu'une personne de talent a réalisé avec tout un appareil survolté l'œuvre exceptionnelle qu'on est en train d'apprécier. Mais une fois qu'on sait ce qu'il y a derrière le rideau, on se dit qu'on pourrait soi-même être cette personne. Quand les outils de production sont transparents, on se sent poussé à créer. Quand les gens comprennent comment on réalise une grande œuvre, il y a de fortes chances pour qu'ils aient envie de la réaliser eux-mêmes.

Aujourd'hui, des millions de gens ordinaires ont sous la main les outils et sous les yeux les exemples pour devenir producteurs amateurs. Certains d'entre eux auront aussi du talent et de l'inspiration. Puisque les moyens de production se sont si largement répandus auprès d'un si grand nombre de gens, ceux qui parmi ces gens possèdent du talent et de l'inspiration, même s'ils ne forment qu'un petit pourcentage du total, deviennent une force dont il faut tenir compte. Ne soyez pas surpris si certaines des œuvres les plus novatrices et les plus influentes des prochaines décennies viennent de cette catégorie Pro-Am d'amateurs inspirés, et non des sources traditionnelles du monde commercial. Du fait de ce basculement, la Longue Traîne se peuplera à un rythme jamais vu auparavant.

Le phénomène Wikipédia

En janvier 2001, après avoir fait fortune en spéculant en Bourse, Jimmy Wales a entrepris de constituer une énorme encyclopédie d'une manière entièrement nouvelle, en faisant appel au savoir collectif de millions d'experts amateurs, de semi-experts et de gens ordinaires qui pensaient savoir quelque chose [1]. Cette encyclopédie serait mise gratuitement à la disposition de tous et créée non par des experts et des rédacteurs rémunérés mais par quiconque voudrait y contribuer. Wales a commencé avec quelques dizaines d'articles déjà rédigés et un progiciel dit « wiki » (d'après un mot hawaïen qui signifie « rapide » ou « prompt »), qui permet à quiconque dispose d'un accès au web de se rendre sur un site pour modifier, supprimer ou développer ce qui s'y trouve. Son ambition : rien de moins que construire un temple du savoir qui rivaliserait avec ce qu'était dans l'Antiquité la bibliothèque d'Alexandrie.

Ce qui n'alla pas sans controverse, bien entendu.

D'abord, ce n'est pas ainsi qu'on est censé fabriquer une encyclopédie. Depuis toujours, il appartient aux savants de compiler des connaissances faisant autorité. Ce furent d'abord quelques multiérudits solitaires qui osèrent tenter l'impossible. Dans la Grèce antique, Aristote a ainsi entrepris d'enregistrer à lui seul toutes les connaissances de son époque. Quatre cents ans plus tard, un aristocrate romain, Pline l'Ancien, a réuni la science de son temps en trente-sept volumes. Un lettré chinois, Tu Yu, a écrit une encyclopédie de son cru au IXe siècle. Au XVIIIe siècle, Diderot et quelques-uns de ses amis (dont Voltaire et Rousseau) ont en vingt-neuf ans créé l'*Encyclopédie, ou Dictionnaire raisonné des sciences, des arts et des métiers.*

Les œuvres individuelles ont graduellement fait place aux travaux d'équipe plus vastes, surtout après les débuts de la révolution industrielle. À la fin du XVIIIe siècle, plusieurs membres des Lumières écossaises ont entrepris d'appliquer les principes industriels de la gestion scientifique et du travail à la chaîne à la création d'une encyclopédie telle que le monde n'en avait encore jamais vu : l'*Encyclopædia Britannica*, dont la troisième édition, publiée entre 1788 et 1797, comptait dix-huit volumes, plus un supplément de deux volumes, réunissant au total plus de 16 000 pages. Des groupes d'experts ont été constitués pour écrire des articles savants sous la direction d'un responsable, en respectant un organigramme détaillé.

Et voilà qu'avec Wales est né un troisième modèle : le collectif ouvert. Au lieu d'un personnage vraiment intelligent, ou d'un certain nombre de personnages intelligents choisis individuellement, Wikipédia fait appel à des dizaines de milliers de personnes de toutes sortes – depuis les vrais experts jusqu'aux spectateurs intéressés – avec une foule d'administrateurs volontaires qui valident les articles et gardent l'œil sur leur évolution. D'après le calcul de l'encyclopédie de Wales, 50 000 wikipédiens auto-sélectionnés valent un Pline l'Ancien.

Au lieu de relations hiérarchiques clairement déterminées, note l'écrivain Daniel H. Pink, Wikipédia repose sur une décentralisation et une auto-organisation radicales, l'*open source* dans sa forme la plus pure. La plupart des encyclopédies commencent à se fossiliser à partir du moment où elles sont imprimées sur le papier. Mais si vous leur ajoutez le logiciel Wiki et quelques bonnes volontés, vous obtenez une chose autoréparable et presque vivante. Un modèle de production différent aboutit à un produit fluide, rapide, réparable et gratuit.

En 2001, cette idée semblait absurde. Pourtant, dès 2005, cette entreprise sans but lucratif est devenue la plus grande encyclopédie de la planète. Wikipédia propose plus de deux millions d'articles en anglais – contre 120 000 pour l'*Encyclopædia Britannica* (65 000 dans son édition imprimée) et 60 000 pour *Encarta* – élaborés par plus de 75 000 contributeurs. Ajoutez-y ses éditions en plus de cent autres langues, dont l'espéranto et le kurde, et le nombre total d'articles sur Wikipédia atteint 5,3 millions [2].

Pour contribuer à Wikipédia, il suffit d'un accès Internet : chaque article comprend un onglet « Modifier » à la disposition de quiconque. Chacun de nous est expert en quelque chose, et la beauté de Wikipédia est qu'il n'existe pratiquement pas de sujet qui soit trop mince pour qu'un article lui soit consacré. Il en va tout autrement avec l'*Encyclopædia Britannica*. Si dans cette excellente encyclopédie vous ne trouvez pas d'article sur le sujet qui vous intéresse, ou si un article vous paraît déficient, vous ne pouvez pas faire grand-chose d'autre que de le déplorer ou d'écrire à l'éditeur (sans espérer de réponse). Avec Wikipédia, en revanche, vous modifiez ou vous créez l'article vous-même. Ce genre de basculement du mécontentement passif à la participation active fait une énorme différence. Pour recycler une vieille plaisanterie sur la météo, disons que tout le monde se plaint de l'encyclopédie, mais aujourd'hui, on peut y changer quelque chose.

L'ère probabiliste

Beaucoup soulignent à l'envi que les articles de Wikipédia « ne font pas autorité », manière de dire qu'on y trouve parfois des inexactitudes. Ce qui est bien sûr inévitable dès lors que n'importe qui peut les écrire. À la différence de l'*Encyclopædia Britannica* où chaque article est nettoyé, contrôlé et peaufiné par des professionnels responsables, chaque article de Wikipédia jaillit simplement du néant par le miracle du bouton « Modifier ».

Fin 2005, John Seigenthaler Sr. a fait paraître dans *USA Today* un courrier sur sa notice biographique dans Wikipédia. Celle-ci commençait ainsi :

> John Seigenthaler Sr. a été assistant de Robert Kennedy, ministre de la Justice, au début des années 1960. Il a été brièvement soupçonné d'avoir joué un rôle direct dans les assassinats de John Kennedy et de son frère Bobby. Rien n'a jamais été prouvé.

Hormis le passage sur son poste auprès de Robert Kennedy dans les années 1960, pratiquement tout l'article était faux et diffamatoire. Seigenthaler a téléphoné à Wales pour lui demander de supprimer l'article (ce qu'il aurait d'ailleurs pu faire lui-même facilement), mais ce qu'il avait écrit à propos de cette expérience a suscité un débat national sur la confiance que méritait Wikipédia. Le débat se poursuit aujourd'hui.

On ne peut répondre simplement par oui ou par non, car il est de la nature d'un contenu créé par les utilisateurs d'être aussi embrouillé et incertain au niveau micro, c'est-à-dire au niveau où l'on a d'ordinaire affaire à lui, qu'étonnamment réussi au niveau macro. Il faut juste le prendre pour ce qu'il est.

Wikipédia, comme Google et comme le bon sens collectif de millions de blogs, fonctionne selon la logique étrange des statistiques, faite de probabilités et non de certitudes. Mais notre cerveau n'est pas organisé de manière à penser en termes de statistiques et de probabilité. On veut savoir si un article d'une encyclopédie est exact ou inexact. On veut savoir qu'une main avisée (humaine, dans l'idéal) guide les résultats fournis par Google. On veut faire confiance à ce qu'on lit.

Quand des professionnels – éditeurs, savants, journalistes – sont aux commandes, on sait au moins que la question de l'exactitude est entre les mains de quelqu'un. Or aujourd'hui, on s'appuie de plus en plus sur des systèmes où personne n'est responsable ; l'intelligence est simplement « émergente », c'est-à-dire qu'elle semble jaillir spontanément des grands nombres. Ces systèmes probabilistes ne sont pas parfaits, mais ils sont statistiquement optimisés de manière à aller vers l'excellence avec le temps et les grands nombres. Ils sont conçus de manière à s'améliorer en grandissant. Et le prix à payer pour cette efficience au niveau macro est une petite déficience au niveau micro.

Mais comment cela peut-il être vrai quand cela sonne si faux ?

C'est là qu'est la difficulté. L'idée d'un tel compromis est difficile à admettre. C'est pourquoi Darwin soulève encore les polémiques. Et pourquoi *The Wisdom of Crowds* (« La Sagesse des foules »), le livre de James Surowiecki sur la main invisible d'Adam Smith et sur les raisons qui font qu'un grand nombre de personnes peut être plus intelligent qu'un petit nombre, surprend encore (et mérite encore d'être lu) plus de deux cents ans après la mort de l'illustre Écossais. L'économie de marché aussi bien que l'évolution des espèces sont des systèmes probabilistes, ce qui les rend tout simplement incompréhensibles pour notre cerveau de mammifère. Le fait que quelques humains intelligents aient échappé à cette incompréhension et aient pu ainsi jeter les fondations de l'économie moderne, du marché jusqu'à Google, prouve seulement que notre logiciel mental (notre connaissance collective) évolue plus vite que nos neurones.

Les systèmes probabilistes sont « hors de contrôle », pour reprendre une expression de l'écrivain Kevin Kelly. Celui-ci a publié sous le titre *Out of Control* un livre fondateur qui passe en revue un grand nombre d'exemples, depuis la démocratie jusqu'aux vols d'oiseaux, où l'ordre naît de ce qui paraît être un chaos en inversant, semble-t-il, la flèche de l'entropie. Ce livre date de plus d'une douzaine d'années et son contenu surprendra encore dans plusieurs décennies. Mais il dit vrai.

Est-ce que Wikipédia « fait autorité » ? Certes non. Mais de quoi s'agit-il en réalité ? L'*Encyclopædia Britannica* est vérifiée par un petit groupe de réviseurs dotés en moyenne de diplômes universitaires élevés. Les bourdes et les chimères y sont (s'il y en a) moins nombreuses au total que chez Wikipédia. Mais elle n'est pas non plus infaillible. En fait, selon une étude publiée en 2005 par le journal scientifique *Nature*, sur quarante-deux articles relatifs à des sujets scientifiques, on trouvait en moyenne quatre erreurs par article chez Wikipédia et trois chez *Britannica*. Et les articles de Wikipédia ont été corrigés peu après la parution de cet article, alors que ceux de *Britannica* auront dû attendre la prochaine édition.

Les principales erreurs de l'*Encyclopædia Britannica* sont des erreurs par omission. Elle est incomplète dans certaines catégories et dépassée dans beaucoup d'autres. Et puis il y a les millions d'articles qui ne s'y trouvent tout simplement pas (et ne pourraient s'y trouver étant donné son processus d'édition). Wikipédia en revanche peut se redimensionner pour inclure ces articles, et bien d'autres. Et elle est remise à jour en permanence.

L'avantage des systèmes probabilistes est qu'ils bénéficient de la sagesse des foules et, de ce fait, peuvent s'étendre doucement en largeur et en profondeur. Mais comme ils renoncent ce faisant à la certitude absolue au niveau du détail, tout résultat isolé doit être pris avec une certaine prudence. Wikipédia doit être la première source d'information, pas la dernière. Il faut y voir un site où l'on explore des informations et non une source définitive de renseignements factuels.

Il en va de même des blogs, dont aucun ne fait autorité pris isolément. Les blogs sont une Longue Traîne ; or le contenu d'une Longue Traîne est par définition variable et divers : toute généralisation quant à sa qualité ou à sa nature serait une erreur. Mais collectivement, les blogs font mieux que jeu égal avec les grands organes de presse. Simplement, il faut en lire plus d'un avant de se faire une opinion.

Idem pour Google, qui semble à la fois omniscient et insondable. Il établit des liens que vous et moi ne ferions sans doute pas, et qui émergent naturellement de calculs à une échelle que nous ne maîtrisons pas. On peut dire que Google est la première entreprise née avec un ADN intégrant l'intelligence étrangère des statistiques massives du web. C'est pourquoi il rencontre un succès si énorme et apparemment si irrésistible.

Ce que l'écrivain Paul Graham explique ainsi [3] :

> Le web a naturellement un certain grain, qu'on retrouve chez Google. C'est pourquoi la réussite de celui-ci semble si aisée. Il va dans le sens du vent, au lieu d'espérer tranquillement un modèle économique, comme la presse écrite, ou de tenter d'aller à contre-courant en portant plainte contre ses clients comme Microsoft et les maisons de disques. Google n'essaie pas d'obliger les choses à se passer à sa manière. Il essaie de découvrir ce qui va se passer et s'arrange pour se trouver sur le passage.

Le web est une vaste foire aux idées, gouvernée par les lois des grands nombres. Le grain que Graham y voit est le tissu des mécaniques statistiques, la seule logique comprise par ces systèmes réellement énormes. Peut-être la comprendrons-nous un jour nous aussi.

La puissance de la production par les pairs

Globalement, Wikipédia est probablement la meilleure encyclopédie du monde : plus grosse, plus à jour et dans bien des cas plus approfondie que l'*Encyclopædia Britannica* elle-même. Mais au niveau des articles individuels, la qualité varie. Auprès d'articles d'une érudition et d'une science confondantes, on y trouve de nombreuses « ébauches » (articles brefs destinés à réserver un emplacement) et même du spam autogénéré.

Dans les articles souvent consultés, surveillés par des yeux nombreux, Wikipédia montre une remarquable résistance au vandalisme et aux disputes idéologiques. Selon une étude IBM, le délai nécessaire pour réparer un dégât affectant un article très en vue, comme « Islam », est inférieur à quatre minutes. Ce n'est pas l'œuvre d'une police encyclopédique professionnelle mais simplement le comportement émergent d'un essaim Pro-Am de surveillants autodésignés. Contre toute attente, le système fonctionne extrêmement bien. Et plus Wikipédia grandira, plus nombreux seront les articles protégés par cette faculté d'autoréparation rapide.

La question n'est pas que tout article de Wikipédia soit probabiliste, mais que *toute l'encyclopédie* se comporte de manière probabiliste. Vos chances de trouver chez Wikipédia un article détaillé, à jour et exact sur un sujet quelconque sont excellentes, même si individuellement les articles ne sont pas tous excellents.

Autrement dit, le degré de qualité chez l'*Encyclopædia Britannica* va, disons, de 5 à 9 avec une moyenne de 7, et chez Wikipédia de 0 à 10 avec une moyenne, par exemple, de 5. Mais comme la seconde compte vingt fois plus d'articles, vos chances d'en trouver un de qualité raisonnable sur le sujet qui vous intéresse sont en réalité plus élevées chez Wikipédia.

Ce qui rend Wikipédia vraiment extraordinaire est qu'elle s'améliore dans le temps, en se guérissant organiquement comme si son armée énorme et toujours plus nombreuse de contributeurs formait un système immunitaire, toujours vigilant et toujours prompt à réagir à ce qui menace l'organisme. Et comme un système biologique, elle évolue en sélectionnant les traits qui l'aident à garder une foulée d'avance sur les prédateurs et les pathogènes de son écosystème.

Le processus traditionnel de création d'une encyclopédie – des éditeurs professionnels, des écrivains savants, une relecture par les pairs – vise à la perfection. Il y parvient rarement, mais la poursuite de l'exactitude et de la clarté aboutit à une œuvre cohérente et fiable, ainsi qu'incroyablement exigeante en temps et coûteuse à produire. Il en va de même pour la plupart des autres produits de l'édition professionnelle : on peut s'attendre à ce qu'un livre soit imprimé recto verso avec des textes là où il faut et orthographiés plus ou moins correctement. L'œuvre ne descendra pas sous un certain seuil de qualité.

Avec les systèmes probabilistes, en revanche, il n'existe qu'un niveau de qualité statistique, ce qui revient à dire que certaines choses seront excellentes, d'autres médiocres et d'autres encore absolument nulles. Il ne peut en être autrement étant donné la nature de l'animal. L'erreur commise par beaucoup de critiques est d'espérer autre chose. Wikipédia n'est simplement pas un animal comparable à l'*Encyclopædia Britannica*. C'est une communauté vivante plutôt qu'un ouvrage de référence statique.

Le vrai miracle de Wikipédia est que ce système ouvert de contributions et de modifications introduites par des amateurs ne s'effondre pas dans l'anarchie. Tout au contraire, il a quelque part auto-organisée la plus vaste encyclopédie de tous les temps. Inversant la flèche de l'entropie, le moment catalytique de Jimmy Wales – la mise en ligne de quelques articles initiaux et d'un mécanisme permettant à d'autres de continuer – a en fait créé de l'ordre à partir du chaos.

Le résultat est une encyclopédie d'un genre différent, complètement affranchie des contraintes de lieu et de production. Elle offre tous les articles qu'on s'attend à trouver dans un ouvrage de référence de premier plan plus des centaines de milliers d'articles qu'on ne s'attend pas à y trouver, parmi lesquels figurent aussi bien des études de niveau universitaire dans des domaines comme la mécanique quantique que des biographies de personnages de bandes dessinées. Autrement dit, on y trouve tous les hits plus un nombre énorme de niches.

Une encyclopédie, selon le modèle classique, est une liste établie avec soin de connaissances culturelles reçues.

Elle contient le canon élémentaire qui doit être reconnu par les autorités. Puis viennent d'autres articles de longueur décroissante jusqu'au seuil au-delà duquel les grands prêtres de l'*Encyclopædia Britannica* décrètent que « ça n'en vaut pas la peine ». Là s'arrête l'encyclopédie classique. Wikipédia, au contraire, *ne s'arrête jamais.*

D'une certaine manière, on peut se représenter Wikipédia comme un équivalent du site de musique Rhapsody. Il y a le *Top 1000* incontournable qu'on peut trouver dans n'importe quelle encyclopédie : Jules César, Seconde Guerre mondiale, Statistiques, etc. C'est l'équivalent des tubes pour la musique. Là, Wikipédia rivalise avec les professionnels au meilleur sens du terme, qui produisent des articles bien écrits, faisant autorité, alignant des faits avec l'aisance permise par une vaste science. Les principaux avantages du modèle Wikipédia de création par l'utilisateur sont la facilité des mises à jour, l'absence de limite de taille, la possibilité d'introduire des aides visuelles (photos, graphiques...), d'intégrer de nombreux liens pour appuyer d'autres informations et peut-être de mieux représenter les opinions divergentes et les controverses.

Au milieu de la courbe, entre le 1 000ᵉ et le 120 000ᵉ et dernier article de l'*Encyclopædia Britannica*, se trouvent des sujets plus étroits : Césarienne, Okinawa, Analyse de régression, etc. Là, le modèle de Wikipédia commence à devancer la concurrence professionnelle. Puisque leur taille n'est pas limitée, les articles de Wikipédia peuvent être plus longs et plus complets. Quand un article de l'*Encyclopædia Britannica* comptait en moyenne 678 mots en 2006, plus de 200 000 articles de Wikipédia (soit plus de deux *Britannica*) étaient plus longs. Simultanément, les liens externes et l'actualisation des informations s'imposent comme un avantage clé :

Wikipédia devient alors le point de départ pour d'autres recherches.

Puis vient la traîne, du 120 000e au millionième article. Ce sont les articles présents dans Wikipédia et qu'aucune autre encyclopédie ne tente même d'inclure. Ses articles sur ces sujets – Code de César, Ushijima, Rho de Spearman – s'étagent entre le meilleur (les textes rédigés par des spécialistes passionnés) et le pire (autopromotion, règlements de compte et canulars). Si beaucoup de critiques se focalisent sur les pires exemples, l'observation vraiment importante est qu'il n'existe rien d'équivalent ailleurs. Des disciplines purement scientifiques jusqu'aux détails de la politique, Wikipédia va là où aucune autre encyclopédie ne peut aller – qu'elle se trouve enfermée par les limites du papier ou par celles d'un DVD. L'*Encyclopædia Britannica* n'a pas (pas encore) d'article sur le phénomène de la Longue Traîne, alors que chez Wikipédia on en trouve un, bien écrit et complet, de 1 500 mots (dont aucun n'a été écrit par moi !)

En général, les auteurs de Wikipédia sont pleins d'enthousiasme, ils se sentent impliqués, libérés et motivés par la possibilité de faire mieux découvrir au public un sujet qu'ils connaissent et qu'ils aiment. En cinq petites années, leur population a été multipliée par mille avec une invasion d'amateurs autonomes, munis des outils simples, nouvellement démocratisés, de la production encyclopédique : un navigateur web et une connexion Internet.

Tel est le monde de la « production par les pairs », un phénomène extraordinaire d'amateurisme et de volontariat de masse rendu possible par Internet. Nous sommes à l'aube d'une ère où, dans quelque domaine que ce soit, la plupart des producteurs ne seront pas payés et où la grande différence entre eux et leurs homologues professionnels sera simplement l'écart (diminuant) entre les ressources dont les uns et les autres disposent pour élargir les ambitions de leur œuvre. Quand les outils de production sont à la disposition de tout le monde, tout le monde devient producteur.

L'économie de réputation

Quelle en est la raison ? Pourquoi quelqu'un crée-t-il quelque chose qui a de la valeur (que ce soit un article d'encyclopédie ou une observation astronomique) sans plan d'affaires ni même la perspective d'un salaire ? Cette question est essentielle si l'on veut comprendre la Longue Traîne, ne serait-ce que parce qu'une très grande partie de ce qui se trouve sous la courbe n'a pas de but commercial au départ. Et surtout, cette question est importante parce qu'elle montre une nouvelle fois que nos postulats sur les marchés doivent être repensés. La création n'obéit pas aux mêmes motivations dans la tête et dans la traîne. Tout n'entre pas dans le même modèle économique. On peut considérer que la tête de la courbe se trouve dans l'économie monétaire et que sa traîne s'achève dans une économie non monétaire. Entre les deux, la situation est intermédiaire.

Du côté de la tête, où les produits bénéficient des canaux puissants mais coûteux de la distribution de masse, les considérations commerciales s'imposent. C'est le domaine des professionnels, et quelque amour qu'ils portent à leur travail, c'est quand même un travail. Les coûts de production et de distribution sont trop élevés pour que l'économie reste à la remorque de la créativité. Le processus est régi par l'argent.

Plus bas dans la traîne, là où les coûts de production et de distribution sont bas (grâce à la puissance démocratisante des technologies numériques), les considérations économiques sont souvent secondaires. Les gens créent en fait pour toutes sortes d'autres raisons – s'exprimer, s'amuser, découvrir, etc. Si l'on peut quand même parler d'économie, c'est qu'un pan de ce royaume peut être tout aussi motivant que l'argent : la *réputation*. Mesurée d'après la quantité d'attention qu'un produit attire, la réputation peut être transformée en d'autres choses de valeur : emplois, situations, auditoires et propositions lucratives de toutes sortes.

Tim Wu, professeur de droit à Columbia University, parle à ce sujet de « culture d'exposition ». En s'appuyant sur l'exemple des blogs, il écrit :

> La culture d'exposition reflète la philosophie du web, dans laquelle le tout est de se faire remarquer. Les auteurs du web se renvoient les uns aux autres, se citent libéralement et commentent parfois des articles entiers. Les courriers électroniques contenant des liens vers des blagues ou des articles favoris sont aujourd'hui aussi représentatifs de la culture américaine que la machine à glaçons. Le grand péché de la culture d'exposition n'est pas de copier mais de ne pas désigner correctement les auteurs. Et au centre de cette culture d'exposition se trouve le tout-puissant moteur de recherche. Si votre site est facile à trouver sur Google, vous ne faites pas un procès – vous vous réjouissez.

Dès lors qu'on se représente la courbe comme peuplée de créateurs aux motivations différentes, on peut se dire que leurs soucis de propriété intellectuelle doivent aussi être différents. Disney et Metallica font sans doute de leur mieux pour défendre et élargir leurs droits de propriété, mais bien d'autres artistes et producteurs, plus nombreux peut-être, considèrent la distribution gratuite entre pairs (P2P) comme du marketing à peu de frais. Les musiciens peuvent y drainer un public pour leurs spectacles en salle, les réalisateurs de films indépendants la traiter comme un curriculum vitæ viral et les universitaires accroître leur impact et leur public *via* le téléchargement gratuit de leurs articles.

Toutes ces manières de voir modifient la façon dont les créateurs considèrent les droits d'auteur. Au sommet de la courbe, les studios, les grandes maisons de disques et les éditeurs défendent férocement leurs droits. Dans la partie intermédiaire, le domaine des labels indépendants et de l'édition universitaire, on se trouve en zone grise. Plus bas dans la traîne, dans la zone plus nettement non commerciale, un nombre croissant de créateurs de contenus choisissent explicitement de renoncer à protéger certains de leurs droits. Depuis 2002, une organisation sans but lucratif appelée Creative Commons octroie sous ce nom des licences autorisant l'utilisation de certaines œuvres protégées par la propriété intellectuelle en considération de la valeur plus élevée apportée aux créateurs de contenus par la distribution gratuite, le remixage et autres formes de propagation entre pairs de leurs idées, de leurs centres d'intérêt ou de leur réputation. (Je l'ai moi-même fait avec mon blog pour toutes les raisons ci-dessus.)

En bref, certains créateurs sont attachés au respect du droit d'auteur et d'autres non. Pourtant, la loi n'établit pas de distinction entre eux : le droit d'auteur est automatiquement reconnu et protégé, sauf renonciation explicite. C'est pourquoi la puissance du « gratuit » est assombrie par la peur du piratage et éveille souvent des suspicions, en particulier parce qu'il fait fâcheusement écho aux slogans du communisme et du mouvement hippie.

Qu'importe, on commence tout de même à reconsidérer cette question au fur et à mesure que la force de « l'économie de cadeau » devient claire partout, de la blogosphère à l'*open source*. Dans une partie de ma vie professionnelle (le magazine diffusé à 650 000 exemplaires dont je suis le rédacteur en chef), je suis proche de la tête de la courbe ; dans une autre (mon blog aux 30 000 lecteurs), je suis dans la traîne. Mes décisions en matière de propriété intellectuelle sont différentes dans un cas et dans l'autre. Un jour ou l'autre, je l'espère, le marché et la réglementation refléteront plus exactement cette réalité.

L'autoédition sans honte

On se représente les livres sous un angle commercial, en supposant que la plupart des écrivains veulent écrire un best-seller et devenir riches. Or, en réalité, l'immense majorité d'entre eux non seulement n'écrira pas de best-seller mais ne recherche même pas le grand succès. Chaque année, près de 200 000 livres sont publiés en anglais. Moins de 20 000 d'entre eux trouveront leur place dans la superlibrairie moyenne. La plupart ne se vendront pas.

En 2004, sur 1,2 million de livres suivis par Nielsen BookScan, 950 000 se sont vendus à moins de 99 exemplaires. Deux cent mille autres se sont vendus à moins de mille exemplaires. Seuls 25 000 se sont vendus à plus de cinq mille exemplaires. En Amérique, un livre se vend en moyenne à cinq cents exemplaires. Autrement dit, environ 98 % des livres sont hors commerce, que tel ait été leur objectif ou pas.

Qui cherche à séduire les masses doit accepter des compromis – être prêt à choisir des sujets intéressant le plus grand nombre, écrire en style parlé plutôt qu'en style savant. La plupart des écrivains en sont incapables et beaucoup d'autres s'y refusent. La vaste majorité des auteurs préfère obéir à une passion en acceptant de ne rien gagner. Beaucoup n'aspirent à rien d'autre qu'à être lus par un groupe qui compte à leurs yeux – que ce soient leurs pairs ou ceux qui partagent leurs idées.

Ce genre d'édition sans profit peut tout de même avoir un but lucratif. En ce cas, le produit qui a de la valeur n'est plus le livre. Celui-ci devient une *publicité* pour le produit qui a de la valeur : l'auteur lui-même. De nombreux livres non commerciaux doivent plutôt être considérés comme des supports de marketing destinés à élargir la réputation scientifique d'un auteur, à vendre des conseils ou des conférences ou tout simplement à laisser une trace dans le monde. Ainsi considérée, l'autoédition n'est pas un moyen pour faire de l'argent : c'est un moyen pour diffuser son message.

Pour avoir un aperçu de ce monde, considérons Lulu.com [4], un professionnel de l'autoédition d'un nouveau genre. Pour moins de 200 dollars, Lulu peut non seulement imprimer votre livre en version brochée ou reliée et lui donner un numéro ISBN mais aussi le faire répertorier par les distributeurs en ligne. Dès lors, il sera à la disposition de millions de lecteurs potentiels, au coude à coude peut-être avec *Harry Potter* si les vents des moteurs de recommandation lui sont favorables. Avec Lulu, l'impression des livres se fait par petits lots de quelques dizaines d'exemplaires, les stocks étant reconstitués si nécessaire en impression à la demande. C'est un progrès extraordinaire par rapport au modèle méprisé de l'édition « à compte d'auteur » d'il y a seulement quelques années. Des milliers d'écrivains ont déjà choisi cette voie.

Voici les cinq livres les plus lus sur Lulu lors de la rédaction de la première édition de ce livre, en 2006 :

1. *Raw Foods for Busy People : Simple and Machine-Free Recipes for Every Day* (« Crudités pour gens pressés : des recettes simples et sans appareil pour tous les jours »).
2. *The Havanese* (« Le Manuel indispensable pour les propriétaires, éleveurs et amateurs de bichons havanais »).
3. *Investigating Biology. A Laboratory Manual for BIO 100* (« Explorer la biologie – manuel de laboratoire pour cours d'initiation à la biologie »), 12e édition.
4. *Maximum SAT* (« Obtenir la note maximum au test d'aptitude scolaire SAT »).
5. *How to Start a Wedding Planning Business* (« Comment créer une entreprise d'organisation de mariages »).

Tous ont atteint des chiffres de vente compris entre cinq mille et cinquante mille exemplaires, ce qui n'est pas mal du tout. Quatre-vingts pour cent des bénéfices réalisés sur les ventes vont directement aux auteurs au lieu de 15 % chez les éditeurs classiques. Et dire que l'autoédition est censée être réservée aux médiocres.

Pourtant, la plupart des auteurs qui font appel à ces services d'autoédition ne le font pas pour de l'argent et n'espèrent pas de grosses diffusions. La grande majorité des autres clients de Lulu, qui sont quelques milliers, choisissent de s'autoéditer parce qu'ils savent que leurs écrits ont peu de chances de se vendre suffisamment pour qu'il soit intéressant de rechercher un éditeur commercial. Cela ne veut pas dire qu'ils n'aient pas un public potentiel mais seulement que ce public est peu nombreux.

Voici quelques années, la plupart de ces auteurs n'auraient pas été publiés du tout – et cela aurait suffi pour les décourager d'écrire un livre avant même d'en avoir écrit le premier mot. Mais aujourd'hui, l'économie de l'édition a tellement changé que presque n'importe qui peut publier ses œuvres. Ce qui signifie qu'on peut écrire des livres pour toutes sortes de raisons sans avoir besoin de passer par un éditeur pour savoir si le livre vaut d'être proposé au marché.

L'effet de cette évolution se fait déjà sentir dans toute la profession, jusqu'aux libraires géants. En 2005, Barnes & Noble a vendu 20 % de titres de plus qu'en 2004, phénomène que son P-DG, Steve Riggio, attribue à trois forces : (1) l'efficacité de l'impression à la demande, qui permet à plus de livres d'être disponibles, (2) l'augmentation du nombre de petits éditeurs indépendants, (3) l'autoédition.

> Au cours des prochaines années, la définition traditionnelle de ce qu'est un « livre publié » va perdre de sa signification, dit-il. On utilisera de plus en plus Internet comme première étape vers la publication d'une œuvre, qu'il s'agisse de livres, de nouvelles, de documents de travail ou d'articles sur son domaine d'expertise. Les meilleures de ces œuvres deviendront des livres sous forme papier. J'ai tendance à me sentir optimiste quant aux perspectives de l'industrie du livre car une première marche vers l'édition, entièrement nouvelle et efficace, est en train d'apparaître et de s'améliorer rapidement.

L'une des grandes différences entre la tête et la traîne des producteurs est que plus loin vous vous situez dans la traîne, plus il est probable que vous devrez conserver l'emploi qui vous fait vivre. Et c'est très bien ainsi. La distinction entre « professionnels » et « amateurs » est en train de se brouiller et pourrait un jour ne plus rien signifier du tout. On ne fait pas seulement ce pour quoi on est payé, mais aussi ce qu'on a *envie* de faire. Et dans les deux cas cela peut avoir une valeur.

Le phénomène sud-coréen du « journalisme citoyen », apparu en 2000 avec OhmyNews, fournit un autre exemple [5]. Chez OhmyNews, quelque soixante-cinq journalistes et rédacteurs professionnels trient, retouchent et complètent des articles rédigés par plus de 60 000 amateurs, des collégiens jusqu'aux professeurs. Ces bénévoles soumettent entre 150 et 200 articles par jour, ce qui représente plus des deux tiers du contenu d'OhmyNews. Pour cela, ils reçoivent une aumône : l'auteur d'un article signalé en première page, ce qui n'arrive qu'à une petite fraction des textes, est payé environ 20 dollars. Pourquoi le font-ils ? « Ils écrivent des articles pour changer le monde et pas pour gagner de l'argent », répond Oh Yeon Ho, fondateur du site.

Des cinéastes aux blogueurs, les producteurs qui se lancent dans la traîne avec peu d'espoir de réussite commerciale peuvent se permettre des paris. Ils sont plus disposés à prendre des risques car ils ont moins à perdre. Ils n'ont pas besoin d'autorisation, de *business plan*, ni même de capitaux. Les outils de la créativité sont aujourd'hui bon marché, et le talent est plus répandu qu'on ne le croit. Ainsi considérée, la Longue Traîne promet de devenir le nœud de la créativité, un endroit où les idées se forment et grandissent avant d'évoluer vers une forme commerciale.

Étude de cas : Lonely Island

Tout le monde n'obéit pas au même type de motivation. On crée des choses pour toutes sortes de raisons, du désir de s'exprimer jusqu'à celui d'acquérir une réputation. C'est important parce qu'il y a de plus en plus de mobilité sans friction dans la Longue Traîne. Dans un marché numérique formant un continuum, d'iTunes au web lui-même, un contenu qui commence tout en bas peut aisément parvenir au sommet s'il touche une corde sensible. Il devient essentiel de comprendre les différentes motivations des créateurs de contenus.

Lors d'une intervention au cours d'un congrès, à la mi-2005, Barry Diller, patron du grand groupe de presse IAC/InterActiveCorp, a reconnu l'intérêt de la production par les pairs tout en refusant d'y voir une force capable de rivaliser avec Hollywood. « Les gens de talent, assura-t-il, ne seront pas remplacés par 18 millions de personnes produisant des choses qu'elles croient intéressantes. »

Se pourrait-il qu'il ait raison ? Eh bien, si l'on considère que les « gens de talent » sont uniquement ceux qui ont fait leurs preuves dans la fabrication de grands succès de masse, Diller a peut-être ses chances ! Mais la créativité ne se borne pas aux hits de Hollywood : les gens capables de toucher une corde sensible peuvent venir de partout et par n'importe quel chemin.

Prenez Akiva Schaffer, Jorma Taccone et Andy Samberg. Récemment encore, ils représentaient assez bien la catégorie de gens que la machine à reconnaître le talent selon Diller aurait efficacement éjectés.

Leurs études terminées, ces trois amis de longue date sont partis pour Hollywood. Ils se sont installés sur Olympic Boulevard dans une grande maison à petit loyer qu'ils ont rebaptisée Lonely Island. Puis ils se sont demandé comment faire leur trou dans l'industrie du divertissement en tant que troupe de comédie.

Percer à la télévision n'est pas facile pour un comique, même en tant qu'auteur, mais c'est encore plus difficile pour un groupe préconstitué. Et en effet, dans sa chasse aux emplois hollywoodiens, le trio s'est vite heurté à tous les obstacles habituels. Mais au lieu de s'exposer à d'innombrables refus, il a mis en ligne son histoire, en la baptisant du nom de sa maison. À l'aide d'un équipement vidéo emprunté, l'équipe de Lonely Island a commencé à produire des chansons et de petites vidéos humoristiques. Le frère cadet de Schaffer, Micah, conseil en informatique et propagandiste d'Internet, lui a installé un site web en 2001.

Les Lonely Island ont commencé par des vidéos de rap blanc présentées avec l'humour pince-sans-rire qui les caractérise. L'une de leurs premières réalisations était consacrée à ce qui est « ka-blamo [6] ! » (comme « Tu as embrassé Shannen Doherty ») et à ce qui ne l'est pas (comme « J'ai un diplôme de poterie »). Comme il arrive parfois à ces sketchs éphémères, la vidéo a largement circulé sur Internet. Il est arrivé qu'un DJ hollandais la remixe avec d'autres bandes vidéo, ce qui a encore accru sa célébrité.

D'autres vidéos et d'autres remixages ont bientôt suivi, encouragés par le groupe qui diffusait ses vidéos sous une licence Creative Commons autorisant leur libre réutilisation à titre créatif [7]. En quelques années seulement, les Lonely Island sont devenus des célébrités Internet, c'est-à-dire des vedettes pour la génération qui avait échangé son temps devant la télévision contre du temps en ligne en explorant constamment les contours de la sous-culture Internet.

Une fois célèbres en ligne, les Dudes – comme leurs fans les appellent aujourd'hui – ont eu moins de mal à trouver des engagements comme auteurs ou acteurs. Pourtant, on a surtout continué à les voir en ligne. Le premier épisode de leur série de « prime time Internet » était intitulé « The 'Bu ». « Les jeunes gens sexy qui habitent Malibu disent seulement The 'Bu, explique thelonelyisland.com, car dire le nom entier prend du temps, et alors vous ne seriez plus jeune. »

À force de gagner des admirateurs, le groupe a été remarqué par la vedette de *Saturday Night Live*, Tina Fey, et le créateur de cette émission de variétés du samedi soir, Lorne Michaels. En mai 2005, le trio s'est envolé pour Manhattan afin de passer une audition devant l'équipe la plus célèbre de la comédie. Peu après, ses membres étaient tous embauchés.

En décembre 2005, l'équipe des Lonely Island a présenté une nouvelle parodie de rap blanc sur *Saturday Night Live*. Inspiré du film *Le Monde de Narnia*, le sketch était comme prévu injuste, fallacieux et extrêmement drôle. Puisque l'équipe officiait désormais sur une grande chaîne de télévision, la satire a été diffusée à une heure de grande écoute et vue par le public (en baisse) habituel. Elle a sans doute fait rire beaucoup d'auditeurs, et puis ceux-ci l'ont oubliée.

Mais certains d'entre eux avaient enregistré l'émission et quelques-uns avaient vu du talent dans cette parodie de *Narnia*. Ils l'ont mise en ligne sur Internet. Comme d'habitude, les liens se sont multipliés. NBC s'en est aperçu et a placé la vidéo sur le site officiel de *Saturday Night Live*, et même sur iTunes. Et une fois de plus l'effet viral de la vidéo s'est déclenché – plus fort cette fois que jamais.

Voici ce qu'en disait Jeff Jarvis, spécialiste des médias : « Depuis, oh ! une génération, jamais je n'avais entendu quiconque commenter, recommander ou même avouer regarder *Saturday Night Live*. Et voilà soudain qu'on en parle énormément. Or ce n'est pas parce que des millions de gens se sont mis à regarder l'émission juste au moment où elle redevenait drôle. Non, la rumeur est née parce que les gens ont commencé à diffuser par Internet le morceau sur *Narnia*, qui est rigolo, et que les gens l'ont regardé. NBC est en train de découvrir la puissance du réseau qui n'appartient à personne. » Et le nombre de liens vers le site de *Saturday Night Live* a été multiplié par plus de deux cents dans les deux semaines qui ont suivi la mise en ligne de la vidéo.

L'histoire de Lonely Island forme une boucle complète. Des laissés-pour-compte rejetés par l'industrie du divertissement s'installent en ligne et deviennent célèbres. Les professionnels du divertissement s'aperçoivent du phénomène, qui concerne le public influent des vingt ans et quelques devenu difficile à toucher, et ils embauchent les laissés-pour-compte. Ceux-ci poursuivent leur carrière sur le petit écran, mais comme la classe d'âge visée ne regarde pas beaucoup la télévision, c'est uniquement quand leur sketch *revient en ligne* (avec l'aura supplémentaire des gamins qui ont réussi à partir du Net) qu'il acquiert une vraie célébrité. *Saturday Night Live*, jusque-là boudé par la génération internaute, retrouve soudain ses faveurs pour avoir utilisé l'esprit *underground* authentique qui s'épanouit en ligne. Autrefois, l'émission sélectionnait son écurie de talents auprès d'obscures troupes de théâtre et d'improvisation. Aujourd'hui, elle la trouve aussi en ligne.

Quelle est la leçon de cette histoire ? D'un côté, le filtre de l'industrie actuelle du divertissement a bien constaté l'attrait exercé par les Lonely Island et a trouvé un moyen de l'exploiter. En ce sens, il se peut que le système fonctionne. Pourtant, si ces trois gamins qui avaient mis en ligne un rap approximatif braillé devant une caméra vidéo ne font pas partie des « 18 millions de personnes produisant des choses qu'elles croient intéressantes », je ne sais vraiment pas à qui s'applique l'expression dédaigneuse de Diller.

La vérité est que la prochaine génération de talents viendra probablement de ces 18 millions de personnes qui fabriquent leurs propres créations – et ce sont très probablement ces gens qui sortiront du marasme Hollywood et le reste de l'industrie du divertissement. Diller a peut-être raison. Peut-être n'y a-t-il qu'un petit nombre de personnes capables d'écrire *Friends*. Mais demandez-vous seulement combien de gens sont capables de produire des choses plus atypiques comme le sketch *Narnia*, des contenus qui interpellent un public qui a grandi en ligne – là où ce sont les niches et non les chaînes de TV qui font la loi. Réfléchissez au nombre de ces talents potentiels qui ont aujourd'hui une chance de trouver un vrai public grâce à la distribution démocratisée d'Internet.

Peut-être faut-il encore toute la puissance de la machine hollywoodienne pour faire un feuilleton qui durera plusieurs saisons avec une grande qualité de production. Mais dans le même temps, des centaines de vidéos bricolées peuvent collectivement attirer un nombre de spectateurs analogue. On pourrait se dire que c'est là comparer des pommes et des oranges – des marques commerciales durables contre des distractions d'amateur éphémères – si l'enjeu de la concurrence entre les unes et les autres n'était pas le temps que leur consacre une génération de spectateurs férus d'Internet.

Pendant qu'ils regardent un type de vidéo, ils ne regardent pas l'autre.

Ce que Diller oublie, c'est qu'il semble bien y avoir aujourd'hui moins de demande pour les films à grand spectacle que pour des contenus spécialisés ou ciblés non destinés à tout le monde. Tandis que le public se détourne progressivement des chanteurs du Top 40 et des films qui tiennent le haut de l'affiche, la demande s'étale en direction d'un grand nombre d'artistes secondaires qui parlent plus authentiquement à leur auditoire. Quelle importance si 99 % des blogs n'attirent jamais plus de quelques dizaines de lecteurs ? La fraction de 1 % qui sort du lot avec un public plus large ne dépasse pas elle-même quelques milliers. Or, collectivement, ce 1 % peut attirer autant de trafic que bien des grands médias classiques. Un succès de « vidéo virale » est vu en général par plusieurs millions de personnes : seules les émissions de télévision les plus célèbres peuvent en dire autant.

Quant aux écrivains qui autoéditent leurs livres *via* Lulu, leurs produits eux-mêmes ne leur rapportent généralement que peu ou pas d'argent, mais ce n'est pas l'important. L'important est que le produit existe et qu'il prend des parts d'audience. Ce n'est pas une création de l'industrie commerciale traditionnelle, mais il lui fait concurrence. Aujourd'hui, les gens qui produisent des contenus sont bien trop nombreux pour que les chasseurs de talents des médias puissent s'intéresser à tous – la vague de créativité au ras du bitume engloutirait n'importe quel lecteur de scripts dans les studios de cinéma et n'importe quel écouteur de bandes d'essai dans les maisons de disques. Comme les outils de production se sont entièrement démocratisés, la population des producteurs s'élargit de manière exponentielle et plus grand-chose n'arrête aujourd'hui ceux qui ont un talent et l'envie de créer.

L'architecture de la participation

Ce phénomène n'est pas totalement nouveau. À la fin des années 1970 et au début des années 1980, la conjonction de la guitare électrique, des premiers magnétophones multipistes à petit prix et du bel exemple des Sex Pistols a permis à une jeune génération de créer des groupes et d'enregistrer de la musique sans formation musicale, sans talent évident et sans l'autorisation de quiconque. Quand le rock punk a déboulé sur la scène, ce fut une épiphanie pour la génération des danseurs de *mosh pit*. En regardant quelqu'un de son âge gratter trois cordes en sautillant sur scène, on ne pouvait s'empêcher de penser : « Je pourrais en faire autant. »

Il fut un temps où l'on considérait que la bonne façon d'apprendre, pour qui voulait devenir musicien, était de copier les maîtres. Il fallait donc commencer par jouer des reprises, déchiffrer des partitions, voire fréquenter une école de musique. Il y avait là-dedans une idée de prix à payer : suivez le parcours balisé, jouez les classiques, car c'est ce que les gens désirent (personne ne veut écouter vos médiocres compositions originales). Faites les choses *bien*.

Mais le rock punk a changé la donne. Le rock punk a proclamé : « OK, vous avez une guitare, mais vous n'êtes pas obligé d'en jouer comme il faut. Vous pouvez jouer de travers ! Peu importent vos talents de musicien, l'essentiel est que vous ayez quelque chose à dire. »

À travers le rock punk, on a vu que l'avantage était aux voix fraîches, aux sons nouveaux, à la vigueur et à un sentiment antiestablishment qui ne pouvait venir que de l'extérieur du système. Il était stimulant de voir des gens pas plus talentueux que vous qui s'amusaient, étaient admirés, faisaient quelque chose de neuf. Dit en termes économiques, cela signifie que le rock punk a abaissé les barrières à l'entrée de la création.

La ligne de démarcation traditionnelle entre producteurs et consommateurs s'est brouillée. Les consommateurs sont aussi des producteurs. Certains créent à partir de zéro, d'autres modifient les œuvres de tiers, en les remixant ou en les réinterprétant. Dans le monde du blog, on parle de « l'ancien lectorat » – les lecteurs qui ont cessé de se comporter en consommateurs passifs pour devenir des producteurs actifs, qui commentent et bloguent dans le dos des grands journaux. D'autres n'apportent au processus que leur bouche-à-oreille amplifié par Internet ; ils font ainsi ce qui était autrefois le travail des animateurs de radio, des critiques musicaux des magazines et des commerciaux des maisons de disques.

Le résultat commence à ressembler à ce que l'éditeur Tim O'Reilly, prophète de l'ère du faites-le vous-même, appelle la « nouvelle architecture de la participation ».

Une équipe de l'University of California, Berkeley [8], a dressé pour illustrer ce fait la nouvelle carte de la création que voici :

Comme le montre le graphique ci-contre, ce secteur dont l'organisation était autrefois monolithique, où les professionnels *produisaient* et où les amateurs *consommaient,* est devenu un marché bidirectionnel où n'importe qui peut se trouver à n'importe quel moment dans n'importe quel camp. Cela ne donne qu'une idée de l'ampleur des bouleversements que les outils de production et de distribution démocratisés pourraient provoquer.

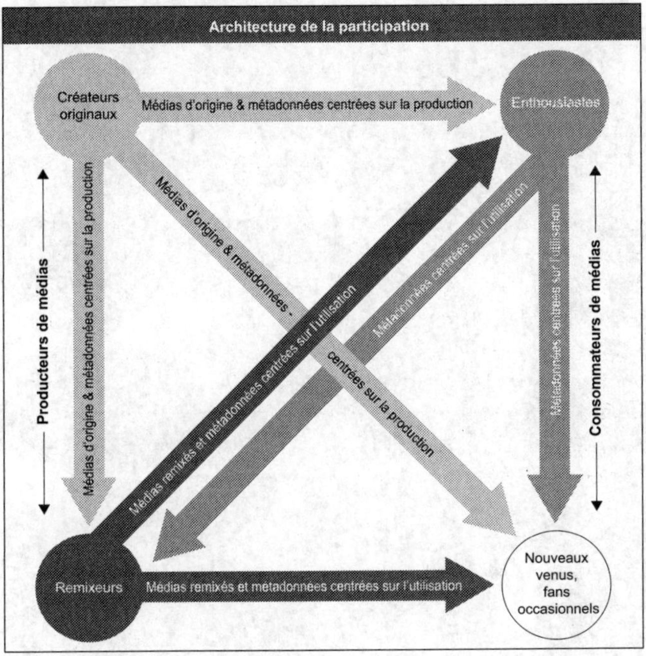
Architecture de la participation
Créateurs originaux
Médias d'origine & métadonnées centrées sur la production
Enthousiastes
Producteurs de médias
Médias d'origine & métadonnées centrées sur la production
Médias d'origine & métadonnées - centrées sur la production
Médias remixés et métadonnées centrées sur l'utilisation
Métadonnées centrées sur l'utilisation
Métadonnées centrées sur l'utilisation
Consommateurs de médias
Remixeurs
Médias remixés et metadonnées centrées sur l'utilisation
Nouveaux venus, fans occasionnels

6

Les nouveaux marchés

Comment créer un agrégateur capable d'aller de la tête à la traîne

En 1982, un libraire nommé Richard Weatherford se dit que l'ordinateur personnel, une nouveauté à l'époque, pourrait bien révolutionner le secteur de la librairie d'occasion. Il existe dans tous les pays des milliers de bouquinistes aux stocks disparates. Quel que soit le livre que vous cherchez, il se trouve presque certainement chez l'un d'eux, mais il faut un peu de chance pour le trouver. Aux yeux de Weatherford, il s'agissait principalement d'un problème d'information, exactement du genre que les ordinateurs savaient traiter. Il dressa donc le plan d'affaires d'une entreprise destinée à établir une base de données en ligne pour les librairies d'occasion. Il l'appela Interloc, abréviation d'interlocuteur, une autre façon de dire « intermédiaire ».

Weatherford était quelques dizaines d'années en avance sur son époque et ne parvint pas à trouver un financement. Mais en 1991, il fut embauché par Faxon, spécialiste des services pour livres et magazines, afin de renflouer BookQuest, qui avait tenté de concrétiser la même idée. Il n'y parvint pas – c'était encore une dizaine d'années trop tôt –, mais du moins les financements commençaient-ils à venir. Avec 50 000 dollars apportés par d'autres libraires, Weatherford lança Interloc en

1993, avant le web. C'était un réseau fermé qui permettait aux libraires d'explorer mutuellement leurs stocks à la recherche de livres pour leurs clients. Il créa un standard de données (qui est encore utilisé aujourd'hui) et un logiciel permettant aux vendeurs d'échanger des listes de livres sous forme de fichiers expédiés par modem. En 1996, il s'élargit au web.

En 1997, Marty Manley, ex-dirigeant syndicaliste, consultant chez McKinsey et sous-secrétaire au travail dans le gouvernement de Bill Clinton, eut besoin d'un livre épuisé. Il découvrit Interloc et fut immédiatement frappé par le potentiel d'une base de données contenant des informations aussi riches sur le marché fragmenté du livre. Il prit contact avec Weatherford et proposa de fondre Interloc dans une nouvelle entreprise qui s'adresserait à la fois au public et aux libraires ; la même année, ils lançaient Alibris depuis le domicile de Manley à Berkeley.

Ici, arrêtons-nous un instant pour réfléchir au marché du livre d'occasion. Depuis des dizaines d'années, il recouvre en fait deux marchés très différents. Les deux tiers relèvent d'une activité prospère et efficiente, celle des manuels d'enseignement, centrée sur les campus universitaires. Le dernier tiers revient à un commerce relativement stagnant articulé autour des quelque 12 000 petits bouquinistes dispersés à travers les États-Unis.

Les manuels d'occasion sont un modèle de marché efficient : tous les ans, des millions d'étudiants achètent puis revendent les coûteux volumes dont ils n'auront besoin que pendant un semestre. La liste des livres ayant une valeur de revente dépend du programme des matières étudiées. Le prix est déterminé par la concurrence existant entre les librairies, et l'offre est renouvelée deux fois par an.

Les éditeurs de livres universitaires ne trouvent pas grand-chose à y redire, car l'existence de ce marché leur permet de faire payer plus cher les exemplaires neufs, dont les acheteurs savent qu'ils ont une valeur de revente prévisible.

De fait, le modèle économique à l'œuvre ici ressemble plus à une location qu'à un achat. Classiquement, les magasins rachètent les livres à 50 % de leur prix officiel et les revendent à 75 %. Selon que l'étudiant achète un livre neuf ou d'occasion, il paie un « loyer » compris entre la moitié et le quart du prix normal du livre. Cette formule fonctionne si bien que le marché des manuels d'occasion s'élève aujourd'hui à 1,7 milliard de dollars, soit 16 % du chiffre d'affaires total réalisé par l'ensemble des boutiques universitaires.

Les éditeurs veillent à ce que les livres d'occasion ne circulent pas éternellement, ce qui nuirait aux ventes de livres neufs, en lançant de nouvelles éditions paginées différemment (ce qui rend les anciennes inutilisables) [1]. De temps en temps, le marché se trouve ainsi purgé des anciens stocks.

Le marché des livres d'occasion non universitaires, lui, est privé de la plupart de ces efficiences. En général, les bouquinistes ne se fournissent en livres d'occasion que si quelqu'un des environs vient à vendre une partie de sa propre bibliothèque. De ce fait, le choix offert dans ces librairies est plutôt aléatoire. Il reflète les goûts du propriétaire et le hasard de ses récoltes plutôt qu'une tranche quelconque du marché du livre. C'est en partie ce qui plaît aux bouquinistes, cela leur donne une stimulante impression d'exploration et de découverte. Mais pour celui qui recherche un livre donné, il peut être ingrat d'explorer toute une boutique en parcourant ses rayonnages.

En termes économiques, ce qui permet le fonctionnement du marché des manuels d'occasion est sa grande liquidité. Il y a tant de vendeurs et tant d'acheteurs pour une série de produits standard relativement étroite que chacun a d'excellentes chances de trouver ce qu'il veut au bon prix. Au contraire, le marché des livres d'occasion non universitaires était handicapé par sa faible liquidité : trop peu de vendeurs et trop peu d'acheteurs pour une série *illimitée* d'articles standard. Trop de produits, pas assez de protagonistes : les chances de trouver ce qu'on voulait étaient donc faibles. C'est pourquoi la plupart des acheteurs de livres ne pensent jamais aux bouquinistes quand ils désirent un titre précis.

Weatherford avait compris que même si l'économie des librairies, prise individuellement, semblait boiteuse, le marché des livres d'occasion, pris globalement (si elles étaient toutes réunies ou reliées), présentait d'*énormes* possibilités. Le stock collectif de quelque douze mille bouquinistes pouvait rivaliser avec la meilleure librairie du monde. Chacun téléchargeait la liste de son stock et Alibris réunissait le tout en veillant à ce que les livres d'occasion soient proposés juste à côté des livres neufs chez les libraires en ligne qui utilisaient ses données.

Car Alibris a ouvert sa base de données aux grands libraires en ligne comme Amazon et bn.com, qui rapprochent la liste des livres d'occasion de celle des livres neufs, ce qui est un moyen efficace pour échapper à la mention « épuisé » et offrir une alternative économique aux livres neufs [2]. En attirant des millions de clients vers le marché du livre d'occasion, cela a incité encore plus puissamment les bouquinistes à informatiser leur stock, et donc à proposer à Alibris (et par extension à ses partenaires du commerce en ligne) encore plus de stock à vendre. Ce classique cercle vertueux a eu pour effet de stimuler les ventes de livres d'occasion. Après des années de stagnation, elles s'élèvent aujourd'hui à 2,2 milliards de dollars et connaissent une croissance à deux chiffres provenant entièrement d'un marché en ligne de 600 millions de dollars, en progression de plus de 30 % par an selon le Book Industry Study Group.

Les agrégateurs entrent en lice

Alibris est un « agrégateur » de Longue Traîne – une entreprise ou un service qui collecte une énorme variété de marchandises pour les rendre disponibles et faciles à trouver, le plus souvent en un endroit unique. En reliant entre eux les stocks épars de milliers de bouquinistes, il a utilisé l'information pour créer un marché liquide là où auparavant il y avait un marché illiquide. En constituant une masse critique de produits et de clients, il a matérialisé la valeur latente du marché du livre d'occasion. Et il l'a fait moyennant une toute petite fraction du coût qui aurait été nécessaire pour réunir un tel stock *ex nihilo*, en externalisant le travail de réalisation du catalogue auprès des différents bouquinistes, qui saisissent et lui envoient eux-mêmes les informations sur les produits.

Tel est le calcul de base de la Longue Traîne : plus le coût des ventes est bas, plus on peut vendre. En ce sens, les agrégateurs sont une manifestation de la seconde force, la démocratisation de la distribution. Tous abaissent la barrière à l'entrée du marché en permettant à des choses toujours plus nombreuses de franchir cette barre pour aller à la rencontre de leur public.

Les exemples de ce genre se comptent littéralement par milliers, mais je n'en citerai ici que quelques-uns. Google agrège la Longue Traîne de la publicité (les annonceurs et éditeurs petits et moyens tirant leurs revenus de la publicité). Rhapsody et iTunes agrègent la Longue Traîne de la musique. Netflix en fait autant pour la Longue Traîne des films. eBay agrège la Longue Traîne des biens matériels et la Longue Traîne de ceux qui les vendent, jusqu'aux millions de gens ordinaires qui se débarrassent des cadeaux d'anniversaire indésirables.

Le phénomène ne se limite pas à la vente. Les logiciels tels que Bloglines qui collectent les « apports » de contenus en ligne selon la norme RSS sont aussi considérés comme des « agrégateurs », et cela pour de bonnes raisons : ils rassemblent et ordonnent de manière cohérente la Longue Traîne des contenus en ligne, en particulier des blogs par millions. Wikipédia est un agrégateur de la Longue Traîne du savoir et de ceux qui le détiennent. On pourrait encore beaucoup allonger la liste des exemples d'agrégation de toutes sortes de choses, d'idées ou de gens.

Dans ce chapitre, je m'intéresserai aux agrégateurs à vocation économique. Ils appartiennent principalement à cinq catégories :

1. Biens matériels (Amazon, eBay…).
2. Biens numériques (iTunes, iFilm…).
3. Publicité/services (Google, Craiglist…).
4. Informations (Google, Wikipédia…).
5. Communautés/contenus créés par les utilisateurs (MySpace, Bloglines…).

Dans chacune de ces catégories, on peut trouver aussi bien de très grandes entreprises que des affaires individuelles. Un blog isolé qui collecte un maximum d'informations et d'actualités sur un sujet, par exemple sur les travaux d'aiguille, est un agrégateur au même titre que Yahoo ! Certains agrégateurs tentent de couvrir une catégorie entière, comme Netflix (films) ou iTunes (musique), tandis que d'autres se contentent de trouver leur niche, comme les services qui n'agrègent que des informations financières obligatoires ou de la musique techno.

De nombreux agrégateurs sont présents dans plusieurs catégories. Amazon agrège aussi bien des produits matériels (de l'électronique à la quincaillerie) que des produits numériques (des livres électroniques aux logiciels téléchargeables). Google agrège des informations, de la publicité et des produits numériques (Google Video). MySpace, l'immensément célèbre site de contact entre groupes musicaux et amateurs de musique, agrège à la fois des contenus (des millions de morceaux gratuits) et les gens qui les écoutent, ce qui génère d'autres contenus *à propos* de ces groupes sous formes de critiques, informations d'actualité et autres commentaires d'amateurs.

Numérisation pure ou hybride

Commençons par comparer la première catégorie d'agrégateurs en ligne, ceux qui vendent des biens matériels, avec la seconde, ceux qui vendent des biens numériques. Tous deux saisissent des opportunités de Longue Traîne, mais les seconds peuvent aller plus loin vers la droite de la traîne.

Ceux qui vendent des biens matériels en ligne, depuis la gamme d'appareils photo de BestBuy.com jusqu'à la vidéothèque de Netflix, peuvent proposer des stocks des centaines de fois supérieurs à ceux de leurs homologues en dur, mais ils finissent par atteindre une limite. Au contraire, ceux qui vendent des biens numériques, depuis les albums ou les morceaux d'iTunes jusqu'aux émissions de télévision ou aux clips d'amateurs de Google Video, peuvent théoriquement aller jusqu'au bout de la traîne en diversifiant leur offre au point d'englober tout ce qui est disponible. (Les trois autres catégories d'agrégateurs – services, contenus créés par les utilisateurs et communautés – font largement appel à l'information numérique et partagent donc cette qualité.)

À propos du premier type, on peut parler de *commerçant hybride*, car c'est un croisement entre l'économie de la vente par correspondance (matérielle) et celle d'Internet (numérique). Ici, les biens sont en général livrés par la poste ou par un transporteur, et les efficiences viennent à la fois d'une réduction des coûts logistiques, grâce à des entrepôts centralisés, et de la possibilité d'offrir un catalogue illimité avec tous les avantages d'un site web sur le plan de la recherche et de la consultation d'informations.

Prenez la branche CD d'Amazon. Elle répertorie plus de 1 million de titres de CD. Si l'on y ajoute les stocks collectifs de ses nombreux vendeurs « Marketplace », le total doit être plus proche de 1,5 million. Pourtant, il y a des limites à ce catalogue.

Comme les CD sont des objets matériels, quelqu'un doit les stocker quelque part avant qu'ils ne soient vendus. À tout article répertorié par Amazon correspond donc un risque de stock. Il se peut après tout que tel ou tel CD ne se vende jamais. Chaque vente occasionne aussi des frais d'expédition, de sorte qu'en pratique le prix ne tombe jamais au-dessous d'un montant de l'ordre de trois dollars. Et surtout, les morceaux d'un CD ne peuvent être vendus individuellement : c'est tout le CD ou rien.

Clairement, l'économie des CD est bien meilleure chez Amazon que chez le disquaire moyen, et c'est pourquoi on y trouve jusqu'à cent fois plus de choix. Amazon s'avance ainsi très loin dans la traîne. Mais pas jusqu'au bout. Au moins neuf millions de morceaux circulent en ligne, estime Snocap, un service de gestion des droits et des licences de copies numériques qui surveille les échanges de fichiers sur les réseaux P2P. Cela équivaut à près d'un million d'albums – alors même que n'y sont pas inclus la plupart des morceaux d'avant l'ère du CD, dont beaucoup apparaîtront un jour sous forme numérique. Il existe en outre des milliers de groupes amateurs et de remixeurs en chambre qui font de la musique et la diffusent mais qui n'ont jamais sorti le moindre CD. Ensemble, toute cette musique pourrait facilement représenter l'équivalent d'un autre million d'albums. Ainsi, quel que soit son avantage économique, Amazon ne dépasse pas en fait le quart de la Longue Traîne de la musique (c'est probablement pour cela que le commerçant en ligne a lancé un service de téléchargement de fichiers MP3 en 2007).

Il n'existe qu'un moyen pour parcourir l'intégralité de la traîne – des plus grands succès jusqu'aux groupes amateurs d'hier et d'aujourd'hui – : renoncer entièrement aux atomes et baser toutes ses transactions, du début à la fin, sur le monde des bits. C'est ce que fait la seconde catégorie d'agrégateurs, le commerce électronique pur.

Dans le modèle numérique pur, chaque produit est une simple référence dans une base de données et en fait ne coûte rien. Les coûts de distribution se bornent à des mégaoctets en haut débit, achetés en gros pour un prix qui baisse rapidement, et ils n'interviennent que lorsque le produit est commandé. De plus, les commerçants numériques purs ont le choix entre vendre les biens en tant que produits isolés (les téléchargements à 99 cents d'iTunes) ou en tant que services (les abonnements musicaux illimités de Rhapsody).

Ces services numériques commerciaux ont tous les avantages du catalogue de CD en ligne d'Amazon plus les économies supplémentaires dues au coût pratiquement nul de la livraison *via* les réseaux haut débit. Des coûts marginaux de fabrication et de distribution proches de zéro, voilà le chemin qui mène au Saint-Graal du commerce de détail. Sachant qu'une ligne supplémentaire dans une base de données et quelques mégaoctets de stockage sur un serveur ne coûtent pratiquement rien, ces commerçants n'ont aucune raison de ne pas proposer tout ce qui est disponible. Et ils y viendront un jour, une fois réglées des questions délicates comme les contrats et la gestion des droits.

De ce point de vue, il n'existe pas de ligne de démarcation simple entre les commerçants traditionnels et ceux de la Longue Traîne. Il y a plutôt une progression de l'économie atomique pure à l'économie électronique pure en passant par des formes hybrides mêlant atomes et bits. Les catalogues numériques de produits matériels abaissent l'économie de la distribution suffisamment pour aller plus à droite dans la traîne potentielle. Le reste ressort de l'économie encore plus efficiente de la distribution numérique pure. Toutes deux sont de Longues Traînes, mais l'une est potentiellement plus longue que l'autre (voir le graphique ci-contre).

En explorant la traîne

Revenons au cas d'Amazon pour voir comment cela fonctionne en pratique. Amazon représente à la fois le modèle hybride et le modèle numérique pur, fruits de

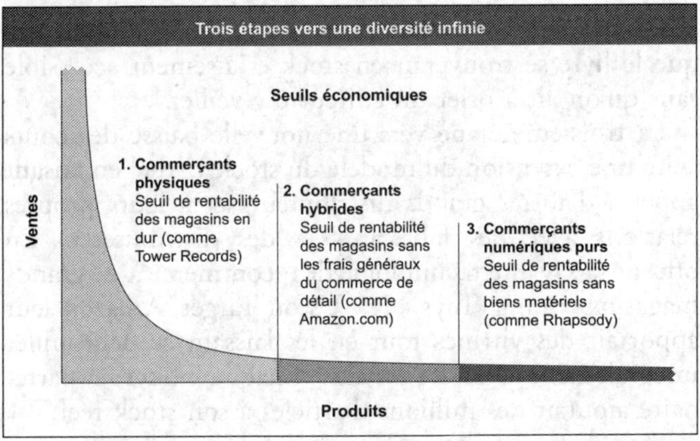

ses réflexions sur les moyens d'abaisser ses coûts et d'aller plus loin dans la traîne.

La première étape, on l'a vu, a été l'idée de départ de Bezos : le commerce en ligne pouvait avoir les avantages de base apportés par la distribution centralisée d'un vépéciste et par les achats directs de la vente sur catalogue sans supporter les coûts d'impression et d'expédition de millions de catalogue. D'où Amazon 1.0 (vers 1994-1996).

L'étape suivante a consisté à réduire encore le risque de stock supporté par l'entreprise en évitant de payer les articles, même s'ils étaient stockés dans ses propres entrepôts. Amazon a mis en place à cet effet un programme de consignation. Là encore, la société a commencé par les livres. Le programme Amazon Advantage proposait aux écrivains une formule à première vue léonine : payer une redevance de 29,95 dollars, envoyer ses livres à Amazon, et recevoir 55 % du produit des ventes. Pourquoi un écrivain ferait-il cela ? Parce que ce programme de consignation réduisait encore les délais et les incertitudes des commandes spéciales. En bref, il assurait que le livre se trouverait en stock et aisément accessible sans qu'on ait à prier un éditeur d'y veiller.

La troisième étape vers une nouvelle baisse des coûts a été une extension du modèle du stock virtuel en faisant appel à d'autres grands distributeurs et à leurs propres relations avec des fabricants et des distributeurs. En offrant sa savante technologie de e-commerce à de grands magasins comme Toys « R » Us ou Target, Amazon leur apportait des vitrines tout en les laissant se débrouiller intégralement avec les stocks. Chaque nouveau partenaire ajoutait des millions d'articles à son stock réel.

Bien entendu, les grands distributeurs n'avaient pas tous envie de mettre leur avenir numérique entre les mains d'Amazon, et ceux qui l'acceptaient demandaient souvent à être son fournisseur exclusif dans leur domaine, quincaillerie ou jouet. Les marges d'expansion du modèle s'en trouvaient réduites mais, en intervenant comme agrégateur à la demande, Amazon pouvait bénéficier de l'amène économie d'une entreprise de services débarrassée des soucis d'exécution. eBay peut en attester : proposer ses logiciels et ses serveurs contre rémunération est une activité dont les marges sont parmi les plus élevées qui soient.

Pourtant, la grande expansion du modèle des stocks virtuels n'allait pas venir d'un rapprochement avec des partenaires de plus en plus gros mais d'une évolution vers les plus petits. En 1999, Amazon a lancé son programme « Marketplace », qui marchait davantage encore sur les plates-bandes d'eBay en offrant ses services à tous les commerçants. Détaillants et distributeurs de toutes tailles, des boutiques spécialisées jusqu'aux individuels, pouvaient présenter leurs marchandises sur Amazon.com à l'égal des produits entassés dans les propres entrepôts de ce dernier – et les clients pouvaient les acheter tout aussi facilement. Dès la fin 2004, Amazon comptait plus de 100 000 vendeurs Marketplace et ces ventes tierces représentaient près de 40 % de son chiffre d'affaires total.

Ce modèle de vente virtuelle a totalement inversé le problème traditionnel des stocks. Là encore, une chaîne de magasins comme Best Buy doit répartir son offre, par exemple ses appareils photo numériques, entre tous ses magasins. Elle espère deviner à peu près où se portera la demande et quelle sera son ampleur. Il va sans dire que clients et produits doivent se trouver au même endroit – l'offre et la demande doivent se rencontrer dans les rayons du magasin. Mais inéluctablement, le commerçant se trompe, au moins dans une certaine mesure : il manque de stock dans certains magasins et détient ailleurs des excédents qui se déprécient et occupent une place précieuse.

Avec les stocks répartis selon Amazon Marketplace, les produits restent en rayon à travers tout le pays, mais ils sont catalogués collectivement et proposés en un lieu central : le site web d'Amazon. Puis, quand quelqu'un les commande, ils sont emballés et expédiés directement au client par les petits commerçants qui les ont détenus en stock d'un bout à l'autre. Comme les chaînes de magasins, Amazon relie une offre centralisée à une demande éparpillée, mais le génie de son modèle est que le magasin et le client n'ont pas besoin de se trouver au même endroit. Paradoxalement, les chances de rencontre entre l'offre et la demande en sont accrues. Et si la rencontre ne se fait pas, Amazon ne supporte aucun coût : le stock en trop se déprécie sur les linéaires de quelqu'un d'autre.

Avec le développement constant de ce programme, Amazon se rapproche sans cesse du point où il sera totalement libéré de la tyrannie du linéaire. Il n'a pas besoin de deviner à l'avance où sera la demande, ni quelle en sera l'ampleur. Au sein du programme Marketplace, tous les risques sont sous-traités à un réseau de petits commerçants qui décident eux-mêmes, en fonction de leur propre économie, ce qu'ils auront en stock. (Nous reviendrons sur la tyrannie du linéaire dans le chapitre sur la « Petite Tête ».)

Stocks à la demande

Les stocks virtuels et répartis constituent un moyen remarquable pour aller vers la droite de la traîne, mais l'élimination totale des stocks physiques peut vous emmener encore plus loin. Dans l'étape suivante, Amazon a tenté de se rapprocher encore du nirvana économique en développant une activité dont le stock resterait à l'état de bits jusqu'à son expédition.

L'un des problèmes posés par les stocks de livres est que beaucoup d'ouvrages ne se vendent qu'à un ou deux exemplaires par an. Commander ne serait-ce que dix exemplaires – au lieu de cent ou mille – peut alors ne pas être viable. Même s'il ne lui en coûte qu'un dollar de stocker un livre avant sa vente (qui peut très bien demander une année entière), le libraire va se demander si c'est bien utile étant donné la faiblesse des ventes. Il faudrait aux détaillants un moyen efficient, économiquement viable, permettant de vendre un livre à un seul exemplaire par an. Ce qui suppose des coûts de stockage proches de zéro.

La solution d'Amazon a été l'*impression à la demande*. Dans sa forme idéale, les livres sont conservés sous forme de fichiers numériques jusqu'à ce quelqu'un les achète ; imprimés alors sur des machines laser, ils se présentent exactement comme des livres brochés ordinaires. Les bits ne devenant atomes qu'après la réception d'une commande, les coûts sont exactement parallèles aux revenus. Ou, pour faire simple, disons que si un livre à la demande n'est jamais acheté, son coût de production et de stockage est égal à zéro. Ces économies sont potentiellement si efficaces qu'elles pourraient un jour rendre possible d'offrir n'importe quel livre jamais édité. Le libraire n'aurait plus à se demander quel livre à la demande conserver en stock, car le coût d'une erreur serait pratiquement nul.

Telle est la forme idéale. Dans la réalité actuelle, l'impression à la demande sert surtout à écrêter les stocks en imprimant les livres par petits lots de quelques centaines. Mais avec la baisse du prix de la technologie, le tirage minimum se rapproche de la forme idéale, le livre à l'unité.

Amazon a d'abord installé des imprimantes industrielles dans ses propres entrepôts. Puis, au milieu de l'année 2005, la société a massivement étendu ses capacités en rachetant BookSurge, l'un des leaders de l'impression à la demande. Quelques mois plus tard, elle en a fait autant avec les films en rachetant CustomFlix, spécialiste du DVD à la demande. À présent, Amazon peut conserver des stocks qui ne prennent aucune place et ne coûtent rien. Ces livres et ces films restent sous forme de fichiers quelque part dans une base de données jusqu'au moment où une commande arrive.

Bien entendu, l'idée de l'impression à la demande ne vient pas d'Amazon. L'industrie du livre en rêvait depuis longtemps, mais les contraintes techniques et économiques y ont longtemps fait obstacle. Le problème, étonnamment, n'est pas d'imprimer un livre broché qui ait bonne apparence. À moins de savoir quoi regarder (principalement la reproduction d'images dans les pages intérieures), on a du mal à dire si le livre qui arrive de chez Amazon fait partie d'un lot de 50 000 exemplaires venant de chez l'éditeur ou s'il forme à lui seul un lot unitaire imprimé dans l'un des entrepôts du libraire en ligne.

Malgré cette économie séduisante, l'industrie du livre est encore loin de basculer en masse vers l'impression à la demande. L'impression traditionnelle demeure considérablement moins chère pour de grandes quantités. Transformer un manuscrit en un fichier convenablement formaté pour une impression à la demande reste coûteux. À l'heure actuelle, l'impression à la demande reste en outre limitée à certains formats de papier, c'est-à-dire que les livres dont les pages excèdent ou n'atteignent pas certaines dimensions doivent impérativement être recomposés et reformatés. Il y a aussi la difficile question des droits. Les livres anciens ne peuvent être proposés en livres à la demande qu'avec l'autorisation de leur auteur. Mais de nombreux auteurs s'y opposent, craignant que le prix plus élevé des éditions à la demande (quelques dollars, pour couvrir des coûts de production légèrement supérieurs à ceux de l'impression en grande quantité) ne fasse fuir les acheteurs.

Mais l'impression à la demande recèle un potentiel extraordinaire, et pas seulement pour les livres vendus à un ou deux exemplaires. Le principal coût pour les éditeurs est celui des retours des libraires, libéralement acceptés selon la pratique de la profession. Les libraires gonflent leurs commandes pour éviter de se trouver en rupture de stock entre deux éditions et, comme le coût des excédents est supporté par l'éditeur, ils ne risquent rien à commander un peu plus qu'il n'est nécessaire. Mais si les libraires savaient que leurs demandes de réassort peuvent être satisfaites par de petits tirages en impression à la demande entre deux éditions principales, ils pourraient ramener leurs commandes au niveau de leurs besoins réels, ce qui réduirait radicalement le coût des retours.

Ainsi les efficiences économiques de l'impression à la demande n'auraient-elles pas seulement pour effet d'allonger la Longue Traîne : elles amélioreraient aussi l'économie de la tête, où les sommes en jeu sont bien supérieures. Ce qui est, inutile de le dire, une motivation puissante qui ne fera qu'accélérer l'adoption de cette technologie.

L'élimination totale des stocks

La réduction de coûts suprême est l'élimination totale des atomes au profit des bits. Les agrégateurs numériques purs conservent leurs stocks sur disque dur et les expédient en haut débit. Le coût marginal de la fabrication, du stockage et de la distribution est proche de zéro et il n'y a paiement de droits que s'il y a vente. C'est le marché à la demande dans sa forme idéale : comme les produits sont numériques, on peut les cloner et les livrer autant de fois que nécessaire, de zéro à plusieurs milliards. Un best-seller et un flop intégral ne sont que deux enregistrements dans une base de données, égaux au regard de la technologie et de l'économie du stockage.

iTunes, Rhapsody et les autres services de musique numérique illustrent éloquemment ce modèle. Mais il est applicable bien au-delà de la musique. Prendre des produits fournis jusque-là sous forme physique, trouver comment les transformer en données et les faire télécharger à domicile, voilà la tendance lourde de notre époque.

Pour la vidéo, les marchés numériques purs s'étendent des services commerciaux de vidéo à la demande assurés par les acteurs du câble jusqu'aux agrégateurs vidéo sur le web comme Google Video. Les technologies d'échange de fichiers entre internautes, comme BitTorrent, servent de base à des centaines de marchés de vidéo numérique sans but lucratif, tandis que iTunes développe pour son iPod vidéo une prospère activité de vidéo facturée au téléchargement. Une partie de cette activité porte sur des contenus télévisuels, ce qui fait des marchés de la vidéo numérique en réseau une sorte de TiVo dans le ciel. D'autres agrégateurs proposent des films, et le marché ne tardera pas à s'emparer de l'énorme choix de Netflix pour le rendre disponible instantanément (évolution qui sera probablement pilotée par Netflix lui-même).

Les jeux vidéo, autrefois fournis sur cartouches, puis sur DVD, sont de plus en plus téléchargés sous forme de bits vers la console de jeu du salon. Tout peut ainsi donner lieu à nouveau marché, depuis les titres anciens et les productions de niche jusqu'aux contenus additionnels comme les nouveaux personnages ou les niveaux supplémentaires. Nintendo en fait une fonction centrale de sa nouvelle console, dont le nom de code est Révolution. Rétrocompatible avec ses consoles antérieures, elle transformera en Longue Traîne presque tout son catalogue passé – amusement et nostalgie deviendront téléchargeables et jouables à peu de frais.

Il en va ainsi également des livres électroniques et des livres audio, des journaux et des magazines en ligne ou encore des logiciels. Tous étaient naguère fournis sur papier ou sur plastique, ce qui mettait en jeu les complexités des stocks physiques et des livraisons. Tous se doublent aujourd'hui de versions numériques, et des économies numériques correspondantes. L'effet produit n'est pas toujours identique, ce qui fait que beaucoup de gens préfèrent encore les livres et magazines imprimés sur papier. Mais l'écart fonctionnel se réduit. Et la distribution de versions numériques présente des avantages irrésistibles.

7

LES NOUVEAUX PRESCRIPTEURS D'OPINION

Les fourmis ont des mégaphones.
Que disent-elles ?

Autrefois, il n'existait en réalité qu'un seul moyen de lancer un album musical : la radio. Rien d'autre ne permettait de toucher autant de monde aussi souvent. Il n'était pas facile de se faire une place parmi les titres diffusés (surtout après l'interdiction du *payola*, la diffusion payante), mais une chanson qui passait souvent à l'antenne avait toutes les chances de se vendre. Puis, dans les années 1980, est arrivé un second moyen pour créer un hit : MTV. Ses capacités étaient encore plus limitées, mais son influence sur toute une génération était irremplaçable. Pour les maisons de disques, c'était la belle époque. La concurrence dans leur secteur était brutale, mais du moins y étaient-elles habituées. Elles connaissaient les règles et pouvaient réussir si elles les appliquaient.

Mais aujourd'hui, la radio rock est entrée dans un déclin apparemment fatal et MTV ne montre plus guère de vidéos musicales. Comment vendre de la musique désormais ? La réponse se trouve en ligne : il faut exploiter le bouche-à-oreille, qui se substitue au marketing traditionnel en tant que créateur de demande. Les maisons de disques le savent mais s'interrogent encore sur la meilleure manière de s'y prendre.

Nous entrons dans une époque de changement radical pour les professionnels du marketing. La foi dans la publicité et dans les institutions qui la paient est à la baisse, tandis que la foi dans les individus est à la hausse. Les pairs se font confiance entre eux. Les messages diffusés du haut vers le bas deviennent moins efficaces tandis que le *buzz*, la rumeur émanant de la base, gagne du terrain. Dell dépense des centaines de millions de dollars chaque année pour faire connaître sa qualité et son service clients, mais si vous demandez « dell hell » sur Google, vous obtiendrez 55 000 pages de résultats. Même le mot « dell » fait apparaître des réclamations de clients dès la deuxième page de résultats. La même inversion du pouvoir est aujourd'hui en train de modifier la donne du marketing, pour les produits comme pour les gens. Le message est désormais sous contrôle collectif.

Pour une génération de clients habitués à préparer leurs achats à l'aide des moteurs de recherche, la valeur d'une marque n'est pas ce qu'en dit l'entreprise mais ce qu'en dit Google. Les nouveaux prescripteurs d'opinion, c'est nous. La rumeur est devenue conversation publique, elle est véhiculée par les blogs et les commentaires de clients, intégralement collationnés et mesurés. Les fourmis ont des mégaphones.

Savoir comment susciter la demande dans un tel monde est une question cruciale ; dans ce chapitre, je décrirai bon nombre des techniques qui fonctionnent le mieux. Je commencerai par l'industrie musicale, *ground zero* de l'explosion de la Longue Traîne, à travers l'histoire de trois groupes, témoins d'une ère où le pouvoir est passé des mains des dirigeants des maisons de disques à celle des amateurs passionnés, à la consternation générale des puissants. Leurs cas sont disparates – déception pour l'un, succès pour un autre, et pour le troisième une leçon sans complaisance sur la façon dont les groupes pourraient bientôt court-circuiter les maisons de disques – mais ils éclairent à eux trois les défis de la vente dans une nouvelle ère de consommateurs tout-puissants.

Bonnie McKee

En septembre 2004, le label Reprise (une filiale de Warner) lançait le premier album d'une chanteuse de 19 ans, Bonnie McKee. Les débuts furent difficiles. Le disque avait été enregistré deux fois et retardé d'un an, car la maison de disques se demandait qu'en faire, et que faire de la chanteuse. La jeune Bonnie avait certes une voix profonde et bien posée, elle écrivait ses propres chansons et avait eu une adolescence troublée, marquée par la drogue et les expériences sexuelles. Mariée à 18 ans, elle n'avait pas tardé à papillonner ailleurs, parfois avec des hommes deux fois plus âgés qu'elle. Elle avait pour idole Fiona Apple, une artiste délicieusement décalée que les maisons de disques avaient aussi eu bien du mal à classer.

À cause de son passé chaotique et de ses côtés rugueux, Reprise avait finalement décidé de la ranger dans la catégorie des chanteurs-compositeurs rock, où figuraient Sheryl Crow et ses pareilles. Son album fut intitulé *Trouble* et l'on dressa un plan de marketing pour la lancer auprès des stations de radio dites « adultes contemporains », écoutées principalement par des femmes aux environs de la trentaine.

De telles supputations sont risquées – les maisons de disques elles-mêmes ne peuvent prédire si un artiste percera, ni où – mais, pour les nouveaux venus sans passé sur la scène, il n'y a guère d'autre solution. Cependant, la radio n'est plus aujourd'hui le seul moyen disponible pour lancer de nouveaux artistes. Tout en préparant son offensive en direction des stations, Reprise effectua donc un prélancement auprès de sites de musique en ligne, notamment sur Yahoo !, qui propose un service gratuit de radio par Internet appelé LAUNCHcast. L'une des fonctions les plus appréciées de LAUNCHcast est sa station de radio paramétrable, qui permet à ses millions d'utilisateurs de sélectionner groupes et genres qu'ils aiment afin d'écouter gratuitement ces chanteurs ou d'autres du même genre. Reprise voulut chercher à savoir si ce public pourrait l'aider à situer Bonnie McKee.

Construit autour d'un système de recommandations « adaptatif », LAUNCHcast détermine en fonction de vos préférences ce que vous devriez aimer d'autre. Une petite fenêtre vous incite à noter la chanson en cours, l'artiste et l'album en lui attribuant de une à cinq étoiles, de « Je ne veux plus jamais l'entendre » à « J'en voudrais toujours plus ». Le logiciel de Yahoo ! apprend ainsi à vous connaître en direct et modifie en conséquence la liste des prochains morceaux.

Mais tout n'est pas dans le logiciel. LAUNCHcast observe aussi les autres auditeurs et utilise leurs opinions pour guider ses recommandations. Comme ce service en ligne compte des millions d'utilisateurs, Yahoo ! parvient à enregistrer chaque année des centaines de millions d'avis, positifs et négatifs, et mesure ainsi les goûts de ses auditeurs avec une précision remarquable. Cela le renseigne non seulement sur chacun d'eux et sur la manière de leur procurer encore plus de musique à leur convenance, mais aussi sur la musique elle-même. LAUNCHcast est, en plus d'un service musical gratuit, un sondage d'opinion gigantesque et très précis. D'une certaine manière, il prend en permanence le pouls de la culture et découvre où les artistes se situent grâce aux clics de millions d'amateurs de musique.

Si un nombre suffisant de personnes disent aimer à la fois Groove Armada et The Crystal Method, il existe sans doute un lien stylistique entre eux, même si l'un est classé « downtempo » et l'autre « beats & breaks ». L'existence d'associations fortes entre deux groupes conduit Yahoo ! à les placer plus souvent sur la même liste de diffusion, et si les notations restent positives, le lien sera encore renforcé.

Tout en établissant des listes de diffusion personnalisées pour chaque auditeur, le logiciel de Yahoo ! y injecte de temps à autre quelques nouveaux artistes et observe le résultat. Les stations de radio en font autant, mais en général avec des artistes déjà connus, et après beaucoup de prétests et de marketing de la part des maisons de disques. La différence tient au fait que Yahoo ! gère littéralement des millions de stations de radio, chacune étant formée d'un flux de données personnalisé pour un utilisateur. Sa capacité de diffusion est donc infinie, ce qui, tout comme des linéaires illimités, lui permet d'être beaucoup moins restrictif dans ses choix. Il lui est possible d'essayer plus de nouveaux artistes et de nouveaux albums – des milliers de nouvelles chansons chaque année, dont presque aucune ne sera diffusée par les radios traditionnelles.

Si les quelques auditeurs qui entendent pour la première fois une nouvelle chanson lui attribuent une bonne note, Yahoo ! l'introduira dans un plus grand nombre de listes de diffusion. Contrairement à une station de radio traditionnelle, Yahoo ! connaît beaucoup de choses sur les auditeurs qui ont aimé la chanson : leur sexe, leur âge, leur code postal et une bonne partie de leurs goûts musicaux, puisqu'on sait ce qu'ils ont écouté et aimé. Habilement utilisés, ces flux de données peuvent ouvrir sur un moyen de marketing puissant et nouveau pour la musique : la rumeur, amplifiée par les retours d'information sous forme de recommandations adaptatives.

C'est ce qui avait attiré Reprise vers ce service. Faute de bien savoir quel serait le public de la talentueuse Bonnie McKee, Reprise décida de faire appel à Yahoo ! pour tester la nouvelle artiste en intégrant son premier single, *Somebody*, dans les listes de diffusion destinées aux « adultes contemporains », c'est-à-dire à un public analogue à celui des stations de radio auprès desquelles on envisageait de la lancer. Moyennant finances, la maison de disques fit renforcer la promotion en direction des auditeurs, en espérant que les notes attribuées confirmeraient son opinion sur son public naturel. *Somebody* fut très bien accueilli, mais pas de manière identique dans tous les groupes démographiques – et, chose étonnante, pas chez les femmes de 25 à 35 ans.

Le relevé fourni par LAUNCHcast montra que les auditeurs de Bonnie McKee se répartissaient comme suit :

Femmes 13-17 ans	29,9 %
Femmes moins de 13 ans	17,2 %
Femmes 18-24 ans	15,9 %
Hommes 13-17 ans	8,0 %
Hommes 18-24 ans	6,4 %
Hommes moins de 13 ans	4,4 %
Femmes 25 ans et +	11,0 %
Hommes 25 ans et +	7,2 %

La leçon était claire : Reprise s'était trompé. Au lieu de plaire aux femmes autour de la trentaine, Bonnie McKee plaisait en fait à un public nettement plus jeune, et près de la moitié de ses auditeurs avaient moins de 17 ans. Au lieu de ressentir une affinité avec des artistes comme Sheryl Crow, ce public recherchait plutôt des artistes comme Avril Lavigne, Britney Spears ou Gwen Stefani. On s'aperçut que beaucoup de filles de moins de 20 ans se reconnaissaient dans les paroles de Bonnie McKee sur les problèmes de l'adolescence et les chagrins d'amour.

À la mi-novembre 2004, *Somebody* était la dixième chanson la plus demandée sur LAUNCHcast. Enfin, grâce à la campagne de promotion, Bonnie McKee devint l'une des cinquante requêtes les plus fréquentes sur le service.

Ces informations conduisirent les dirigeants de la maison de disques à revoir largement la manière de vendre la chanteuse. Ils la maquillèrent en lui donnant un look de lolita déjantée pour souligner son côté extrême. Ils décidèrent de n'en faire ni une Sheryl Crow ni une Britney Spears, mais une rebelle antimièvrerie qui s'adresserait à une frange d'adolescentes mal dans leur peau.

L'idée était astucieuse, mais elle ne fonctionna pas. Moins de 17 000 exemplaires de l'album furent vendus. Malgré les données démographiques et géographiques montrant où se trouvait l'auditoire le plus réceptif, Bonnie McKee ne fut pratiquement pas diffusée sur les ondes. « Ce que nous avons appris, explique Robin Bechtel, responsable du marketing, c'est qu'un groupe qui se construit d'abord un public de fans en ligne a plus de chances de vendre des CD quand sa chanson sort à la radio ou sur MTV. Beaucoup d'artistes qui ne le font pas soit n'obtiennent pas de radio soit obtiennent de la radio, mais les gens se contentent de télécharger leur chanson à succès au lieu d'acheter l'album entier. On dirait que les fans ne s'intéressent qu'à la chanson et pas à l'artiste. »

Peut-être la demande en faveur du single de Bonnie McKee avait-elle été en grande partie satisfaite par l'accès en ligne gratuit. Apparemment, sa séduction n'était pas assez forte pour que les gens aillent au-delà du single entendu en ligne. Le problème ne tenait pas au positionnement ni au marketing mais à l'absence d'un soutien authentique de la base. Il faut aujourd'hui davantage qu'un single réussi pour amener le consommateur en ligne à payer sa musique ; il faut un vrai public de fans, et dans l'idéal un public qui défend son opinion en ligne.

My Chemical Romance

Ce vrai public de fans, Reprise en trouva un parfait exemple avec un quintet punk-pop du New Jersey dénommé My Chemical Romance. Son album *Three Cheers for Sweet Revenge,* lancé à peu près au même moment que celui de Bonnie McKee, était son deuxième album. Le premier, sorti chez un label indépendant, s'était vendu à 10 000 exemplaires, ce qui permettait de penser qu'il comptait un petit nombre d'amateurs passionnés. Cinq mois avant le lancement du deuxième album en mai 2004, Reprise commença donc à distribuer des morceaux à des sites web ciblant ce public, comme Shoutweb.com ou AbsolutePunk.net, pour lancer un bouche-à-oreille parmi les fidèles, en espérant qu'il s'étendrait au-delà.

La maison de disques présenta aussi la formation sur PureVolume.com et MySpace.com, deux sites de réseaux musicaux à l'époque relativement neufs mais en pleine expansion. Des enregistrements en public exclusifs furent confiés à PureVolume à titre promotionnel, et l'on tourna une vidéo uniquement destinée à Internet pour le premier single du groupe, *I'm Not Okay (I Promise)*.

Puis Reprise observa l'accueil réservé à ces morceaux. À l'aide des statistiques sur les échanges de fichiers fournies par BigChampagne, la maison de disques put constater un intérêt grandissant pour *Not Okay*, mais aussi un grand nombre d'échanges et de recherches en faveur d'un morceau intitulé *Helena*. Elle en fit donc un single qui, soutenu par les demandes des fans, put passer à la radio. À la fin de l'été, *Helena* était de loin le morceau du groupe le plus souvent entendu sur les ondes.

Quand le groupe partit en tournée, en septembre, Reprise élargit sa promotion à Yahoo ! Music et à AOL, avec de l'audio, de la vidéo et une représentation en direct dans les studios de Yahoo ! entourée d'un grand battage. Les fans se précipitèrent en masse vers le site web du groupe et vers sa page sur MySpace. La liste de courrier électronique de My Chemical Romance était désormais la plus vaste de Warner.

L'album se vendit à 1,4 million d'unités, ce qui en fit l'un des plus grands succès de l'année. L'essentiel des ventes fut réalisé après le passage du groupe sur les radios et MTV, qui l'avait fait connaître d'un plus vaste public, mais tout avait commencé en ligne, où le groupe avait bétonné sa crédibilité auprès de son cœur de cible.

Quelle était la différence entre My Chemical Romance et Bonnie McKee ? Sans parler du talent, on peut dire que My Chemical Romance avait constitué un public de fans grâce à son premier album et à ses représentations en public. Par milliers, ils attendaient impatiemment ses nouvelles chansons et quand la maison de disques leur donna ce qu'ils attendaient, sous forme de premiers contenus en ligne, ils l'en remercièrent par un fort effet de bouche-à-oreille, y compris en réclamant les morceaux aux ondes. Le groupe accéda ainsi à la radio, ce qui lui apporta encore plus de célébrité et attira de nouveaux fans.

Bonnie McKee, au contraire, était une artiste relativement inconnue, qui s'était rarement produite en public. Même si les gens aimaient ce qu'ils entendaient d'elle sur Yahoo !, ce n'était pas suffisant pour les transformer en fans. Ils n'achetèrent pas l'album et n'en réclamèrent pas davantage. Sur MySpace, en 2006, My Chemical Romance avait près de 450 000 « amis » ; Bonnie McKee en avait 9 000. Le bouche-à-oreille fait toute la différence.

Birdmonster

Le dernier exemple est moins significatif, mais je le connais bien puisqu'il concerne un ancien collègue. Au cours de la préparation de ce livre, j'ai décidé d'observer la progression du dynamique Birdmonster, un groupe de San Francisco dirigé par Peter Arcuni, assistant de rédaction chez *Wired*. L'expérience s'est avérée des plus instructives.

Birdmonster illustre excellemment le bouleversement du *statu quo* introduit par les trois forces de la Longue Traîne dans l'industrie musicale. Comme tous les nouveaux groupes rock, il a commencé par courir le cachet. Mais au lieu de harceler les patrons de clubs, ses membres ont compris qu'ils pouvaient faire mieux. Quand un club organise une soirée, il commence en général par réserver le groupe qui tiendra le haut de l'affiche. Puis, une fois la date fixée, il recherche d'autres artistes qui se produiront en première partie. Comme pratiquement tous les clubs mettent aujourd'hui leur programme en ligne, quelques recherches simples permettent de savoir quels sont les engagements disponibles dans sa région. Il ne reste alors qu'à appeler les clubs et à leur proposer de compléter leur programmation.

Mais il ne suffit pas d'attirer l'attention des patrons de club : ils doivent aussi savoir si vous pouvez attirer les foules. Pour cela, Birdmonster fit appel à un marketing Internet auprès de la base. Il constitua une liste de courrier électronique et incita ses fans à s'inscrire parmi se « amis » sur sa page MySpace. Il mit sur cette page quelques chansons, ainsi que des photos et le programme de ses engagements. Les clubs pouvaient ainsi écouter les morceaux, voir les images des précédentes représentations et lire les commentaires des fans.

Birdmonster courtisa aussi les stations de radio sur Internet, qui n'ont pas les contraintes de la radio traditionnelle. Ce fut Ted, propriétaire de BagelRadio.com à San Francisco, qui apporta à Birdmonster son premier grand engagement, une prestation d'ouverture pour Clap Your Hands Say Yeah. Ce qui (ajouté à un concours intergroupe) amena une représentation aux côtés des White Stripes, qui étaient alors au pinacle du rock indépendant. Birdmonster avait fait son trou.

Le moment était venu d'aller au-delà des représentations sur scène. Le groupe enregistra trois morceaux dans un studio indépendant et les diffusa lui-même sous forme d'un mini-album confié à un service musical dénommé CD Baby, qui reçoit les albums en consignation et les vend en ligne. CD Baby, de son côté, transmit les morceaux numériques à iTunes et à d'autres grands services musicaux, où l'on pourrait les acheter ou les écouter par lecture en continu, à l'instar des plus grands succès des maisons de disques.

Puis le groupe envoya par courrier électronique des morceaux et des commentaires personnels à divers blogs MP3, ce qui lui valut plusieurs mentions favorables, par exemple de la part de Music for Robots, et donc un surcroît d'attention. Sa page MySpace commença à se remplir de noms de fans, et les producteurs, maisons de disques et autres professionnels ne tardèrent pas à lui faire des propositions.

À ce moment-là une chose étonnante se produisit : Birdmonster déclina les propositions. « Nous ne sommes pas hostiles aux maisons de disques par principe, mais les chiffres (les risques comparés aux récompenses) n'étaient pas bons », expliquait Arcuni.

Une maison de disques a pour vocation essentielle de remplir quatre fonctions : (1) la recherche de talents, (2) le financement (les avances versées aux groupes pour couvrir leurs frais de studio sont comme les capitaux de démarrage investis par un capital-risqueur), (3) la distribution, (4) le marketing.

De son point de vue, Birdmonster n'avait pas besoin d'une maison de disques pour cela. Un public local, relayé en ligne, avait déjà remarqué son talent. L'amélioration des technologies d'enregistrement numérique avait abaissé les frais de studio à un niveau sans précédent ; il était possible d'enregistrer les morceaux en quelques jours, puis de les mixer et de les retoucher chez soi à l'aide de micro-ordinateurs. Enregistrer un album entier revenait à moins de 15 000 dollars, somme que le groupe pouvait réunir lui-même. La distribution assurée par CD Baby et une autre entreprise analogue dénommée Cinderblock lui apportait une vaste ouverture sur iTunes,

Rhapsody et les autres grands services. Enfin, les blogs MP3 et MySpace fournissaient une publicité gratuite.

Pourquoi se lier les mains aujourd'hui avec une maison de disques, se disait le groupe, quand on peut enregistrer et distribuer sa musique soi-même et conserver son indépendance créative ? Si son premier album autodiffusé se vendait bien, il serait en bien meilleure position pour négocier avec une maison de disques pour une nouvelle sortie du premier album ou pour un deuxième album, comme cela avait été le cas de My Chemical Romance. Et s'il ne se vendait pas bien, il y aurait encore les concerts sur scène et les tournées, qui sont au fond ce qu'il y a de plus gratifiant pour un groupe. Voilà pourquoi Arcuni abandonna son emploi (une perte pour nous), afin de devenir musicien professionnel, enhardi par le basculement du pouvoir des maisons de disques vers les groupes musicaux à la faveur de la technologie.

La puissance de l'intelligence collective

La notation des chansons sur Yahoo !, la hiérarchisation des pages sur Google, les listes d'amis sur MySpace, les critiques d'utilisateurs sur Netflix sont autant de manifestations de la sagesse de la foule. Des millions de personnes ordinaires interviennent comme prescripteurs d'opinion. Certaines d'entre elles agissent individuellement, d'autres dans le cadre de groupes organisés autour de centres d'intérêt communs, d'autres encore font seulement partie des masses de consommateurs observés par des logiciels qui scrutent leurs moindres comportements.

Pour la première fois dans l'histoire, nous sommes capables de mesurer en temps réel les habitudes de consommation, les inclinations et les goûts de tout un marché, et de rectifier le tir immédiatement si nécessaire. Ces nouveaux prescripteurs d'opinion ne sont pas une élite de gens plus malins que nous : c'est nous.

Les observateurs de la société de conseil de Frog Design y voient rien de moins qu'un changement d'époque :

> Nous quittons l'ère de l'information pour entrer dans celle de la recommandation. Obtenir des informations est ridiculement facile aujourd'hui ; on marche presque dessus dans la rue. Rassembler des informations n'est plus le problème – le tout est de prendre des décisions intelligentes à partir de ces informations… Les recommandations fonctionnent comme des raccourcis au sein de la masse des informations, tout comme mon caviste me sert de raccourci vers d'obscurs vins français qui accompagneront bien mes pâtes.

L'amplification de la rumeur est une manifestation de la troisième force de la Longue Traîne : l'utilisation de ce que pensent les consommateurs pour relier l'offre et la demande. La première force, la démocratisation de la production, peuple la traîne. La deuxième, la démocratisation de la distribution, la rend disponible. Mais ces deux forces ne suffisent pas. Le potentiel de la Longue Traîne ne s'exprime véritablement qu'avec la troisième force, qui aide les gens à trouver ce qu'ils veulent au sein de cette surabondance nouvelle.

Les nouveaux prescripteurs d'opinion sont simplement des gens dont l'opinion est respectée. Ils influencent le comportement des autres, souvent en les incitant à faire des choses auxquelles ils auraient renoncé sans cela. Certains d'entre eux sont les professionnels traditionnels : critiques de cinéma et de musique, journalistes, essayeurs de produits. Du fait de l'élargissement de nos centres d'intérêt dû à l'explosion de la diversité disponible, la demande de conseils éclairés et fiables s'étend désormais aux niches les plus étroites. Des entreprises telles que Weblog, Inc. ont développé des activités prospères autour du lancement de blogs sur les sujets les plus spécialisés, de la plongée sous-marine aux standards sans fil WiMax, en passant par l'informatique médicale.

D'autres prescripteurs d'opinion sont des célébrités, guides eux aussi appréciés et dont l'influence sur la consommation continue à grandir. De la présentation de produits dans les émissions télévisées jusqu'à la réussite remarquable du magazine *InStyle* (sa grande innovation a été de ne pas couper les photos aux genoux de manière à montrer les chaussures), le pouvoir des célébrités s'accroît, si on le mesure par leur aptitude à faire vendre des marchandises. Que cela vous plaise ou non, Jessica Simpson contribue à faire l'opinion.

Mais les célébrités ne sont pas toutes des stars de Hollywood. Puisque notre culture se fragmente en millions de microcultures, on voit apparaître autant de microcélébrités. Dans le monde des technologies, ce seront des blogueurs vedettes comme l'équipe qui rédige DailyCandy, un blog consacré à la mode, ou BoingBoing, site spécialisé dans les technologies et les sous-cultures qui, au moment de la rédaction de ce livre, était le plus célèbre blog du monde. BoingBoing a le chic pour découvrir des jouets amusants, par exemple un « jeu des 20 questions » à 15 dollars fonctionnant grâce à un réseau de neurones entraîné en ligne, et attire suffisamment de trafic vers un site commercial pour que tout se vende en un seul jour. D'autres microcélébrités sont plus micro encore : elles vont des commentateurs les mieux notés d'iTunes aux arbitres du goût qui animent des blogs musicaux connus tels que Pitchfork Media.

Et puis il y a les comportements des foules, qu'on peut se représenter comme une forme d'intelligence répartie. Parmi les exemples de foules, on citera les annotateurs de Flickr, le site de partage de photos qui vous incite à inventer vos propres classements (peut-être voyez-vous Paris Hilton sur la photo, mais moi je vois son téléphone portable Sidekick, et j'intitule la photo « Sidekick ») ou encore tous ceux qui constituent en ligne des listes de liens vers des pages web qu'ils veulent pouvoir retrouver.

Les gens qui se trouvent dans ces foules n'ont peut-être pas l'impression qu'ils délivrent ainsi des conseils ou des recommandations. Ils ne font que ce qu'ils font, et ils ont leurs raisons pour cela. Mais les logiciels qui observent leurs actes pour en tirer des conclusions sont chaque jour plus nombreux. Si le moteur de recherche apparaît de plus en plus comme la force économique de la Silicon Valley, c'est simplement parce qu'on sait maintenant à quel point il est précieux de mesurer et d'analyser les actions de millions de personnes.

Le pouvoir des filtres

Il existe un mot passe-partout pour désigner les recommandations et autres outils qui aident à trouver la qualité dans la Longue Traîne : *filtres*. Ces technologies et services explorent une immensité de choix afin de vous présenter les plus pertinents pour vous. C'est ce que fait Google en classant ses résultats. Il filtre le web pour ramener uniquement les pages correspondant le mieux à votre requête. C'est aussi ce que fait la fonction « Most Popular Tracks » (morceaux les plus demandés) du sous-genre *acid jazz* sur Rhapsody.

Les filtres constituent ce que Rob Reid, l'un des fondateurs de listen.com, appelle la « couche de navigation » de la Longue Traîne. Ils ne sont ni nouveaux ni propres à Internet :

> Fait notable, la puissance et l'importance de la couche de navigation ne forment pas strictement un phénomène en ligne. Pendant des années, American Airlines a gagné plus d'argent avec son système de réservation électronique Sabre – c'est-à-dire la couche de navigation commune à l'industrie du voyage face à l'univers inextricable des liaisons et des tarifs dans les années 1970 et 1980 – que toutes les compagnies aériennes réunies avec leurs voyageurs. Il est arrivé que certaines Baby Bells (opérateurs téléphoniques locaux américains) engrangent plus de profits grâce à leurs Pages jaunes – la couche de navigation des entreprises locales avant l'arrivée du web – que grâce aux monopoles dont elles ont hérité. Et l'on sait que les bénéfices du magazine *TV Guide* ont rivalisé avec ceux des grandes chaînes dans ses meilleures années.
>
> Dans un monde où le choix est infini, c'est le contexte qui est roi, et non le contenu.

Sur les marchés actuels de la Longue Traîne, le principal effet des filtres est qu'ils aident les gens à passer du monde qu'ils connaissent (les « hits ») à celui qu'ils ne connaissent pas (les « niches ») en empruntant un chemin à la fois sécurisant et adapté à leurs goûts. En un sens, les bons filtres ont pour effet de pousser la demande vers l'aval de la traîne en révélant des biens et services plus attirants que les plus petits dénominateurs communs qui peuplent les canaux étroits de la distribution de masse traditionnelle.

Reed Hastings, P-DG de Netflix, explique sur son site comment les filtres – en l'occurrence des algorithmes de classement et des moteurs de recommandation complexes – poussent la demande dans la traîne des DVD.

> Dans le passé, Blockbuster disait que 90 % environ des films loués dans ses magasins étaient des sorties en salle récentes. En ligne, les niches tiennent plus de place : les films loués à partir de son site web sont des nouveautés pour 70 % et des films du catalogue pour 30 %. Il n'en va pas de même chez Netflix. Les nouveautés représentent environ 30 % de ce que nous louons contre 70 % pour le catalogue, et ce n'est pas parce que nos abonnés sont différents. C'est parce que nous créons une demande de contenus et que nous vous aidons à trouver de bons films qui vous plairont vraiment. Et nous le faisons en appliquant des algorithmes, avec des conseils et des classements [1].

Hastings estime que les recommandations et autres filtres sont l'un des principaux avantages de Netflix, surtout pour les films qui n'ont pas connu un énorme succès. Les recommandations ont le même effet que la publicité sur la création d'une demande, mais elles ne coûtent presque rien. Si Netflix vous suggère un film en fonction de ce qu'il sait de vos goûts, et de ce que d'autres ont pensé de ce film, cela peut avoir plus d'influence qu'une affiche générique destinée au public le plus vaste possible. Mais ces recommandations jaillissent naturellement des données recueillies par Netflix, qui dispose d'un nombre illimité d'« affiches » (des pages web adaptées à chaque client et à chaque visite) pour les présenter.

La publicité et les autres outils de marketing représentent parfois plus de la moitié des coûts d'un grand succès hollywoodien moyen, et les films moins importants ne peuvent jouer à ce jeu. Les recommandations de Netflix rétablissent l'égalité des chances en offrant un marketing gratuit à des films qui ne pourraient pas se le permettre. Ce faisant, elles étalent davantage la demande entre les hits et les niches. Elles sont une force de démocratisation dans une industrie remarquablement peu démocratique.

Le filtre taille unique ne convient pas à tout le monde

Livrons-nous maintenant à un tour d'horizon des différents types de filtres existants pour mieux en comprendre le fonctionnement. Commençons par la musique. Voici quelques filtres que l'internaute moyen en quête de nouveaux groupes va trouver sur Rhapsody au cours d'une session. Sur la page d'accueil du site, il lance sa recherche à partir de genres musicaux qui forment une taxonomie à plusieurs niveaux.

Mettons qu'il commence par la catégorie *alternative/punk* et qu'il choisisse la sous-catégorie punk/funk. Il y trouvera une liste de tubes avec, au moment de la rédaction de ce livre, le groupe Bloc Party en tête. S'il clique sur « Bloc Party », il découvrira, grâce au *pattern matching,* une liste d'artistes voisins, dont Gang of Four. En cliquant sur ce dernier, il tombera sur une liste d'émules du groupe (qui, dans sa première incarnation au début des années 1980, avait inventé le punk/funk), qui est une forme de « conseils personnalisés » (la « critique de l'éditeur » peut également jouer le même rôle).

Parmi les émules de Gang of Four, l'internaute rencontrera The Rapture. S'il clique sur ce groupe et qu'il en apprécie le travail, il aboutira à une station de radio construite sur mesure autour de ce groupe et qui diffuse ses chansons ainsi que celles d'autres groupes également appréciés des fans de The Rapture, ce qui constitue une forme de filtrage collaboratif. Il se rendra peut-être compte en les écoutant que son préféré est LCD Soundsystem. S'il clique dessus et qu'après l'avoir écouté un moment il a envie d'entendre autre chose, il épluche une *playlist* où se retrouve le groupe. Ce qui lui permettra de faire connaissance de Zero 7, qui retiendra son attention un instant.

Une demi-douzaine de recommandations l'auront guidé du punk à la soul, depuis le milieu de la tête de la courbe jusqu'au bas de la traîne, et chaque étape aura retenu son attention.

Mais pour géniales que soient aujourd'hui les recommandations en matière musicale, elles demeurent imparfaites. L'un de leurs défauts est qu'elles arrivent souvent à court de suggestions à mesure que vous approfondissez votre exploration des genres où il existe peu d'évaluations des goûts et des préférences. Et même dans le cas d'un service qui vous donne quelques bons tuyaux et vous incite à découvrir un genre que vous ne connaissiez pas, il est rare que les conseils évoluent : si vous retournez sur le site un mois après une session, vous risquez de retrouver peu ou prou les mêmes recommandations.

Un autre inconvénient est que certaines sources de recommandations valent surtout pour un genre à l'exclusion des autres : celles qui privilégient le rock sont inutiles pour le classique et *vice versa*. Sous le règne du hit-parade, la taille unique convenait à tout le monde, alors que, dans ce nouveau modèle où les niches et les sous-niches abondent, une certaine spécialisation est inévitable. Songez à iTunes, qui, malgré toutes ses qualités, a une préférence marquée pour la musique pop qui le disqualifie pour les autres genres musicaux.

Sur iTunes et consorts, tous les genres musicaux (rock, jazz, classique) sont présentés de la même façon, le nom de l'artiste étant la référence principale de recherche. Mais qui est l'artiste en musique classique : le compositeur, l'orchestre ou le chef d'orchestre ? Un extrait de trente secondes d'un concerto a-t-il une quelconque utilité ? Si vous êtes amateur de jazz, vous vous intéressez davantage à la carrière de chaque musicien qu'à celle du groupe qui s'est peut-être constitué pour un seul album. Et si l'année de sa sortie compte pour vous, vous aimerez découvrir d'autres musiques sorties au même moment. Dans tous les cas, vous n'aurez pas de chance. Le logiciel iTunes ne vous permet pas ce type de recherche.

Ce sont là les faiblesses de l'agrégation et du filtrage taille unique. iTunes travaille certes sur la Longue Traîne, mais son parti pris de simplicité – et de métadonnées incarnant le plus petit dénominateur commun – le contraint à une présentation standard qui est incapable de faire justice à tous les genres musicaux, et partant à tous les publics. Cette critique vise non seulement iTunes, mais tous les services de musique existants.

Comme aucun type de filtrage n'est universel, l'amateur de musique a l'habitude d'en utiliser plusieurs. Vous pouvez vous mettre en quête de nouveaux sons en suivant une recommandation, puis, une fois qu'elle vous a conduit à un genre à votre goût, qui sait si vous n'aurez pas envie d'en connaître la liste des Top 10 ou les morceaux à succès ? Si vous trouvez un groupe qui vous plaît particulièrement, vous pourrez rechercher les groupes qui lui ressemblent grâce au filtrage collaboratif. Et si vous revenez une semaine plus tard et que vous ne trouviez rien de neuf, vous aurez besoin d'un autre type de filtre pour vous accompagner dans votre exploration vers une prochaine découverte. Ce peut être une *playlist* qui vous entraîne dans le sillage des goûts d'un autre utilisateur et qui vous fera découvrir un nouveau genre à partir duquel vous pourrez recommencer une nouvelle exploration à partir de zéro.

Toutes les listes des meilleures ventes ne se valent pas

Il n'y a pas si longtemps que cela, les moyens de découvrir de nouvelles musiques étaient beaucoup moins nombreux. Outre les recommandations personnelles, il y avait les critiques des magazines, l'avis d'un vendeur bien informé et, la plus importante recommandation de toutes, la diffusion à la radio. Les *playlists* des radios, surtout aujourd'hui, sont l'exemple type du filtrage le plus connu : la liste des morceaux préférés. Les listes des Top 10, 40 ou 100 sont le fondement d'un univers dominé par les hit-parades, que ce soient les classements de Nielsen ou la liste des best-sellers en librairie établie par le *New York Times.* Mais dans un monde de Longue Traîne qui fournit tant d'autres filtres, les faiblesses des listes des meilleures ventes apparaissent de plus en plus clairement.

Il n'y a rien de mal à établir un classement de popularité : après tout, ce n'est qu'un mode de filtrage de plus fondé sur la « sagesse populaire ». Mais ces listes ont une fâcheuse tendance à rassembler toutes sortes de niches, genres, sous-genres et catégories en un magma sans nom.

Prenons comme exemple les blogs. Au moment où j'écris ces lignes, les dix meilleurs blogs américains sont :

1. BoingBoing : A Directory of Wonderful Things.
2. Daily Kos : State of the Nation.
3. Drew Curtis : FARK.com.
4. Gizmodo : The Gadgets Weblog.
5. Instapundit.com.
6. Engadget.
7. PostSecret.
8. Talking Points Memo : by Joshua Micah Marshall.
9. Davenetics Politics Media Musings.
10. Dooce.

Qu'avons-nous appris ? Pas grand-chose. Il y a quelques blogs « gadgets » dans la liste, deux ou trois blogs politiques, d'autres appartenant à une sous-culture inclassable (BoingBoing, FARK, PostSecret) et un blog personnel.

Autrement dit, ces listes sont des collections établies à moitié au hasard d'objets complètement hétéroclites.

Si l'on recourt à une analogie, une liste des meilleurs blogs est comparable à une liste des meilleures ventes en supermarché, composée aujourd'hui des produits suivants :

1. Lait à 2 % de matière grasse enrichi de vitamine D.
2. Pain complet Hayseed Farms.
3. Bananes.
4. Céréales Crunchios, grand format.
5. Canettes de DietWhoopsy en packs de 12.
6. Etc.

Ce qui ne veut rien dire. Personne n'a envie de savoir si les bananes se vendent mieux que les sodas. Seul le fait de savoir quel soda se vend mieux que les autres peut présenter un quelconque intérêt. Une liste de ce type n'a de sens que dans un contexte et à condition de permettre la comparaison de produits d'une même catégorie.

Je pense pour ma part que c'est là un rappel de l'idée qu'il faut traiter une niche comme telle. Quand vous observez un marché à trois dimensions à travers des lunettes unidimensionnelles, l'image obtenue est incompréhensible. C'est une liste, mais elle est inutilisable. Ce qui compte, ce sont les classements dans le cadre d'un genre (ou sous-genre) et non les classements d'objets prélevés dans des catégories différentes.

Retournons au monde musical. Au moment où j'écris ces lignes, le Top 10 de Rhapsody est constitué des artistes suivants :

1. Jack Johnson.
2. Eminem.
3. Coldplay.
4. Fall Out Boy.
5. Johnny Cash.
6. Nickelback.
7. James Blunt.
8. Green Day.
9. Death Cab for Cutie.
10. Kelly Clarkson.

Donc, si nous comptons bien, il y a deux *adult alternative,* un *crossover hip-hop,* un *Brit-rock,* un *emo,* un *country outlaw,* un *post-grunge,* un *punk pop,* un *indie rock* et un *teen beat.* Qui se soucie de savoir si le *outlaw country* dépasse le *teen beat* cette semaine ou *vice versa* ? Cette liste peut-elle vraiment aider une personne attirée par l'une des catégories qu'elle reprend à découvrir d'autres musiques qui lui plaisent ? Pourtant, le Top 10 (ou le Top 40, ou encore le Top 100) est bien la paire de lunettes à travers laquelle nous avons observé la culture musicale depuis près de cinquante ans. Pas très exploitable, mais c'était tout ce que nous avions à notre disposition.

Comparons cette liste avec une autre liste, celle du sous-groupe jazz afro-cubain :

1. Tito Puente.
2. Buena Vista Social Club.
3. Cal Tjader.
4. Arturo Sandoval.

5. Poncho Sanchez.
6. Dizzy Gillespie.
7. Perez Prado.
8. Ibrahim Ferrer.
9. Eddie Palmieri.
10. Michel Camilo.

Voilà enfin une bonne liste des dix meilleurs groupes. Elle compare des pommes avec des pommes, et son utilité est indéniable du premier au dernier groupe. Des listes de ce type sont possibles parce que nous avons des informations à la pelle sur les préférences du consommateur et suffisamment d'espace pour un nombre illimité de listes de Top 10 (il n'y a pas de raison de se limiter à une seule). Dans ce cas, Tito Puente est le premier d'une catégorie très spécialisée, un gros poisson dans une petite mare. Pour ceux qui ne s'intéressent pas à cette catégorie, ce n'est qu'un artiste obscur de plus, qu'on peut ignorer sans risque. Les albums de Tito Puente ne se hissent pas aux premières places des chartes de musique, ce ne sont pas des grosses machines, mais ils dominent bel et bien leur catégorie. C'est à cette échelle que les filtres et les recommandations fonctionnent le mieux : en mettant les grandes techniques de découverte et de marketing à la portée de micromarchés.

N'y a-t-il que de la daube sur la Longue Traîne ?

Pourquoi les filtres ont-ils une telle importance pour la Longue Traîne ? Parce que, sans eux, elle risquerait de dégénérer en cacophonie.

Le domaine de la « théorie de l'information » s'est construit autour du problème de l'extraction de signaux cohérents d'un ensemble de bruits électriques aléatoires, d'abord dans la transmission radio puis dans toute sorte de transmission électronique. La notion de ratio signal/bruit est désormais appliquée à toute situation où il est difficile de se débarrasser des distractions. Dans un marché traditionnel de Petite Tête, ce n'est pas un gros problème : tout se trouve sur les rayonnages et a été préfiltré pour éliminer les produits marginaux et ceux qui s'écartent du plus petit dénominateur commun. Mais dans un marché de Longue Traîne, qui englobe pratiquement tout, le bruit peut constituer un problème de taille. À tel point que s'il n'est pas maîtrisé, le bruit – contenu aléatoire ou produits de piètre qualité – risque de tuer un marché. S'il y a trop de bruit, les gens n'achètent pas.

Le filtrage sert à évacuer ces parasites. Appelez cela séparer le bon grain de l'ivraie ou extirper le diamant de sa gangue, le rôle du filtrage consiste à faire ressortir les quelques produits qui conviennent à un acheteur particulier et à supprimer ceux qui ne conviennent pas. L'analyse d'un malentendu très courant devrait mettre en lumière le fonctionnement de ce principe.

L'une des erreurs les plus courantes concernant la Longue Traîne est de croire que les articles qui ne se vendent pas bien sont « moins bons » que ceux qui se vendent bien. Ou, pour le dire autrement, on suppose que la Longue Traîne, c'est de la daube. On se dit que, si cet album/ce livre/ce film étaient si géniaux, ce seraient des tubes, n'est-ce pas ? Eh bien, c'est faux.

Les niches ne sont pas régies par les mêmes lois économiques que les marchés grand public. C'est ce qui nous permet d'expliquer pourquoi tant d'aspects des contenus Longue Traîne semblent contredire le bon sens, surtout quand la rareté continue de dominer notre mode de pensée.

Tout d'abord, mettons les choses au point : il y a effectivement beaucoup de daube sur la Longue Traîne.

Et pourtant, elle regorge aussi d'œuvres d'une intelligence fine et d'une grande profondeur, et une foultitude se situe entre les deux extrêmes. On peut dire exactement la même chose du web. Il y a dix ans, les gens se plaignaient qu'Internet était un bric-à-brac, opinion qu'une brève séance en ligne suffisait à confirmer. Puis les moteurs de recherche virent le jour, et ils permirent de distinguer des signaux dans le brouhaha ambiant. Enfin arriva Google, qui exploite le savoir de la foule des utilisateurs et transforme une masse de borborygmes en oracles… ou ce qui s'en approche le plus.

Mais cela ne s'applique pas seulement au web, loin de là. La loi de Sturgeon (d'après l'auteur de science-fiction Theodore Sturgeon) nous apprend que « 90 % de tout ce qui existe est du déchet ». Prenons l'exemple de l'art, non du point de vue d'une galerie mais de celui d'une brocante : 90 % de ce qui s'y trouve (au bas mot) est composé de déchets. Il en va de même pour la musique, les livres et tout ce qui existe. Si nous ne voyons pas les choses sous ce jour, c'est parce que l'essentiel est filtré par le tamis de la rareté propre à la distribution de détail.

Dans un magasin en dur ou dans tout autre système de distribution limité, le ratio bon/mauvais compte, parce que c'est un jeu à somme nulle : l'espace consacré à un produit en élimine un autre. L'importance de l'un éclipse l'autre. Si vous trouvez dix jouets nuls dans un rayon pour chaque bon jouet, vous aurez une mauvaise opinion du magasin et vous n'aurez pas très envie d'y chercher un cadeau. C'est tout aussi décourageant de passer en revue le contenu d'un bac de CD dans lequel vous ne reconnaissez aucun titre.

Mais là où l'espace de linéaire est infini, on n'a plus affaire à un jeu à somme nulle. Les milliards de pages web bidon ne sont pas du tout gênantes comme peuvent l'être les milliards de CD nuls qui encombrent les bacs d'un disquaire. Sur Internet, les stocks sont un élément « non rival », et le ratio bon/mauvais se réduit à un problème de ratio signal/bruit qui peut se résoudre grâce à l'informatique. Ce qui revient à dire que ce n'est pas un gros problème. Il faut simplement disposer de meilleurs filtres. Autrement dit, le bruit est toujours présent, mais Google vous permet de l'ignorer efficacement. Le filtrage est tout.

Cela nous conduit aux caractéristiques des marchés de Longue Traîne. Ils ne sont pas préfiltrés sous l'effet des goulots d'étranglement de la distribution et tout ce qu'ils impliquent (éditeurs, dirigeants de studio, chasseurs de têtes, responsables des achats…). Du coup, la qualité des articles qu'on y trouve varie énormément, comme partout ailleurs dans le monde qui nous entoure.

Une façon de caractériser ce phénomène (en recourant une fois de plus au vocabulaire de la théorie de l'information) serait de dire que les Longues Traînes ont une « large portée dynamique » en matière de qualité, qui va de nulle à excellente. Au contraire, la qualité du linéaire lambda a une « faible portée dynamique », qui va *grosso modo* de moyenne à bonne. (Certains articles sont vraiment excellents, mais beaucoup sont trop chers pour le magasin moyen ; il existe des niches aux deux extrémités du spectre de la qualité.)

Ainsi, les traînes ont une large portée dynamique et les têtes une faible portée dynamique. Ce qui peut se représenter comme suit :

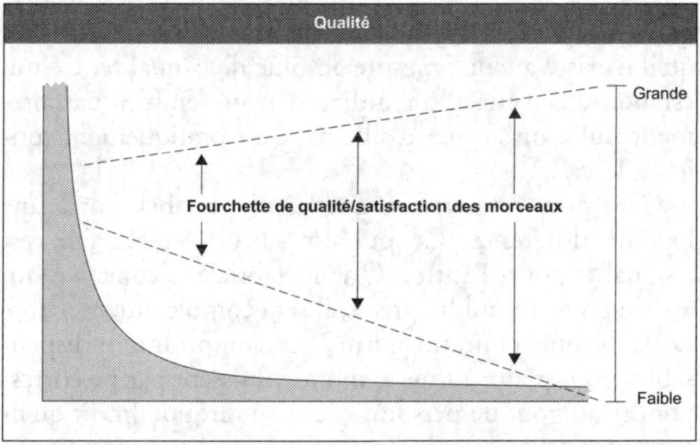

Remarque essentielle : il existe des articles de grande qualité d'un bout à l'autre de la courbe. Oui, il y a plus de produits de mauvaise qualité dans la traîne, et le niveau moyen de qualité diminue à mesure que vous descendez le long de celle-ci. Mais avec un filtrage adapté, les moyennes importent peu. On peut y trouver partout des trésors.

Pour préciser cette idée, voici quelques exemples de critères que l'on peut utiliser pour évaluer un contenu :

Grande qualité	**Faible qualité**
Me convient	N'est pas mon style
Bien fait	Mal fait
Frais	Rassis
Profond	Superficiel
Passionnant	Ennuyeux

De toute évidence, les catégories « grande qualité » et « faible qualité » sont entièrement subjectives, ce qui fait que toutes les autres le sont également. Cela veut dire qu'il n'existe aucune mesure absolue de la qualité. Ce qui est bon aux yeux d'un individu peut sembler parfaitement nul à un autre ; d'ailleurs, c'est pratiquement toujours le cas.

C'est pour cette raison que les niches obéissent à une logique différente. Ce qui est « bruit » pour l'un est « signal » pour l'autre. Qu'un fabricant conçoive un article pour un public précis, il sera complètement à côté de la plaque pour un autre. Les compromis indispensables pour plaire à tout le monde finissent par ne correspondre au goût de personne : c'est pourquoi on dit qu'ils correspondent au « plus petit dénominateur commun ».

La conséquence étonnante du tableau ci-dessus est que, du point de vue de beaucoup de personnes, ce qu'il y a de mieux se trouve dans la traîne. Vous êtes un fana de hi-fi ? C'est peine perdue de consulter la liste des « meilleures ventes » des grandes enseignes pour dénicher le matériel le plus performant. Vous le trouverez chez un spécialiste et en fin de traîne dans les statistiques. Comme ce matériel est conçu pour satisfaire les passionnés, il ne convient probablement pas aux acheteurs dont l'intérêt est moins pointu. Par définition, les produits de niche ne sont pas pour tout le monde.

Dans la partie de la courbe où les ventes sont rares, il y a aussi des produits qui sont tout simplement médiocres. La difficulté du filtrage consiste à distinguer les bons. Mais avec de l'aide – moteur de recherche intelligent, recommandations ou autres –, vos chances de trouver quelque chose qui vous convienne exactement sont en réalité *plus grandes* dans la traîne. Les best-sellers ont tendance à correspondre, au moins superficiellement, à un large éventail de goûts. Les produits de niche, eux, exercent un attrait puissant et ciblé. C'est pourquoi les technologies de filtrage ont une telle importance. Non seulement elles orientent la demande vers la traîne, mais elles sont aussi un vecteur de satisfaction grâce à leur capacité à mettre l'individu en rapport avec des produits qui lui conviennent mieux que les produits de la tête qui plaisent à tout le monde.

La traîne qui balaie tout le reste

Le graphique ci-dessous représente une autre façon d'envisager la situation. À mesure que la traîne s'allonge, le ratio signal/bruit se dégrade. Ainsi, le seul moyen de maintenir un bon niveau de signal quand on cherche un produit consiste à utiliser des filtres de plus en plus puissants :

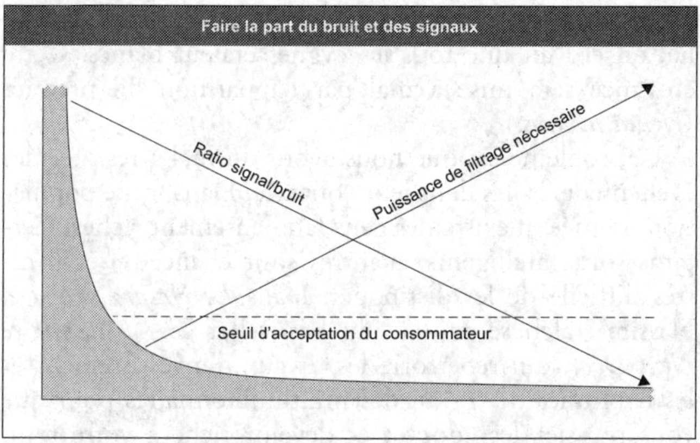

Pourquoi le ratio signal/bruit tombe-t-il à mesure qu'on descend le long de la traîne ? Parce qu'il y a à cette hauteur une telle masse de produits qu'elle empêche de repérer celui que l'on cherche. La raison en est simple : la grande majorité de ce qui existe se trouve dans la traîne.

L'une des conséquences d'une culture dominée par le hit-parade est que nous avons tendance à créditer les succès d'une plus grande part du marché qu'ils n'ont en réalité. Ils sont en fait l'exception qui confirme la règle. C'est ce que Nassim Taleb appelle le « problème du cygne noir ».

L'expression est de David Hume, philosophe écossais du XVIIIe siècle, et elle évoque les difficultés qu'il y a à induire des règles générales de l'observation des faits. Pour résoudre ce qui recevra le nom de « problème de l'induction », Hume se demande combien de cygnes blancs il faut observer avant d'en inférer que tous les cygnes sont blancs et qu'il n'existe aucun cygne noir. Des centaines, des milliers ? Nous l'ignorons. (Notons que le cygne noir n'est pas seulement une image qui sert d'hypothèse de travail : jusqu'à la découverte de l'Australie, on croyait que tous les cygnes étaient blancs. Cette croyance sera mise à mal par l'apparition du premier *Cygnus atratus.*)

Le problème est que nous avons du mal à resituer des événements isolés dans leur contexte. Dans toute population donnée, il existe des gens fabuleusement riches. Certains sont intelligents, d'autres sont chanceux, et il est très difficile de les distinguer. Dans *Le Hasard sauvage,* Nassim Taleb se moque du best-seller *The Millionaire Next Door,* qui répertorie les tuyaux d'investissement et les habitudes de travail des multimillionnaires pour que vous puissiez les adopter et devenir riche à votre tour. Pourtant, comme le fait remarquer Nassim Taleb, les facteurs aléatoires sont vraisemblablement tout aussi susceptibles que leurs stratégies d'investissement d'expliquer leur fortune.

Voici sa définition du cygne noir :

> Un événement aléatoire qui réunit les trois propriétés suivantes : impact important, probabilité impossible à calculer et effet de surprise. Premièrement, il a un impact important et disproportionné au moment de se produire. Deuxièmement, la probabilité pour qu'il se produise est faible mais impossible à calculer, compte tenu des informations disponibles auparavant. Troisièmement, l'effet de surprise est la propriété infernale du cygne noir : à aucun moment donné d'observation, il n'existe d'éléments convaincants qui indiqueraient une plus grande probabilité de l'événement.

Description qui pourrait tout aussi bien s'appliquer à un grand succès commercial.

En réalité, la vaste majorité des contenus (depuis la musique jusqu'aux films) ne conquiert jamais le marché de masse. Au contraire, ils sont à mille lieues du tube et leur public se compte en centaines plutôt qu'en millions. C'est peut-être parce qu'ils ne sont pas très bons, peut-être parce que le marketing a été mal fait ou fait par des personnes ne disposant pas des bons contacts. D'autres fois encore, c'est parce qu'un facteur aléatoire les a empêchés de décoller – événement tout aussi probable que la transformation, sous l'effet d'un facteur aléatoire, d'une nouveauté inconsistante en mégatube (on pense à *Who Let the Dogs Out,* grand succès en 2000 qui occupa la 2e place au Royaume-Uni et la 40e aux États-Unis).

C'est simplement la conséquence naturelle de ce qu'on appelle une distribution suivant une « loi de puissance » (voir chapitre 8), où un petit nombre de choses se produisent souvent (les ventes) et un grand nombre de choses se produisent rarement. Un petit nombre de produits se vendent beaucoup et un grand nombre de produits se vendent en petite quantité (cela s'explique par le fait que la courbe a une forme 1/*x*, qui revient à la même chose que *x* élevé à la puissance –1).

Comme la plupart des articles ne se vendent pas très bien, le volume disponible – et donc le volume de choses dont on ne veut pas – augmente à mesure que l'on descend la Longue Traîne. Voici quelques chiffres du secteur de l'édition qui indiquent le nombre de titres dans chaque catégorie pour 2004 :

Fourchette des ventes	**Titres**	**Unités**
1 000 000 ou plus	10	17 396 510
de 500 000 à 1 000 000	22	13 798 299
de 250 000 à 499 000	64	22 252 491
de 100 000 à 249 000	324	46 932 031
de 50 000 à 99 999	767	51 858 835
de 5 000 à 49 999	23 047	280 000 591
de 1 000 à 4 999	67 008	149 093 614
de 100 à 999	202 938	69 548 499
99 ou moins	948 005	14 346 417
Total	**1,2 million**	**665 millions +**

Source : Book Industry Study Group.

Résultat : dans quelque domaine que ce soit, vous rencontrerez davantage d'articles qui ne vous intéressent pas à mesure que vous descendez le long de la traîne. C'est pourquoi le ratio signal/bruit empire malgré le fait que vous avez plus de chances (si vous disposez d'un bon moteur de recherche et de bons filtres) de trouver ce que vous voulez à mesure que vous descendez. Cela ressemble à un paradoxe, mais ce n'en est pas un. Ce n'est qu'un problème de filtrage à résoudre.

Préfiltrage et postfiltrage

À bien y réfléchir, le monde regorge déjà de filtres d'un tout autre type. Dans le marché régi par la rareté où les linéaires, les écrans de cinéma et les chaînes de télévision existaient en nombre limité, et qui fut le nôtre pendant l'essentiel du XXe siècle, des secteurs d'activité entiers se sont créés autour de la découverte et de la promotion du bon produit. C'est ce que le dénicheur de vedettes recherche pour les labels de disques, tout comme le directeur de studio pour Hollywood, et c'est aussi ce que font les responsables des achats dans les grandes enseignes. Dans les salles de réunion du monde entier, les équipes marketing examinent les données qui leur permettront de prévoir quel produit a des chances de se vendre et mérite donc une place en tête de gondole, sur les écrans ou en première page.

Le mot-clé du paragraphe précédent est « prévoir ». Ce qui distingue ces filtres de ceux sur lesquels j'ai insisté auparavant est qu'ils interviennent avant que le produit n'arrive sur le marché. En réalité, leur fonction est de déterminer ce qui sera commercialisé ou pas. C'est ce que j'appelle le préfiltrage.

À titre de comparaison, les recommandations et les techniques de recherche qui sont au cœur de ce livre font partie du postfiltrage. Le postfiltrage découvre ce qu'il y a de mieux dans ce qui existe déjà, en faisant la promotion du bon (ce qui est pertinent, intéressant, original…) et en rabaissant, voire en ignorant, le mauvais. Quand on lance tout sur le marché, comme je le préconise, pour que ce dernier fasse lui-même le tri, c'est le postfiltrage qui se fait la voix du marché. Il canalise les réactions des consommateurs et s'en fait l'écho au lieu de chercher à les anticiper.

Voici quelques exemples :

Préfiltrage	**Postfiltrage**
Éditeurs	Blogs
Dénicheurs de stars pour les labels	*Playlist*s
Directeurs de studio	Critiques
Responsables des achats	Clients
Responsables marketing	Recommandations
Publicitaires	Consommateurs

Il est important de souligner que le postfiltrage a un rôle d'amplification et non de prévision des comportements. Dans les marchés existants de Petite Tête, où la distribution est coûteuse et où l'espace de linéaire est limité, ceux qui s'occupent de l'offre doivent sélectionner les produits avec beaucoup de sens critique. Fabricants, distributeurs et spécialistes du marketing ont élevé au rang de science la capacité à deviner ce que veut le consommateur, afin de mettre toutes les chances de leur côté dans la découverte du produit gagnant. Bien sûr, ils sont parfois à côté de la plaque. Il y a autant d'articles rejetés qui auraient pourtant mérité d'être commercialisés qu'il y en a qui, une fois sur le marché, font un flop. Cependant, on imagine que ceux qui ont tapé dans le mille sont le fruit d'une sorte d'intuition mystique de ce qui se passe dans l'âme du consommateur.

Mais dans les marchés de Longue Traîne – où la distribution est peu coûteuse et l'espace de linéaire abondant –, on a de bonnes raisons de parier que « tout » finira par faire son chemin.

Ainsi, le rôle du filtrage dans ces marchés passe de celui de gardien à celui de conseiller. Au lieu de « prévoir » les goûts, le postfiltrage, comme chez Google, sert à les « mesurer ». Au lieu de répartir les consommateurs en catégories démographiques ou psychologiques prédéfinies, le postfiltrage comme les recommandations de Netflix les traite comme des individus qui révèlent leurs goûts et leurs dégoûts par leurs comportements. Au lieu d'écarter des produits du marché, le postfiltrage, comme celui des blogs MP3, crée un marché pour des produits qui existent déjà en en stimulant la demande. Jeff Jarvis oppose à cet égard « marchés à la première personne et marchés à la troisième personne ».

Les blogs se dessinent de plus en plus comme une source extraordinaire de recommandations influentes. Il y a des sites enthousiastes indépendants comme PVRblog ou Horticultural (blog de jardinage bio), des blogs commerciaux comme Gizmodo ou Joystiq, mais il y a aussi des recommandations prises au hasard sur tout blog qu'il vous arrive de consulter sur le web. (On constate l'existence d'un lien logique entre l'expert qui connaît bien son domaine et qui aime partager son savoir, et le fait de bloguer.) Même si on peut parfois reprocher aux blogs leur faible professionnalisme ou leur manque de recul, ils compensent amplement ces défauts par leur crédibilité. En effet, les lecteurs savent qu'il y a là des êtres en chair et en os à qui ils peuvent faire confiance.

Bien entendu, le postfiltrage n'est pas plus infaillible que le préfiltrage (le chercheur de talent ne découvre pas toujours le chanteur qui va vendre des disques). C'est généralement le fait d'amateurs, qui montrent souvent moins d'indépendance critique et plus de méchanceté gratuite. Un inconvénient supplémentaire du postfiltrage est que les appréciations n'arrivent qu'après coup sous forme de feed-back. Si bien que les erreurs qui auraient été interceptées par un éditeur ou par tout autre observateur averti peuvent faire leur chemin. Et même si le feedback du postfiltrage collectif permet quelquefois de les corriger ultérieurement, certaines risquent de ne jamais disparaître entièrement.

Si je pense à mon activité, je constate que, curieusement, je porte ces deux casquettes. En tant que rédacteur en chef d'un magazine qui possède un nombre limité de pages, je fais du préfiltrage classique. Je taille dans le vif et j'émets toutes sortes d'hypothèses pour choisir les articles à publier. Mais *Wired* effectue aussi beaucoup d'évaluations de produits et, dans ce cas, nous sommes dans le postfiltrage. Nous observons les produits existants et nous attirons l'attention de nos lecteurs sur ce qui se fait de mieux.

Je soupçonne que tant qu'il existe un marché pour les produits préfiltrés dans la presse périodique, il continuera à y avoir de la demande pour mon côté critique vieux jeu. Mais cette activité qui consiste à deviner ce qui va se vendre ou pas ne me semble plus promise à un si bel avenir. Bientôt, tout arrivera sur le marché, et la grande aventure sera d'en faire le tri.

8

La Longue Traîne en chiffres

Rareté, abondance,
mort du principe des 80/20

C'est dans son bureau de l'université de Lausanne au cours de l'été 1897 que Vilfredo Pareto, esprit universel italien, étudia la distribution des revenus dans la société anglaise du XIXe siècle. C'était l'époque de Marx, et la répartition des richesses était une question à l'ordre du jour. Pareto découvrit qu'elle était inégale en Angleterre, où une minorité prenait la part du lion. Un examen plus poussé des chiffres montrait que 20 % de la population détenaient 80 % des richesses. Qui plus est, la comparaison de ces chiffres avec ceux relatifs à d'autres pays et à d'autres régions du monde révélait que ce rapport était partout identique.

Pareto mit en évidence que la distribution des richesses obéit à un rapport mathématique prévisible, connu depuis sous le nom de « loi de Pareto » (ou parfois la « loi des *vital few* », c'est-à-dire la loi de la minorité essentielle), dont la constance semble indépendante de l'époque et du lieu. Pareto était un économiste brillant mais un piètre vulgarisateur, et rares furent ceux qui ont compris la portée de ses idées. Il continua d'écrire des textes confidentiels sur les élites qui, malheureusement, furent repris à la fin de sa vie par les fascistes italiens. Mais la théorie de la distribution inégale des revenus a acquis une vie propre et est connue aujourd'hui sous le nom de loi des 80/20, ou loi de Pareto.

En 1949, George Zipf, linguiste à Harvard, constata qu'un principe analogue était à l'œuvre en linguistique : quelques mots sont utilisés très souvent alors que beaucoup d'autres (ou la plupart) le sont rarement. Il n'y a là rien d'étonnant, mais Zipf remarqua aussi que ce rapport était complètement prévisible et suivait la même courbe que celle de Pareto : la fréquence d'utilisation d'un mot étant proportionnelle à 1 divisé par le rang de fréquence de ce mot parmi tous les mots existants. Cela signifie que la fréquence du deuxième mot le plus fréquent est la moitié de celle du premier, celle du troisième son tiers, et ainsi de suite. C'est ce que l'on appelle aujourd'hui la « loi de Zipf ».

Zipf découvrit également que cette règle s'appliquait à toute une série de phénomènes, depuis les statistiques démographiques jusqu'aux processus industriels. Ainsi, l'analyse des bans de mariage dans un rayon de vingt rues démontra que 70 % des unions se faisaient entre des personnes dont le lieu de résidence n'excédait pas les 30 % de cette distance.

Depuis lors, d'autres chercheurs ont élargi le champ d'application de cette règle pour analyser des phénomènes aussi divers que les atomes du plasma ou la taille des villes. À la base de ces observations, il y a l'omniprésence des distributions suivant les « lois de puissance », la forme $1/x$ que Pareto a été le premier à identifier dans la courbe de répartition des richesses.

Les lois de puissance se retrouvent pratiquement dans tous les domaines : de la biologie à la vente des livres. Appliquée au commerce, la Longue Traîne est une loi de puissance qui n'est pas brutalement décapitée par des goulots d'étranglement comme l'espace limité sur les linéaires ou le nombre de canaux de distribution disponibles. Puisque l'amplitude (axe vertical) d'une loi de puissance approche de 0 sans jamais l'atteindre à mesure que la courbe s'étend à l'infini (le long de l'axe horizontal), on dit de la courbe que c'est une « longue traîne », nom qui m'a inspiré le titre de cet ouvrage.

Pour ce qui est des marchés de consommation, une loi de puissance dépend de trois facteurs :

- la diversité (existence d'un grand nombre de produits différents) ;
- l'inégalité (certains possèdent une qualité supérieure aux autres) ;
- les effets de réseau comme le bouche-à-oreille ou la réputation, qui amplifient les différences de qualité.

Autrement dit, il y a distribution suivant une loi de puissance [1] quand on est en présence de produits différents dont certains sont meilleurs que d'autres et que des effets comme la réputation peuvent contribuer à renforcer les meilleurs et à évincer les moins bons. Il en résulte le « déséquilibre prévisible » cher à Pareto, qu'il se manifeste au niveau du marché, de la culture ou de la société, car la réussite engendre la réussite. Inutile de dire que ce principe vaut pour une grande partie du monde qui nous entoure.

Ces goulots d'étranglement de la distribution qui faussent les marchés

Pour voir une illustration des lois de puissance dans la réalité, prenons l'exemple du box-office. Si l'on représente les données de façon habituelle, on obtient une courbe classique : quelques films à grand succès dominent la partie haute de la courbe sur la gauche, et une importante population de films « à faible succès » (si l'on utilise l'expression la moins péjorative) se déploient sur la partie inférieure, vers la droite.

Comme toutes les lois de puissance se ressemblent quand elles sont représentées de la sorte, on aurait plutôt intérêt à les placer sur une échelle qui montre plus clairement leurs différences. Une façon d'y parvenir consiste à tracer la loi de puissance sur une échelle logarithmique, où chaque graduation est plus grande par un facteur de 10 que la précédente : 10, 100, 1 000 et ainsi de suite (parmi les exemples courants d'échelles logarithmiques, on trouve l'échelle de Richter, qui mesure la magnitude des séismes, et celle des décibels, qui sert à mesurer l'intensité sonore).

Lorsqu'on trace une loi de puissance sur un graphique dont les deux axes sont gradués selon une échelle logarithmique (qu'on appelle un graphique « log-log »), on obtient une ligne droite inclinée vers le bas. L'angle précis de cette droite varie d'un marché à l'autre, mais, qu'il s'agisse de la vente de boîtes de conserve ou la distribution des entreprises par capitalisation boursière, la forme naturelle d'un marché est une ligne droite.

Or, la réalité peut rarement être représentée ainsi. On remarque que la courbe démarre en ligne droite, puis elle s'interrompt. Dans le cas du box-office, par exemple, la courbe prend cette forme :

On voit qu'à partir du 100e rang, les recettes s'écroulent brutalement jusqu'à ce qu'elles se rapprochent de zéro aux environs du 500e rang. (La palme des recettes les plus faibles de l'année – 423 dollars – va à un film d'épouvante canadien, *The Dark Hours,* réalisé avec un budget dérisoire et des acteurs totalement inconnus. D'après ceux qui l'ont vu, le film n'est pas si mauvais que ça…)

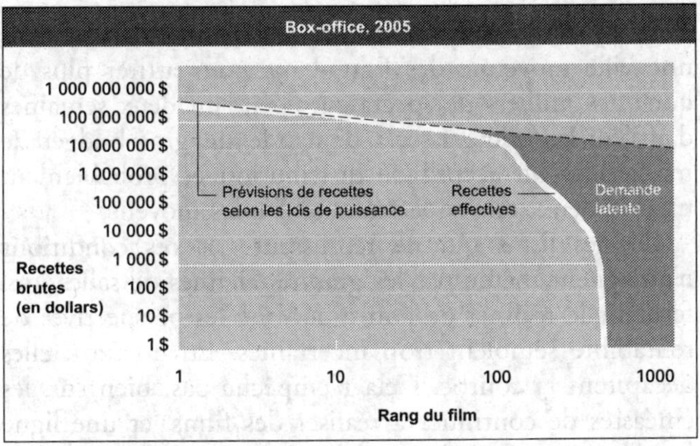

Comment expliquer ce résultat ? Les films de 2005 deviennent-ils soudain plus mauvais aux alentours du 100e rang ? L'industrie du cinéma s'est-elle contentée de tourner 500 films ? Ou cette chute brutale pourrait-elle être due à une simple erreur de comptage ?

Malheureusement, aucune des réponses proposées n'est la bonne[2] : il ne s'agit pas d'une erreur de chiffres ; la qualité des films ne baisse pas à partir du 100e (certains diraient même le contraire) ; et la production cinématographique ne s'est pas arrêtée après le 500e film tourné. On estime à 13 000 le nombre des nouveaux longs métrages présentés bon an mal an aux seuls festivals américains, et ce chiffre ne prend pas en compte les films étrangers qui ne sont pas projetés aux États-Unis.

En réalité, les films après le 100e rang sont à peine distribués en salle. Disons-le autrement : la capacité des distributeurs américains se limite à une centaine de films par an. Du point de vue de la pression sur les marges bénéficiaires, c'est un secteur d'activité impitoyable. Il ne suffit pas qu'un film soit bon ou qu'il marche bien à

Bombay. Il doit aussi marcher suffisamment bien dans une ville moyenne des États-Unis pour attirer plus de quelques milliers de spectateurs pendant deux semaines d'affilée. En général, cela demande un gros budget de marketing, un accord de distribution et probablement une ou deux stars, si le réalisateur a les moyens.

Or, les films qui ne réunissent pas ces conditions n'atteignent même pas les grandes chaînes de salles, qui ferment le robinet de l'offre dès que les perspectives de rentabilité semblent trop incertaines. En un mot, elles décapitent la courbe. Cela n'empêche pas, bien sûr, les cinéastes de continuer à réaliser des films, et une ligne fantôme se poursuit au-delà du point d'arrêt de la courbe, représentant les recettes que ces films auraient réalisées, eussent-ils été distribués. Mais dans le « monde réel », ces films sont absents du circuit commercial grand public. On peut dire plus simplement qu'ils n'ont pas percé. Ainsi, une courbe qui aurait dû être une Longue Traîne prend plutôt cet aspect :

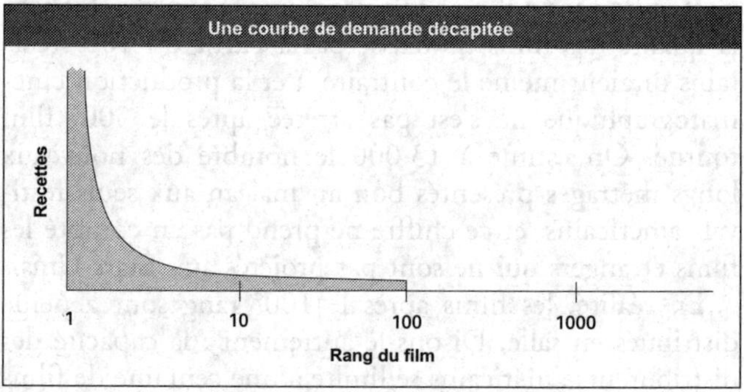

D'accord, ce n'est pas tout à fait aussi catastrophique que ça. S'ils ont de la chance, certains des films vraiment bons qui ont séduit le public au festival de Sundance seront sélectionnés par de petites salles situées dans les villes universitaires. Ce sont vraisemblablement ces films-là qui constituent le segment compris entre le 100e et le 500e film, et dont les recettes sont faibles, sans être tout à fait nulles. Mais *quid* du reste de la production, du 500e jusqu'au 13 000e film et au-delà ? Hélas, la plupart d'entre eux ne seront pas distribués. Or, sans distribution, pas de recettes brutes. Ce qui veut dire que, par rapport au graphique ci-dessus, ces films n'existent tout simplement pas.

Évidemment, ils existent bel et bien : c'est juste qu'ils ne sont pas repris dans les chiffres d'un secteur d'activité qui évalue la qualité à l'aune du box-office. Alors, que deviennent-ils ? La plupart ne seront jamais visionnés en dehors des festivals ou des projections privées. Certains feront leur chemin à la télévision ou en DVD, si leur réalisateur parvient à libérer les droits d'auteur pour la musique et autres autorisations indispensables. D'autres seront distribués gratuitement sur Internet.

Le tableau ne semble guère brillant, et pourtant, des canaux de distribution auparavant méprisés comme le « direct-to-DVD » ou Internet commencent à acquérir un vrai poids commercial. Les enregistrements de séries de télé constituent le marché des DVD dont la croissance est, de loin, la plus vigoureuse. De même, le marché de la vidéo vendue sur Internet, même s'il n'en est qu'à ses balbutiements, pourrait encore prendre de l'ampleur. Bref, dans une période de déclin des recettes au box-office et d'augmentation des ventes et des locations de DVD, la projection en salle n'est plus le seul moyen valable pour se tailler une place sur le marché.

Conclusion : une évolution jusque-là interprétée comme une chute brutale de la demande à partir d'un certain rang n'était en fait qu'une conséquence des coûts élevés qu'entraînait le mode de distribution traditionnel. Autrement dit, lorsque le consommateur se voit proposer un choix illimité et qu'il peut accéder facilement au produit qui l'intéresse, on découvre que la demande se déplace tout simplement vers des niches auxquelles on n'avait même pas songé : vidéos éducatives, karaoké, télévision en langues « exotiques » et j'en passe. Netflix a changé la donne économique en la matière et, ce faisant, a bousculé notre conception de ce que le public veut véritablement voir.

Il en va de même pour pratiquement tous les autres marchés [3]. Selon le libraire Barnes & Noble, les 1,2 million de titres en bas du classement génèrent seulement 1,7 % de ses ventes en magasin, mais pas moins de 10 % de ses ventes sur Internet (bn.com). De même, PRX, qui vend en ligne les droits de distribution d'un vaste catalogue de programmes de radio, affirme que les 80 % des programmes situés en bas du classement représentent 50 % de son chiffre d'affaires. Et en Inde, rediff.com, l'un des portails Internet et distributeurs de sonneries de téléphone les plus importants, a pu constater le séisme produit par l'évolution du marché des sonneries : alors que les listes des Top 20 publiées dans la presse accaparaient au départ 80 % de la demande, leur part du marché tomba à 40 % une fois que les utilisateurs eurent la possibilité de rechercher les sonneries de leur choix dans un catalogue en ligne qui réunit désormais près de 20 000 morceaux de musique.

La musique, justement, est un l'un des domaines les plus frappants à cet égard. Dans le commerce traditionnel, les nouveaux albums assuraient 63 % des ventes en 2005, le reste étant dû aux disques plus anciens, selon Nielsen SoundScan. Or les proportions sont inversées dans la distribution en ligne : les nouveautés représentent le tiers environ du chiffre, les titres anciens les deux tiers.

La loi des 80/20

L'application la plus connue de la distribution de Pareto/Zipf est la « loi des 80/20 ». Selon elle, 20 % des produits génèrent 80 % des recettes, 80 % de notre productivité est obtenue pendant 20 % de notre temps, et il en va de même dans toute une série de domaines où l'on constate l'impact disproportionné d'un phénomène minoritaire.

La loi des 80/20 est très mal comprise, et cela pour trois raisons. D'abord, le rapport n'est presque jamais exactement celui de 80/20. Dans la plupart des secteurs que j'ai étudiés et qui sont caractérisés par l'importance des stocks, il est plus près de 80/10, voire moins (seuls 10 % des articles représentent 80 % des ventes).

Si vous êtes gêné par le fait que le rapport 80/10 ne donne pas 100, vous avez découvert le deuxième point troublant de la loi : il s'agit de 80 % et de 20 % de deux choses de nature différente qui, additionnées, n'égalent pas 100. L'un des chiffres représente le pourcentage des produits et l'autre, le pourcentage des ventes. Qui pis est, il n'existe pas de convention concernant la façon d'exprimer ce rapport, ni la variable à considérer comme constante. Dire que la courbe d'un marché a une forme 80/10 (10 % des produits générant 80 % des ventes) peut revenir à dire que le rapport est de 95/20 (20 % des produits générant 90 % des ventes).

Enfin, cette loi est mal comprise parce qu'elle a servi pour décrire des phénomènes très divers. La définition d'origine porte sur les produits et le chiffre d'affaires, mais il peut tout aussi bien être appliqué aux produits et aux bénéfices.

L'une des interprétations les plus pernicieusement erronées de cette loi consiste à penser qu'il suffit de se borner à vendre les 20 % des produits responsables de la plus grosse partie du chiffre d'affaires. Elle découle de la conviction que la loi des 80/20 incite le commerçant à choisir avec discernement ses articles, car s'il devine juste, ils peuvent contribuer de façon disproportionnée à son succès.

C'est pourquoi j'ai affirmé que la Longue Traîne signifie la mort de la loi des 80/20, même si ce n'est pas à proprement parler le cas. Le vrai sens de cette loi est qu'il faut tout simplement reconnaître qu'on est en présence d'une distribution de Pareto et que certains produits se vendent mieux que d'autres, principe qui se vérifie tant dans un marché de Longue Traîne que dans un marché traditionnel.

Ce que la Longue Traîne a, en revanche, de particulier, c'est qu'elle nous rappelle l'importance de ne pas nous laisser dominer par la lettre de la loi. Car si 20 % des produits génèrent 80 % des recettes, il ne faut pas pour autant délaisser les 80 % des produits restants. Dans un marché de Longue Traîne, où les coûts de maintien des articles en stock sont faibles, c'est dans l'intérêt du distributeur de tout proposer, quel que soit le volume des ventes. Qui sait en effet si, grâce à de bonnes recommandations, un article des 80 % ne pourrait pas se retrouver finalement parmi les 20 % les mieux vendus ?

Comme le distributeur traditionnel supporte des coûts de stockage importants, les produits qui ne se vendent pas ne sont pas rentables. La quasi-totalité de ses bénéfices sont donc réalisés sur les 20 % qui se vendent bien. On le voit bien dans la partie supérieure du graphique ci-dessous, qui représente le cas hypothétique d'un distributeur traditionnel.

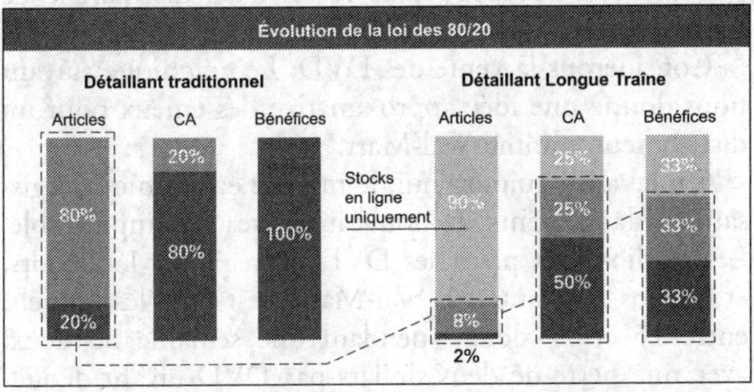

Cependant, le détaillant Longue Traîne est face à une situation entièrement différente. Supposons pour commencer qu'il possède dix fois plus de stocks ; les 20 % des articles qui génèrent l'essentiel des recettes dans le cas du distributeur traditionnel se réduisent à 2 % des stocks du distributeur Longue Traîne, ainsi que le montre la barre de gauche de l'histogramme ci-dessus.

La représentation du chiffre d'affaires, dans la deuxième barre, révèle les conséquences naturelles d'une distribution suivant les lois de puissance. Les 2 % supérieurs des produits représentent toujours une part disproportionnée du chiffre d'affaires, 50 % en l'occurrence. Les 8 % des produits suivants représentent les 25 % des ventes suivantes. Enfin, les 90 % des produits restants génèrent les 25 % des ventes suivantes (bien qu'il s'agisse d'un cas hypothétique, ces chiffres sont très proches de ceux que publient Rhapsody et Netflix).

Là où le modèle économique de la Longue Traîne apparaît dans toute sa force, c'est dans les bénéfices (la troisième barre). Puisque les coûts de stockage sont faibles, les marges sur les articles « à faible succès » peuvent être beaucoup plus fortes dans un marché de Longue Traîne que dans un marché traditionnel.

Considérons la vente des DVD. Le graphique suivant nous donne une idée approximative des enjeux pour un distributeur comme Wal-Mart.

On le voit : aujourd'hui, le modèle économique régissant les lancements de nouveaux titres est impitoyable. Les studios font payer les DVD entre 17 et 19 dollars, et les gros distributeurs (Wal-Mart, Best Buy) les vendent entre 15 et 17 dollars pendant une semaine ou deux, avec une perte de deux dollars par DVD (avant déduction des frais généraux ; en réalité, la perte est encore plus importante).

Au bout d'un mois ou deux, le prix de gros des DVD (que le grossiste fait payer aux magasins) chute plus vite que le prix de détail (facturé au consommateur), et leur

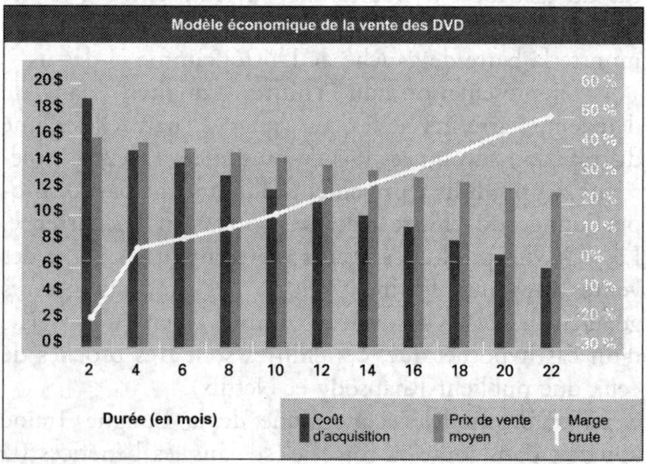

vente devient progressivement plus rentable. Pourtant, les détaillants réalisent près de 80 % de leur chiffre d'affaires avec des titres lancés depuis deux mois seulement, avant donc qu'ils ne soient vraiment rentables. Pourquoi vendent-ils ces nouveaux titres si bon marché ? Parce que, au moins pour ces grandes surfaces, ce sont des produits d'appel destinés à attirer la clientèle vers d'autres titres dans les rayons DVD et les autres rayons du magasin, où les marges sont meilleures. Les grossistes de DVD facilitent cette pratique en acceptant le retour des nouveautés invendues, ce qui diminue le risque pour le détaillant.

Mais, si ce système a un sens pour la grande distribution, qui propose d'autres articles à la vente, il a pour effet de fixer le prix pour tout le monde, y compris les spécialistes de la location des DVD comme Blockbuster. Les grandes chaînes de distribution font donc baisser les marges sur les nouveaux produits et aggravent la situation vers la « tête » de la traîne. Rien d'étonnant si Blockbuster est en difficulté.

Mais si l'on parvenait à stimuler les ventes du bas de la traîne, créant ainsi un marché moins dépendant des nouveautés, on pourrait améliorer énormément la rentabilité de cette activité. Ainsi que le montre le graphique ci-dessus, plus un titre est ancien, plus il est rentable. C'est pourquoi le distributeur Longue Traîne jouit d'un copieux avantage : il a suffisamment de place sur ses linéaires pour commercialiser les titres plus anciens. C'est également pourquoi le bouche-à-oreille et autres filtres jouent un rôle si important sur ce type de marché. Le détaillant qui encourage le client à s'aventurer hors des sentiers battus (coût d'acquisition important) et à s'orienter vers des produits de niche (faible coût d'acquisition) peut relever considérablement ses marges bénéficiaires. (C'est exactement le modèle de Netflix : acheter le moins de nouveautés possible, malgré le mécontentement qu'occasionne la faible disponibilité de certains titres chez une partie de la clientèle et l'attrition qui en découle, car cela permet au distributeur de maintenir ses marges.)

C'est la raison pour laquelle la barre des bénéfices (voir graphique de la p. 199) montre une distribution mieux répartie des bénéfices que du chiffre d'affaires. Les produits Longue Traîne ne représentent pas nécessairement l'essentiel des ventes, mais, comme ils coûtent souvent moins cher au distributeur, ils génèrent une part proportionnellement plus grande des bénéfices tant que les coûts de stockage restent proches de zéro. La loi des 80/20 subit donc trois mutations dans les marchés de Longue Traîne :

- Une offre beaucoup plus étoffée d'articles devient possible.
- Comme il est beaucoup plus facile de trouver ces produits (grâce au bouche-à-oreille et autres filtres), les ventes se répartissent mieux entre produits phares et produits de niche.
- Comme les produits de niche et les produits phares sont régis peu ou prou par le même modèle économique, il est possible de faire des bénéfices à tous les niveaux de popularité.

Ainsi, la loi des 80/20 est toujours à l'œuvre, sauf que dans un marché de Longue Traîne, elle perd de sa rigueur.

La Longue Traîne a-t-elle nécessairement une Petite Tête ?

L'une des grandes questions qui surgissaient à mesure que j'étudiais les données de la Longue Traîne concernait l'impact de l'augmentation du choix sur la courbe de la demande. Comme les agrégateurs étaient à même de commercialiser de plus en plus d'articles, allongeant par là leur traîne, les produits phares, relativement peu nombreux, allaient-ils se vendre moins ? Davantage ? Autant ?

On peut distinguer trois aspects de la Longue Traîne qui ont pour effet de déplacer la demande vers les produits de niche. D'abord, c'est l'existence d'un éventail plus large de choix : si le consommateur se voit proposer dix articles différents, il en choisira un seul ; s'il y a mille articles différents, la demande sera moins concentrée sur les produits les plus appréciés. Ensuite, c'est la réduction des « coûts de recherche », la recherche étant une catégorie qui englobe les efforts à proprement parler pour trouver le bon produit ainsi que le bouche-à-oreille et autres filtres. Vient enfin l'échantillonnage gratuit, qui permet d'écouter trente secondes d'une chanson ou de lire des extraits d'un livre sur Internet. Pratique qui incite le consommateur à une plus grande hardiesse en réduisant le risque de l'achat.

Il existe plusieurs façons de chiffrer ces différences. On peut comparer un marché qui offre relativement peu de diversité avec un marché qui offre une gamme plus étoffée du même type d'articles. Une autre possibilité consiste à observer dans la durée les effets de l'augmentation des stocks chez un agrégateur/détaillant de Longue Traîne. Ou encore, on peut se borner à considérer l'impact du coût moins important de la recherche en ligne en comparant le coût de ce service pour son fournisseur avec celui qu'aurait à supporter un distributeur classique ayant un stock de produits équivalent.

Une étude réalisée en 2005 par une équipe du MIT sous la direction d'Erik Brynjolfsson, à qui l'on doit certains des premiers travaux sur les stocks Longue Traîne d'Amazon, analyse cet impact chez un distributeur de vêtements pour femmes [4]. Celui-ci a une activité de vente par correspondance et une autre de vente sur Internet ; dans les deux cas, la gamme des produits et les prix sont identiques. La différence est que le client qui consulte le site web dispose d'un moteur de recherche, d'un moyen aisé de visionner produits et variantes et d'un système de hiérarchisation des produits selon plusieurs critères.

Il se trouve que les consommatrices – y compris celles qui recourent aux deux modes d'achat – s'orientent davantage vers les articles situés en bas de la traîne quand elles font leurs courses sur Internet. Les 80 % des produits les moins vendus représentent 15,7 % des ventes par correspondance, mais 28,8 % des ventes en ligne. Ou, si l'on appréhende le phénomène à partir des 20 % les plus vendus, la vente par correspondance fait apparaître une règle de 84/20, alors que, dans le cas de la vente sur Internet, le rapport est plutôt de 71/20.

Ce que l'on voit à l'œuvre, c'est l'effet du coût plus faible de recherche sur Internet, à offre égale. Pour calculer l'impact d'une différence en matière d'offre – où un acteur a des stocks nettement plus importants que l'autre –, nous avons donc comparé un distributeur disposant d'un espace de stockage limité avec un distributeur ayant un espace illimité pour le même produit. Ce qui revient à comparer un détaillant classique avec un vendeur en ligne du même produit. Nous avons choisi le secteur des enregistrements de films et de musique, dans la mesure où les marchés en ligne sont arrivés suffisamment à maturité pour être évalués avec certitude et où les chiffres étaient disponibles. Nous avons étudié à la fois la musique et les DVD.

Au lieu de choisir un seul détaillant classique, nous avons utilisé les données réunies dans l'ensemble du secteur par des services distincts de Nielsen : SoundScan pour la musique, et DVDScan pour les films. Nous les avons ensuite rapprochées respectivement des chiffres fournis par Rhapsody et Netflix.

(Il a fallu apporter plusieurs corrections pour assurer la fiabilité de ces comparaisons. Pour la musique, nous avons dû trouver un moyen de comparer les ventes d'albums dans le commerce avec les ventes de pistes en ligne, puis de comparer celles-ci avec les recettes des services de lecture en continu par abonnement. Pour les DVD, il s'agissait de comparer les ventes et les locations unitaires en magasin avec les locations par abonnement sur Internet. Les méthodologies mises en œuvre ne peuvent être détaillées ici ; il suffit de savoir qu'elles tournent autour de l'utilisation d'autres ensembles de données – comme les ventes en ligne de pistes individuelles – pour calibrer les courbes et corriger autant que possible tout biais systématique.)

Après les corrections nécessaires, le résultat s'est révélé frappant : la courbe de la demande sur Internet était beaucoup plus plate. En moyenne, les albums de niche (les titres au-dessous des 1 000 premiers) se vendaient environ deux fois mieux en ligne que hors ligne. De même, le DVD moyen de niche (là encore, situé après les 1 000 premiers) avait trois fois plus de succès en ligne.

Une autre façon d'étudier le problème consiste à voir dans quelle mesure le marché est moins dominé par les gros tubes ou films à grand succès [5]. Voici les chiffres pour l'industrie du disque. Dans le commerce classique, les 1 000 premiers albums constituent 80 % du marché total (en réalité, dans une grande surface qui propose seulement une partie de l'offre des CD, les 100 premiers albums peuvent générer plus de 90 % des recettes). À titre de comparaison, les mêmes 1 000 premiers morceaux représentent moins du tiers des ventes sur Internet. Ainsi, une bonne moitié du marché en ligne est constituée d'albums situés au-dessous des 5 000 premiers.

La Longue Traîne : dopage ou redistribution de la demande ?

La Longue Traîne signifie-t-elle l'agrandissement du gâteau à se partager ou un partage différent de celui-ci ? Autrement dit, le dopage de l'offre, résultant de la capacité infinie de stockage du détaillant virtuel, incite-t-il le consommateur à acheter davantage ou tout simplement à porter son choix sur des produits moins convoités ? La réponse dépend du secteur : certains articles semblent avoir de belles perspectives de croissance quand ils deviennent largement accessibles, et d'autres pas.

Bien que l'individu ait une capacité limitée d'attention et de dépense, il peut obtenir « plus » pour son temps et son argent. Certaines formes de divertissement sont « non rivales » : elles ne se disputent pas votre attention, et vous pouvez les consommer en faisant autre chose. On explique ainsi l'augmentation du temps moyen passé devant le petit écran dans les années 1970 et 1980 par le fait qu'une génération s'était habituée à avoir la télé en toile de fond. La nouveauté s'étant érodée, la télévision avait cessé d'être un média rival, et sa consommation avait donc augmenté.

Dans le cas d'autres médias comme l'écrit, la présélection permet une consommation plus efficace et plus satisfaisante (à défaut d'être plus rapide). Notre capacité à assimiler des informations en ligne, par la lecture rapide des résultats de nos recherches sur Google ou des flux des blogs, s'est en effet démultipliée de façon prodigieuse. Je ne lis peut-être pas plus de texte qu'auparavant, mais mes lectures sont probablement plus pertinentes pour moi, grâce à la qualité des filtres (mieux adaptés à mes centres d'intérêt personnels que, par exemple, les filtres des rédacteurs de tel ou tel quotidien) qui opèrent la présélection. Ainsi, on pourrait dire que ma « bande passante » d'informations utiles a augmenté : j'ai, d'une certaine manière, comprimé ma capacité d'attention.

Mais dès que la rareté du revenu disponible s'ajoute à la rareté de temps, certains médias non rivaux peuvent devenir rivaux. Les gens gardent la télévision allumée parce que cela ne coûte rien. Mais s'ils devaient payer à chaque film, ils se concentreraient sur l'écran, soyez-en sûr. Voilà donc qui parle en faveur des abonnements « illimités », qui incitent l'abonné à explorer librement sur toute la longueur de la traîne. En un mot, vous consommerez vraisemblablement davantage si cela ne vous coûte pas plus.

Au bout du compte, l'attention du consommateur est plus élastique que son budget. L'effet principal de la Longue Traîne est d'éveiller notre intérêt pour des produits plus confidentiels, et, dans la mesure où ces produits apportent une plus grande satisfaction, de nous pousser à en consommer davantage. Privilège qui ne nous coûtera pas forcément beaucoup plus.

La Longue Traîne est-elle synonyme d'augmentation ou de baisse des prix ?

On m'interroge souvent sur l'impact de la Longue Traîne sur les prix : baissent-ils en fonction de la demande à mesure que l'on descend le fil de la courbe, ou augmentent-ils puisque ces produits, moins banals et plus ciblés, exercent une forte attraction sur l'acheteur ?

La réponse est que cela dépend du produit. Une façon d'aborder la question consiste à faire la distinction entre un marché de « désirs » et un marché de « besoins », chacun ayant un comportement propre en matière de prix.

Dans un marché de besoins, le client sait ce qu'il veut et ne peut le trouver nulle part ailleurs que par un canal comme Internet. Mettons que vous cherchiez un ouvrage rare sur un sujet qui vous passionne. Si vous le trouvez, vous serez relativement indifférent au prix. Amazon démontre ce principe de façon frappante dans sa tarification : un best-seller se vend avec un rabais de 30 à 40 %, puis le rabais diminue progressivement jusqu'à s'annuler pour les ouvrages classés au centième de millier.

Au contraire, les DVD et autres produits semblables sont typiques du marché de désirs. Par le biais d'un prix attrayant, on peut vous inciter à essayer une nouveauté, à vous aventurer sur la Longue Traîne en réduisant vos risques de gaspiller vos sous. De nombreux labels de disques proposent ainsi à petits prix leurs titres plus anciens ou des nouveautés plutôt confidentielles.

L'expression achevée de ce principe serait de mettre en place une tarification variable dans laquelle le prix d'un disque chuterait automatiquement au même rythme que sa popularité. C'est exactement ce que fait Google avec ses enchères de publicités par mots-clés ou eBay avec son système d'enchères : plus la demande est forte et plus le prix augmente.

Un marché bien régi par une tarification variable connaîtrait probablement un effritement plus progressif des prix et une courbe plus plate de la demande globale.

Mais, au moins dans le domaine du disque, ce modèle se heurte aux avantages du « prix unique » (comme le modèle du tarif unique à 0,99 dollar pratiqué par iTunes) et fait surgir le spectre du tant redouté péril du « conflit des canaux de distribution » avec les magasins de disques, qui ont moins de marge de manœuvre pour moduler leurs prix. À mesure que l'industrie du disque est gagnée par l'angoisse, elle s'enhardira sans doute dans sa quête de nouveaux modèles d'affaires. C'est alors que nous disposerons de chiffres permettant de répondre à cette question avec plus de certitude.

« Microstructure » de la Longue Traîne

L'une des caractéristiques des lois de puissance est qu'elles sont « fractales » : quelle que soit la distance d'observation, elles ressemblent toujours à des lois de puissance. Les mathématiciens parlent à cet égard d'« autosimilarité » et d'« invariance d'échelle », ce qui signifie que la Longue Traîne est composée d'une multitude de minitraînes, chacune d'elles constituant un petit univers en soi.

L'observation attentive des chiffres permet de voir que la grande courbe en loi de puissance de l'industrie du disque, par exemple, n'est en fait que la superposition de toutes les petites courbes en lois de puissance dessinées par chaque genre musical. Cette industrie est constituée de milliers de micromarchés, d'écosystèmes miniatures représentés par un seul graphique global qui a la forme d'une Longue Traîne. Mais, à y regarder de plus près, on constate que chaque niche a sa propre « tête » et sa propre « traîne ».

Pour illustrer mon propos, j'ai découpé par genres la Longue Traîne de l'offre musicale sur Rhapsody (uniquement les « A ») en traçant sur le graphique ci-dessous une courbe qui montre le classement moyen d'un morceau de chaque genre, calculé en fonction du nombre de téléchargements. J'ai ensuite opéré une décomposition encore plus fine de l'un des genres – le jazz afro-cubain – pour représenter la popularité de chaque morceau à l'intérieur de ce genre.

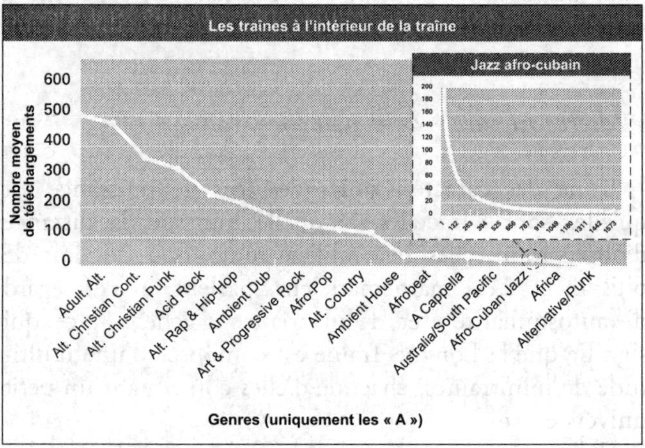

Source : Rhapsody.

On le voit : la moyenne des téléchargements des différents genres dessine une Longue Traîne et, à l'intérieur de chaque genre, les différents morceaux forment une autre Longue Traîne. Tout l'univers musical obéit à cette même logique : il a l'aspect d'une énorme courbe de popularité, mais qui englobe en réalité une multitude de courbes abritant elles-mêmes d'autres courbes, et ainsi de suite.

Il en va de même pour beaucoup d'autres marchés. Peter Hirschberg, l'un des dirigeants de Technorati, moteur de recherche de blogs, évoque le développement des « Longues Traînes thématiques » analysées par son entreprise et qui fait apparaître la loi de puissance derrière la popularité des blogs consacrés à des thèmes comme la cuisine ou l'éducation des enfants : « C'est comme la décomposition de la lumière blanche par un prisme. Dans la blogosphère aussi, on obtient un spectre de différentes communautés à Longue Traîne », dit-il. Le classement est surtout utile à l'intérieur d'une communauté, pas pour amalgamer plusieurs communautés.

Pourquoi insister sur ce point ? D'une part parce qu'il laisse penser que le phénomène du filtrage joue surtout au niveau du genre plutôt qu'au niveau du marché dans son ensemble. Et d'autre part parce qu'il explique le paradoxe apparent de la Longue Traîne. La chute brutale caractéristique d'une loi de puissance est due à l'effet multiplicateur du bouche-à-oreille, qui fonctionne comme une boucle de feed-back et qui fait que, en termes relatifs, le riche de réputation s'enrichit encore et le pauvre de réputation s'appauvrit. La réussite engendre la réussite. Selon la théorie des réseaux, une boucle de feed-back positif crée une situation où le « gagnant emporte tout », autre façon de dire que c'est une fabuleuse fabrique à succès.

Pour corser le problème, les filtres actuels rendent le bouche-à-oreille encore plus efficace, puisqu'ils en permettent une meilleure évaluation, dans une plus vaste population et pour un nombre plus grand de produits qu'autrefois. Cela ne devrait-il pas avoir pour effet de renforcer la loi de puissance et de *creuser* le fossé entre les best-sellers et les produits de niche, au lieu de favoriser un certain nivellement ?

Autrement dit, pourquoi un système de recommandations fonctionnant en réseau, moyen indispensable d'orienter la demande vers le bas de la traîne, n'aboutit-il pas au contraire, à savoir à la propulser vers le haut de la traîne, amplifiant par là l'inégalité entre produits à grand succès et produits de niche ? C'est ce que l'on attendrait logiquement d'un bouche-à-oreille plus important. Et pourtant, les marchés de Longue Traîne sont caractérisés par l'aplatissement de la loi de puissance, qui réduit les différences entre best-sellers et produits de niche.

Ce paradoxe s'explique par le fait que ces filtres, et autres systèmes de recommandation, fonctionnent effectivement mieux au niveau des niches, dans le cadre d'un genre ou d'un sous-genre, alors que, tous genres confondus, leur effet est atténué. Certes, il existe des succès spectaculaires qui se hissent au sommet d'un genre, puis s'imposent au grand public, dominant toutes les chartes ; ce sont cependant des exceptions à la règle. Le plus souvent, un titre surfe sur le succès de son genre pour se tailler une place moyenne dans les chartes générales : à ce stade, il se retrouve en concurrence avec de nombreux succès d'autres styles musicaux et voit ainsi son envolée bridée.

Par exemple, l'artiste le plus apprécié du genre *ambient dub* peut se trouver au sommet de la courbe de popularité de son genre et dépasser tous ses concurrents immédiats, mais cela ne garantit pas pour autant que, par un effet de boule de neige, il va crever le plafond et détrôner 50 Cent parmi les dix premiers. La leçon à tirer de cette analyse de microstructure ? On peut avoir du succès à des niveaux différents, mais le chef d'une petite tribu ne parvient pas nécessairement à régner sur toute une région.

La Longue Traîne du temps

Pourquoi certaines choses plaisent-elles davantage que d'autres ? Jusqu'à présent, nous nous étions concentrés sur l'ampleur et la profondeur de l'attrait de certains produits : s'ils sont de grande consommation ou de niche, de grande ou de faible qualité. Mais abordons un autre facteur qui influe sur la popularité : le temps. De la même façon qu'un produit tous publics se vend mieux qu'un produit pour initiés, le nouveau se vend mieux que l'ancien.

Les raisons pour lesquelles certains produits se vendent mieux que d'autres se perdent dans les classements d'ensemble représentés par une courbe de demande classique. Or, en réalité, la popularité est multidimensionnelle. Parmi les facteurs qui déterminent le classement d'un album, il n'y a pas que la qualité de la musique, il y a aussi le type de musique, la date de son lancement, la notoriété et/ou la nationalité du groupe, sa ressemblance avec celle d'autres artistes et ainsi de suite. C'est la fusion de tous ces éléments sous la forme unique d'une charte des Top 50 qui occulte tous ces facteurs dans un magma indistinct.

Si l'on y réfléchit bien, le tube d'aujourd'hui est le morceau pour initiés de demain. Tous les produits ou presque, même les tubes, voient leur ventes baisser au fil du temps. *Twister* était le film numéro 2 de l'année 1996, mais sa version DVD se vend deux fois moins aujourd'hui sur Amazon qu'un documentaire de la chaîne History Channel sur la Révolution française.

Einstein a décrit le temps comme la quatrième dimension, et l'on peut considérer que c'est aussi la quatrième dimension de la Longue Traîne. Les produits phares tout autant que les produits pour initiés voient leurs ventes

La Traîne du temps

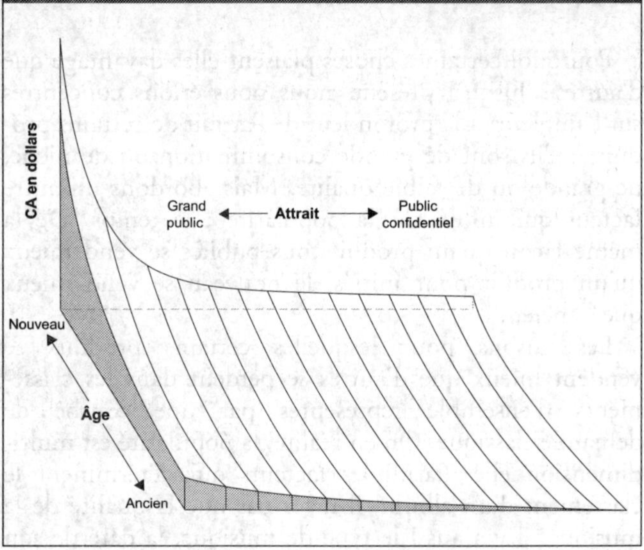

diminuer à mesure que le temps passe : si le produit phare démarre plus haut, il finit fatalement en bas de la traîne. Les efforts destinés à quantifier cette conclusion se poursuivent, mais le graphique ci-dessus donne déjà une idée générale de la tendance à l'œuvre.

Un point particulièrement intéressant en ce qui concerne le rapport entre le temps et la Longue Traîne, c'est que Google semble être en train de modifier la règle du jeu. Certes, la tyrannie de la nouveauté s'exerce autant sur Internet que sur tout autre média. Les nouvelles d'hier sont déjà dépassées et, dès qu'un contenu disparaît de la première page d'un site web, sa popularité s'effondre. Mais comme les sites obtiennent de plus en plus de trafic en provenance de Google, cette règle n'est plus aussi incontournable qu'auparavant.

Google n'ignore pas tout à fait le facteur temps, mais il mesure la pertinence essentiellement en fonction des liens récemment arrivés plutôt qu'en fonction de la nouveauté en tant que telle. Si bien que lorsque vous cherchez un terme, vous avez plus de chances de trouver la « meilleure page » que la plus récente.

Par ailleurs, comme les pages plus anciennes ont eu plus de temps pour attirer de nouveaux liens, elles bénéficient parfois d'un avantage sur les plus récentes. Résultat, l'érosion habituelle de la popularité des blogs et des pages d'informations en ligne est désormais beaucoup plus progressive qu'auparavant, et ce, grâce au trafic amené par les recherches. Dans un certain sens, Google sert de machine à explorer le temps, et nous commençons à peine à mesurer l'effet qu'il exerce sur l'édition, la publicité et l'attention.

L'abondance, concept négligé en économie

La Longue Traîne se résume, en gros, à une question d'abondance : abondance de linéaires, abondance de distribution et abondance de choix. Du coup, la définition de l'économie comme « science de l'administration des ressources rares » devient embarrassante. Il existe, bien sûr, d'autres définitions (« analyse et explication des modalités selon lesquelles un individu ou une société affecte des moyens limités à la satisfaction de besoins nombreux et illimités », etc.), mais elles ont toutes pour pivot cet élément gênant qu'est la rareté, et notamment la distribution de ressources rares. Avouons que, dans l'ère d'abondance qui se manifeste actuellement dans tous les domaines, que ce soit par la loi de Moore (selon laquelle la puissance des puces électroniques double à prix constant tous les dix-huit mois) ou ses équivalents en matière de stockage et de vitesse de transmission des données, cela pose problème.

Il est difficile d'exagérer l'importance en économie du principe qu'« il n'y a rien de gratuit » : toute cette discipline tourne autour de l'étude des « arbitrages ». Par exemple, Adam Smith a fondé l'économie politique moderne en considérant l'arbitrage entre le temps ou la commodité et l'argent. Il a expliqué qu'une personne qui vit loin d'une ville paie moins de loyer que celle qui vit plus près, ce qui l'oblige à « payer la différence en acceptant une moindre commodité ». Depuis lors, la science économique est consacrée tout entièrement à la question de la répartition d'un gâteau de taille limitée.

En effet, l'économie néoclassique évite explicitement de parler des facteurs de production qui existent en abondance. Elle ne nie pas que l'oxygène est gratuit quand on allume un feu, mais elle l'exclut tout simplement de ses calculs. Elle laisse cette donnée à d'autres disciplines, comme la chimie.

Or nous entrons dans l'ère de l'espace de linéaire réellement infini. Deux des principales contraintes de rareté selon la pensée économique traditionnelle (les coûts marginaux de production et de distribution) tendent vers zéro dans les marchés de Longue Traîne des produits numériques, où les bits peuvent être copiés et transmis pratiquement pour rien. La science économique n'aurait-elle rien à nous dire là-dessus ?

De toute évidence, l'abondance est partout, et nulle part autant que dans les produits de technologie avancée. La loi de Moore est un exemple classique. Si Carver Mead, pionnier de l'industrie des semi-conducteurs, a encouragé en 1970 ses étudiants au California Institute of Technology à « gaspiller les transistors », c'est parce qu'il avait compris que les transistors devenaient abondants, ce qui revenait à dire gratuits. Cette mutation de la pensée, qui a conduit à abandonner l'exploitation la plus économe des ressources informatiques rares et à faire du « gaspillage », par exemple en permettant le déroulement de fenêtres et d'icônes sur l'écran, a préparé le terrain pour la révolution du Mac et du PC. Sans oublier la scandaleuse débauche que représente l'utilisation d'un superordinateur pour s'amuser : la Xbox 360 !

Des lois d'abondance comparables sont également à l'œuvre dans le stockage des données, la bande passante et, en fin de compte, dans tout ce qui relève du numérique ou presque. De même, la « révolution verte » a amené l'abondance dans une grande partie de l'agriculture (si bien que, pour maintenir les prix, nous payons désormais les agriculteurs pour ne pas semer). Enfin, quelle est la force motrice derrière la percée de la Chine et de l'Inde, si ce n'est une abondance de main-d'œuvre qui permet, dans un sens, de gaspiller les travailleurs ?

Même les idées peuvent, à un certain niveau, être considérées comme abondantes, puisqu'elles peuvent se propager sans limite en raison de leur nature « non rivale ». Comme l'a dit Thomas Jefferson, le père du système américain des brevets : « Celui qui reçoit de moi une idée, reçoit un savoir sans diminuer le mien, tout comme celui qui allume sa bougie à la mienne reçoit la lumière sans me plonger dans l'obscurité. »

Il y a plus de dix ans de cela, l'apôtre de l'abondance, George Gilder, a proposé un bon angle d'attaque :

> Presque toute l'histoire de l'humanité est marquée par la croyance pratiquement universelle que l'économie était essentiellement un jeu à somme nulle : la rareté finirait toujours par prévaloir sur l'abondance. Malthus fut le

célèbre défenseur de l'idée que la population augmente de façon géométrique alors que la production agricole progresse de façon arithmétique. Du point de vue malthusien, la rareté alimentaire finirait par étouffer la croissance. Pour Karl Marx, toute l'économie se réduisait à la lutte des classes pour s'approprier des « moyens de production » rares.

Si la rareté intéresse tant les économistes, c'est parce qu'elle est quantifiable et qu'elle s'éteint à zéro. Elle exige un modèle économique qui produise un résultat calculable précis et qui identifie les points de blocage dans le mécanisme industriel. L'abondance, elle, n'est pas calculable et n'a pas de limite apparente. Quand elle est généralisée, comme dans le cas de l'air ou de l'eau, les économistes parlent d'externalités invisibles. Et pourtant, l'abondance est la force à l'origine de toute croissance et de tout changement économique [6].

Comment donc réconcilier ce point de vue avec l'économie néoclassique ? George Gilder nous conseille de pratiquer le gaspillage [7] :

> Dans toute révolution industrielle, le coût de l'un des facteurs clés de production se voit drastiquement réduit. Ce facteur approche de la gratuité par rapport au coût précédemment nécessaire pour obtenir le même résultat. Ainsi, dans la grande révolution industrielle, l'énergie motrice est devenue pratiquement gratuite par rapport au temps où elle dépendait de la force musculaire animale et humaine. Tout d'un coup, on était en mesure de faire des choses que l'on n'aurait pu se permettre auparavant. On pouvait faire fonctionner une usine 24 heures sur 24, avec un volume de production jusque-là inconcevable. Cela voulait dire que la force physique devenait, dans un sens, pratiquement gratuite. Toute l'économie dut se réorganiser pour exploiter cette énergie physique. Il fallait « gaspiller » l'énergie de la machine à vapeur et des machines analogues pour l'emporter, dans la guerre comme dans la paix.

Cela nous indique un moyen possible d'aborder cette question du point de vue économique. Tant qu'une ressource abondante n'est que l'un des facteurs d'un système par ailleurs régi par la rareté, elle ne remet pas nécessairement en question la conception orthodoxe de l'économie. Elle a la fonction d'une courbe d'expérience, d'une baisse des coûts de transaction, c'est-à-dire un inducteur d'efficacité productive qui permet de réduire les prix et d'augmenter la productivité sans pour autant invalider les principes fondamentaux de l'économie politique.

De fait, et en dépit de toute sa puissance, l'abondance de la Longue Traîne existe dans un environnement dominé par de telles contraintes. Il peut y avoir un éventail pratiquement illimité de médias, mais la capacité d'attention de l'individu au cours d'une journée demeure limitée, tout comme son revenu disponible. À un certain niveau, nous avons toujours affaire à un gâteau de taille limitée. Si vous proposez au télémaniaque un million d'émissions, il ne passera pas plus de temps devant la télévision qu'auparavant, mais il regardera des émissions différentes qui correspondront mieux à ses goûts.

Soulignons pour finir que l'économie, malgré ses multiples attraits, n'a pas réponse à tout. Nombre de phénomènes sont tout simplement laissés aux autres disciplines comme la psychologie ou la physique, voire abandonnés sans théorisation. L'abondance, comme la croissance elle-même, est en train d'induire des transformations dont nous sentons tous les jours les effets, que nous ayons ou non une théorie pour en rendre compte.

9

La « Petite Tête »

Splendeurs et misères du linéaire

Qu'on le veuille ou non, il y aura toujours des produits à grand succès et des magasins de distribution à l'espace de rayonnage limité, des chaînes de télévision grand public et des produits alimentaires conçus pour plaire à tout le monde. Malgré une croissance importante, la part des ventes en ligne aux États-Unis demeure sous la barre des 10 % du commerce de détail, et elle vient juste de dépasser la vente par correspondance. Même les champions de l'e-commerce ne s'attendent pas à représenter plus du quart de la consommation avant quelques dizaines d'années.

Ces résultats ne s'expliquent pas uniquement par la facilité, la satisfaction immédiate et le contact direct avec la marchandise qu'offre le point de vente physique. L'être humain est grégaire et il aime parfois faire des choses avec ses semblables. Il trouve du réconfort auprès des autres et les expériences collectives créent du lien social.

C'est pourquoi les lois de puissance ont nécessairement une forme irrégulière. Les marchés de Longue Traîne ont généralement une courbe plus plate que les marchés traditionnels, mais ils possèdent eux aussi leurs grosses machines. Car les individus ont beaucoup plus de points communs que de caractéristiques qui les différencient les uns des autres. Cette dimension collective est non seulement inévitable, mais aussi indispensable au décollage des recommandations et autres filtres qui sont le moteur du marché en ligne.

Dans ce chapitre, nous allons étudier la partie gauche des lois de puissance, l'univers des meilleures ventes. Nous analyserons les avantages et les coûts du linéaire, ceux de la télévision et de la radio, et enfin ceux de cette fabrique à succès qu'est Hollywood. Commençons par les avantages.

Si les best-sellers n'exercent plus une emprise aussi forte qu'au siècle passé sur la société et sur le commerce, leur influence demeure néanmoins sans pareil. Cette influence, ils la doivent en partie à leur nature, qui est de servir de base à une culture collective autour de laquelle peuvent se former des marchés plus pointus.

Pour réussir, l'agrégateur Longue Traîne se doit de ratisser large, de viser autant le grand public que des publics d'initiés. C'est ainsi qu'il parviendra à établir les liens qui balisent le chemin d'une Longue Traîne où tout le monde pourra trouver son bonheur.

Le consommateur veut faire ses achats en une fois et avoir la certitude de tout trouver dans un seul endroit précis. Le magasin qui répond à cette double exigence a une garantie de réussite. Si le bon agrégateur Longue Traîne s'impose avec une telle force, c'est parce qu'il conjugue le principe d'une offre optimale à la sélection par des filtres de ce qui se fait de mieux en tout, ou au moins dans une catégorie particulière de produits.

Si vous n'affichez que des produits grand public, vous découvrirez très rapidement que le consommateur souhaite un choix plus vaste que vous n'êtes en mesure de lui offrir. Si, au contraire, vous vous limitez aux produits de niche, vous apprendrez que le client ne saura pas par où commencer pour faire son choix, puisqu'il ne connaît aucun des articles proposés. La capacité d'offrir à la fois des produits situés vers la tête de la courbe et ceux de la traîne est fondamentale, car elle permet au client d'y voir clair : des produits connus qui exploitent et définissent une case précise.

Pour illustrer cette nécessité, prenons l'exemple de MP3.com, l'un des premiers services de musique en ligne. En 1997, Michael Roberston mit sur pied une entreprise qui semblait correspondre au profil type de la Longue Traîne. C'était un site de téléchargement de musique. Son idée consistait à court-circuiter les labels de disques et à donner aux artistes la possibilité de se mettre directement en contact avec les amateurs. MP3.com comptait gagner de l'argent en faisant payer des redevances aux groupes dont la musique serait lancée sur Internet, ce qui sonnerait le glas de la tyrannie des labels et permettrait à « mille fleurs de s'épanouir ».

Malgré une croissance rapide et un catalogue de centaines de milliers de morceaux, MP3.com ne fut pas la planche de salut des groupes qui, pour la plupart, n'arrivaient toujours pas à toucher de nouveaux publics ; la donne dans l'industrie du disque ne fut pas radicalement changée. En fait, MP3.com se tailla la réputation qu'elle méritait : celle d'un site proposant une masse indéfinie de musique plutôt mauvaise qui ne méritait pas d'être connue.

L'erreur de MP3.com fut de se cantonner exclusivement à la Longue Traîne : pour l'essentiel de son existence, le site ne parvint pas à signer d'accords de diffusion avec les labels, qui lui auraient permis de proposer des titres grand public ou de la musique plus vendable. Par conséquent, le consommateur ne savait pas par où entamer son exploration (dans sa quête d'un modèle d'affaires viable, MP3.com allait par la suite proposer aux usagers de mettre sur le site leurs CD commerciaux personnels, ce qui entraîna des procès à la pelle et, pour finir, la fermeture du site).

Le contraste est frappant avec le modèle d'affaires d'iTunes, qui fait moins la part belle aux musiciens indépendants. Ce modèle tient la route parce que l'entreprise a commencé par signer des accords avec les principaux labels qui lui ont donné d'emblée une masse critique de musique grand public. Ensuite, elle y a ajouté de plus en plus de contenus de niche à mesure que les « agrégateurs de droits » lui envoyaient des disques durs foisonnant de morceaux de musiciens indépendants par centaines de milliers. iTunes a permis au client de s'aventurer sur un marché déjà structuré où les catégories étaient déjà définies par des repères commerciaux connus, susceptibles de servir de point de départ à la recherche d'une musique moins commerciale.

(À titre de digression, on peut se demander pourquoi MySpace, dont le modèle d'affaires rappelle beaucoup celui de MP3.com et qui propose de la musique indépendante gratuite, réussit aussi bien. L'explication la plus vraisemblable, dans l'état actuel des choses, réside dans sa manière de conjuguer communauté et contenu. Le lien social fort qui rassemble des dizaines de milliers de fans sur le site leur permet de s'aiguiller mutuellement vers des groupes inconnus qu'ils auraient sinon ignorés, tandis que l'offre de contenus passionnants les incite à revenir. Cette stratégie a mis le site à l'abri du phénomène d'épuisement qui a coulé les précédentes tentatives pour proposer des services de mise en réseau, dont la principale raison d'être était le contact pour le contact.)

Longue Traîne et urbanisme

La ville peut également être considérée comme un type de mégasuccès. La représentation de la population mondiale sur un graphique fait apparaître une loi de puissance. Quelques villes, en nombre limité, de Shanghai à Paris, possèdent une population gigantesque, alors qu'une kyrielle d'autres ont une population moindre. Richard Florida, auteur de *The Rise of the Creative Class*, explique que la population mondiale est répartie « en dents de scie » :

> Si les gens se rassemblent au même endroit, ce n'est pas seulement parce qu'ils sont grégaires ou qu'ils préfèrent les centres cosmopolites dotés de nombreux équipements, même si ces deux critères ont leur importance. Les individus et les entreprises se regroupent aussi parce qu'ils y trouvent d'importants avantages – en matière de productivité, d'économies d'échelle et de démultiplication des savoirs – qu'une telle densité rend possibles. Les idées circulent plus librement, sont mieux aiguisées et mises en pratique plus rapidement lorsqu'un grand nombre d'innovateurs, d'entrepreneurs et d'acteurs financiers sont en contact permanent les uns avec les autres, au bureau comme à l'extérieur [1].

Les « pointes » de population – les métropoles de la planète – existent en raison des avantages culturels et économiques que l'on tire du contact avec de grandes masses d'individus, et qui compensent le coût élevé de la vie en milieu urbain. L'un de ces avantages étant, paradoxalement, un réservoir de niches commerciales immense et diversifié.

Des villes comme New York, Londres, Paris ou Tokyo vous offrent tout ce que vous pouvez imaginer. Toutes les cuisines du monde s'y côtoient : érythréenne, bengali, mongole et j'en passe. Tous les genres de divertissements et de services coexistent pour répondre à tous les besoins possibles et imaginables et, si vous savez où chercher, une profusion de produits à faire pâlir d'envie même Amazon vous attend.

Pourquoi ? Parce que la densité de population de ces villes conduit à une forte concentration de la demande. On pourrait dire que la ville est la Longue Traîne de l'espace urbain, de la même façon qu'Internet est la Longue Traîne de l'espace intellectuel et culturel.

Comme l'a dit Steven Johnson :

> Un magasin qui ne vendrait que des boutons ferait probablement faillite dans une ville de 50 000 habitants, mais à New York il existe un quartier entièrement consacré à la vente de détail des boutons. Les sous-cultures prolifèrent également dans les grandes villes pour la raison suivante : si vous avez des goûts spéciaux, vous avez beaucoup plus de chances de trouver quelqu'un qui les partage dans une ville de 9 millions d'habitants [2].

Voilà plusieurs années déjà que Jane Jacobs, grande théoricienne de la ville, faisait remarquer que les grandes agglomérations sont un terreau favorable à l'éclosion des petites niches. Elle écrit :

> La petite ville et la banlieue [...] sont le terrain d'élection de l'hypermarché et du cinéma multiplexe, alors qu'il y a peu d'espace pour autre chose en matière d'épicerie ou de spectacle. Les habitants ne sont tout simplement pas suffisamment nombreux pour justifier une plus grande diversité, même s'il y a des personnes (trop peu nombreuses) qui s'y intéresseraient si elle existait.
>
> La grande ville, de son côté, abrite des supermarchés et de grandes salles de cinéma, mais aussi des épiceries fines, des pâtisseries, des épiceries étrangères, des petites salles d'art et essai et ainsi de suite : le tout-venant côtoyant le

confidentiel, le géant côtoyant le nain. Dans tous les quartiers un peu vivants et branchés des grandes villes, le « petit » dépasse de loin le « grand »[3].

Apologie du linéaire

Avant d'enterrer le linéaire, commençons donc par le défendre. Les rayonnages d'un commerce de détail sont l'interface humaine avec une chaîne de distribution hautement évoluée et conçue pour exploiter au maximum le temps et l'espace. Le linéaire type de supermarché, avec ses 2,10 m de haut, son 1,20 m de large et ses 60 cm de profondeur, a la capacité d'un monospace.

Approvisionné en centaines d'articles dont le conditionnement est prévu pour s'adapter exactement à une présentation standard, le rayon de supermarché est devenu le symbole moderne de l'abondance. La grande surface moyenne propose plus de 30 000 références différentes, disposées et présentées de façon parfaite sur les linéaires pour assurer des ventes maximales à un coût minimal. C'est à la fois un miracle de stockage efficace et une machine à vendre parfaitement réglée.

La gondole, c'est le dernier cri en matière de vente au détail. Les produits qui occupent les linéaires des grandes surfaces sont conditionnés et organisés en fonction des algorithmes du stockage et des sommets des courbes d'une demande élastique. L'approvisionnement optimum des linéaires est calculé chaque jour au siège des chaînes de distribution pour s'adapter en temps réel à partir des données fournies par les caisses.

Ces modèles d'approvisionnement sont mis en place pour exploiter tous les ressorts à notre disposition :

satisfaire la demande existante, susciter une demande nouvelle et vendre le plus possible en utilisant le moins d'espace possible. Chaque aspect de la question a été étudié, analysé par groupe cible et observé par des anthropologues spécialisés dans le commerce de détail à l'aide de caméras cachées et de tags d'identification par fréquence radio. Le rayon de magasin est la ligne de front d'une activité qui représente 60 % du PIB américain, et les études qui lui ont été consacrées donnent la mesure de son importance.

On connaît au centimètre près ce que vaut chaque niveau de présentation des articles dans un rayon. On connaît la valeur commerciale exacte de l'étagère qui se trouve juste au-dessous de la hauteur des yeux, et ce, dans chaque catégorie de produits et chaque catégorie du commerce (ainsi, dans les supermarchés, cet emplacement magique incite cinq fois plus à la vente que celui du bas). C'est pourquoi les distributeurs savent exactement combien ils peuvent facturer aux fournisseurs l'accès à cet emplacement tant convoité, qui assure le débit des produits de ces derniers et les marges commerciales des distributeurs.

Parallèlement, la dimension horizontale permet d'optimiser l'exposition de la marque. Nous savons précisément sur quelle longueur il faut présenter les articles d'une marque pour correspondre à la capacité de balayage de l'œil du client, sans la dépasser ni gaspiller un espace de linéaire rare et précieux. Grâce aux codes-barres et à l'utilisation de logiciels de réapprovisionnement, nous savons comment optimiser le réassortiment à tout instant.

Bref, grâce à des dizaines d'années de recherches menées par les meilleurs cerveaux du merchandising, nous avons appris à exploiter au maximum chaque centimètre carré d'espace de linaire. Quand on mesure le chemin parcouru – explosion de l'abondance et de la diversité, baisse des prix sous l'effet de l'approvisionnement à l'échelle mondiale –, on a du mal à contester l'importance du linéaire : c'est bel et bien l'incarnation d'un capitalisme pleinement évolué.

Le prix du linéaire

Pourtant, le linéaire représente un gaspillage considérable à beaucoup d'égards. Commençons par les évidences. Le loyer mensuel de cet emplacement de 1,20 m sur 60 cm est exorbitant. Il est vrai que vous pouvez caser environ 6 m^2 de linéaire sur 1 m^2 de surface au sol, mais, selon les règles d'or de la profession, pour chaque mètre carré d'espace occupé par des rayonnages, il faut ajouter 2 à 3 m^2 d'espace d'allées, de caisses, d'espaces collectifs. Selon le type de magasin, il faut des espaces pour les réserves et les bureaux, ce qui augmente de 25 % l'espace au sol nécessaire. Début 2005, le loyer moyen dans un centre commercial dans l'un des grands centres américains atteignait près de 430 dollars le mètre carré, ce qui fait que le coût net du mètre carré de linéaire se situait entre 280 et 355 dollars par mois.

Ensuite, viennent les frais généraux du commerce physique : force de vente, dépréciation des stocks, électricité et autres services, vol à l'étalage et autres problèmes de « fuites », retours, frais d'assurance et de marketing. Mis bout à bout, ces frais généraux peuvent pratiquement égaler le prix de la location, portant le loyer mensuel du linéaire de 77 cm sur 77 cm à 50 dollars au moins. Enfin, si l'on ajoute la marge du distributeur, qui est de 40 % en moyenne, on découvre que chaque mètre carré de linéaire dans un centre commercial doit générer entre 1 100 et 1 600 dollars de chiffre d'affaires par mois, et uniquement pour qu'on rentre dans ses frais.

Seuls trouveront place sur ce précieux linéaire les produits les plus prometteurs – ceux dont on attend un certain succès ou une certaine marge. La barre est mise très haut, et peu de produits parviennent à la passer. Tous les ans, 15 000 nouveaux produits sont proposés aux supermarchés. Parmi les rares articles qui arrivent dans les rayons, 70 à 80 % n'y restent pas longtemps, selon le Consumers Union (qui publie des rapports sur la consommation). Aujourd'hui, le coût moyen de l'exposition d'un seul DVD dans un magasin de location de films est de 22 dollars par an. Seuls les titres les plus populaires se louent suffisamment souvent pour atteindre le seuil de rentabilité.

Et, si le jeu n'était pas déjà suffisamment serré, les coûts cachés de la vente des produits sur les linéaires peuvent effectivement dépasser les coûts directs. Ce sont les coûts d'opportunité de la demande non satisfaite et de la demande latente à laquelle on ne répond pas du fait des contraintes matérielles du linéaire. L'ère Google nous a ouvert les yeux sur les vertus lucratives de la « trouvabilité » : on tape sur le clavier ce qu'on cherche (même avec des fautes d'orthographe), et en général on trouve. Nous sommes désormais gâtés pourris de recommandations utiles (qui viennent des leçons de ceux qui nous ont précédés sur le même chemin), qui nous aiguillent vers des articles que nous n'aurions jamais découverts tout seuls.

Pourtant, il n'y a aucun écho de tout cela au supermarché du coin, où les produits sont classés en catégories rudimentaires telles que « conserves », où les habitudes d'achat des autres clients ne sont connues que de la direction et où le seul moteur de recherche disponible est l'employé du réassort qui travaille au SMIC. Ce n'est pas vraiment la faute du supermarché ni de quelque détaillant classique que ce soit. Le seul tort de ces commerçants est d'exister dans le monde rigide des rayons et des allées, où les produits doivent obéir aux lois implacables des atomes et non à celles des bits.

L'une de ces malencontreuses lois est justement que la matière est soumise au temps et à l'espace : de toute évidence, aucun article ne peut se trouver à plusieurs endroits à la fois. Pas question de ranger du thon en boîte dans différentes catégories, même si le parcours de chaque client pourrait lui en suggérer des possibilités multiples : « poisson », « conserves », « sans gras », « meilleures ventes », « salade », « moins de 2 euros », et ainsi de suite.

Un point de vente physique ne peut être reconfiguré d'un coup de baguette magique pour répondre à tous les désirs. Les bouteilles de vin ne peuvent pas être réinstallées pour tenir compte des résultats d'une recherche réalisée par un seul client. Elles ne peuvent pas surgir sur l'étagère du rayon d'à côté pour tirer parti de la probabilité que des gens comme vous, qui viennent d'acheter du fromage affiné et des olives, pourraient fort bien apprécier tel vin. Rien de plus obstiné que les atomes.

Quand vous placez un article dans votre chariot au supermarché, le magasin l'ignore jusqu'à votre arrivée à la caisse, moment auquel il est trop tard pour faire autre chose que de vous donner mollement des bons de réduction sur vos achats futurs. Des spécialistes du commerce de détail rêvent du chariot intelligent qui identifierait son contenu grâce aux étiquettes à fréquence radio (RFID) sur les produits et puis qui émettrait aussitôt des conseils d'achat. Mais même ces spécialistes ne sont toujours pas en mesure de transporter la matière à volonté et de faciliter l'adoption des conseils prodigués. Dans le monde matériel, c'est le client qui bouge, pas le produit.

L'effet Wal-Mart

Quand j'étais un glandeur de 20 ans et quelques, je travaillais, comme beaucoup de mes congénères, chez un disquaire. Le magasin, relativement important, appartenait à une grande chaîne, aujourd'hui disparue, et avait pour zone de chalandise le quartier des affaires du centre de Washington. Son public, composé d'avocats, de cadres administratifs et de juristes, était donc relativement traditionnel. Mais je me souviens malgré tout du rayon « importations » près de l'escabeau d'où j'avais un œil sur la porte et d'où je répondais aux questions, qui comprenait surtout de la new wave britannique (c'était au milieu des années 1980) et qui s'étendait sur toute la longueur du magasin. Tout le mur du fond était tapissé de 45 tours (c'était la grande époque de Depeche Mode et de Billy Idol). Par ailleurs, une salle spéciale dotée d'une acoustique excellente pour une meilleure audition était consacrée à la musique classique.

Tout cela m'est revenu en tête récemment alors que je flânais dans les rayons de disques d'un Wal-Mart à Oakland, en Californie (mais peut-on parler de « flâner » quand il s'agit en fait d'arpenter un rayon d'environ huit mètres ?) Wal-Mart, dont les ventes dans ce domaine représentent le cinquième du total pour l'ensemble des États-Unis, est de loin le plus important distributeur de disques. Quelque 138 millions d'Américains font leurs courses chez Wal-Mart toutes les semaines, ce qui en fait peut-être la plus grande force culturelle unificatrice du pays.

Au cours de la décennie écoulée, les grands distributeurs, comme Best Buy, ont transformé le paysage de l'industrie du disque grâce à leurs économies d'échelle sans égal. Le nombre des grands disquaires indépendants comme celui dans lequel je travaillais a chuté de façon spectaculaire ; quant à la salle d'écoute de musique classique, elle est devenue une curiosité en voie de disparition. Inutile d'ajouter que rares sont les rayons consacrés aux importations.

En lieu et place des collections souvent éclectiques des magasins spécialisés, les hypermarchés ne proposent qu'un éventail relativement restreint de tubes. C'est un fait paradoxal que l'offre de magasins aussi vastes soit aussi réduite dans chaque catégorie, mais il s'explique par les exigences de la grande distribution. Quoi qu'il en soit, ces grandes enseignes pratiquent des prix défiant toute concurrence, et les chalands s'y pressent en foules : c'est le triomphe de la logistique moderne et des achats en grande quantité. Ces enseignes sont aujourd'hui ce qu'il y a de mieux en matière de distribution classique.

Bienvenue dans le monde de la « Petite Tête ». Mais est-elle aussi petite que cela ? Le Wal-Mart moyen propose aujourd'hui environ 4 500 titres de CD (à titre de comparaison, le catalogue d'Amazon en compte 800 000). Regardons de plus près le rayon musique de ce Wal-Mart que j'ai arpenté à Oakland. Voici le nombre de disques que j'ai trouvés dans chacune des catégories de musique du magasin :

- Rock/pop/R&B : 1 800.
- Latino : 1 500.
- Musique sacrée/gospel : 360.
- Country : 225.
- Classique/ambiance : 225.

Là encore, il n'y avait que deux allées centrales : l'une consacrée au rock/pop/R&B et l'autre à la musique latino. Toutes les autres catégories étaient amalgamées en présentoirs de 150 cm sur 120 cm. Le jazz, la musique classique, la *world,* la musique d'ambiance et new age devaient partager un seul et unique présentoir.

Selon David Gottlieb [4], ancien dirigeant de label, sur les 30 000 albums qui sortent chaque année, Wal-Mart n'en propose que 750, ce qui représente 2,5 % de la production annuelle, et son stock total – 4 500 titres – est inférieur à 0,5 % de toute la production musicale existante. Des catégories entières comme la dance ou le slam sont ou absentes ou enterrées sous des catégories générales comme la rock/pop/R&B. Aucun exemplaire d'*Exile on Main Street* des Rolling Stones ni de *Nevermind* de Nirvana.

Voilà le topo : rareté, goulots d'étranglement, mauvaise distribution et tyrannie du linéaire, le tout incarné par une très grande enseigne. Là encore, c'est le paradoxe de l'abondance : entrez dans un Wal-Mart et vous êtes accablé par la profusion et le choix des produits. Mais regardez-y de plus près et vous vous rendrez compte de l'extrême modestie de cette « corne d'abondance ». Les linéaires de Wal-Mart représentent une surface de 1 600 m de long sur 60 cm (960 m^2). À première vue, on a l'impression de pénétrer dans un pays de cocagne, mais, comparé à un univers qui mesure effectivement 1 600 m sur 1 600 m, ce vernis de diversité semble bien insuffisant.

De la zizanie dans les rayonnages de la bibliothèque

Nous venons de voir que l'un des aspects les plus contrariants du commerce hors ligne est qu'il nous impose des catégories grossières et des taxonomies figées. Bref, un coupe-vent peut se trouver dans le rayon « vestes », ou « sport », mais pas dans celui des articles « bleus » ou « Nylon ». Reconnaissons que cela pose rarement de gros problèmes, puisque ces deux dernières catégories seraient grotesques pour la plupart des clients (la logique « taille unique » oblige à oublier les quelques clients pour qui elles seraient parfaites...)

L'essentiel, c'est que le directeur de magasin doit deviner où le client lambda va chercher un coupe-vent. Ainsi, après la phase d'implantation du magasin conforme à une taxonomie prédéterminée, il ne lui reste plus qu'à espérer que son plan correspondra aux idées de la majorité des clients. Et *quid* de ceux qui ont d'autres catégories en tête ? On espère qu'ils demanderont de l'aide.

Mais l'essor du commerce en ligne a révélé que la capacité à réorganiser les produits et à les changer de catégorie en un clic « déverrouille » leur valeur véritable. Tout d'abord, un magasin virtuel a toute liberté de répertorier les produits dans la catégorie de son choix, et dans autant de catégories qu'il lui plaît. Cela permet d'attirer l'attention du client potentiel qui, sinon, n'aurait pas trouvé le produit dans la catégorie par défaut, et cela stimule également la demande parmi les clients qui au départ ne cherchaient même pas le produit mais qui ont été aiguillés par un positionnement adroit.

L'efficacité et la réussite du commerce en ligne ont mis en lumière le prix à payer pour la rigidité et la simplification taxonomique excessive du commerce traditionnel. C'est une chose de pratiquer des prix élevés et de proposer peu de choix ; c'en est une autre d'être tout bonnement incapable d'aider le client à trouver ce qu'il veut.

Dans les sciences de l'information, la difficile question de la classification a reçu le nom de « problème ontologique ». Le terme « ontologie » a des sens différents selon la discipline concernée, mais, pour le bibliothécaire et l'informaticien (ainsi que pour le directeur de magasin, qu'il en soit ou non conscient), il concerne l'organisation des données à traiter. La classification décimale de Dewey sert au classement des livres, l'*Encyclopædia Britannica* est une façon de classer l'information et le tableau de Mendeleïev permet de classer les éléments chimiques.

Tous ces systèmes répondent à ce qu'on attend d'eux, mais l'ère Google vient de nous démontrer les limites de cette manière de classifier le monde qui nous entoure.

Commençons par la classification décimale de Dewey, qui divise le savoir en dix catégories principales :

- 000 – Ordinateurs, information et généralités.
- 100 – Philosophie et psychologie.
- 200 – Religions.
- 300 – Sciences sociales.
- 400 – Langues.
- 500 – Sciences et mathématiques.
- 600 – Techniques.
- 700 – Arts, loisirs et sports.
- 800 – Littérature.
- 900 – Géographie et Histoire.

Jusque-là, tout cela semble logique. Mais passons au deuxième niveau de la classification et nous voyons, par exemple, pour la catégorie 200 regroupant les religions :

- 200 – Religion.
- 210 – Philosophie et théorie religieuse.
- 220 – Bible.

- 230 – Christianisme.
- 240 – Morale chrétienne et théologie.
- 250 – Églises locales et ordres religieux chrétiens.
- 260 – Théologie chrétienne et société et ecclésiologie.
- 270 – Histoire du christianisme et de l'Église.
- 280 – Confessions et sectes chrétiennes.
- 290 – Religions comparées et autres religions.

Une brève lecture de cette liste permet de voir que l'islam, le judaïsme, l'hindouisme, le taoïsme et toutes les autres confessions, qui regroupent l'essentiel de la population mondiale, sont rassemblés dans une sous-catégorie intitulée « autres religions ». Cette taxonomie en dit plus long sur la culture de l'Amérique du XIXe siècle, période pendant laquelle ce système fut élaboré (et probablement sur le compte de Melvil Dewey lui-même), que sur l'univers des religions.

En réalité, la taxonomie décimale de Dewey n'a rien à voir avec le monde du savoir : elle concerne les livres et rien de plus. Clay Shirky, penseur important qui s'est penché sur les conséquences sociales et économiques des technologies Internet, nous explique :

> L'optimisation ne concerne que le nombre d'ouvrages par étagère. La structure laisse supposer qu'il s'agit de concepts, mais elle est organisée en catégories qui ne se recoupent pas et qui deviennent de plus en plus précises à mesure qu'on descend de niveau : tout concept est censé correspondre à une seule catégorie à l'exclusion de toutes les autres. Mais, de temps en temps, il arrive que le squelette dépasse, et ce squelette, la structure autour de laquelle le système est construit, est conçu pour réduire le temps de recherche dans les rayonnages.

De l'eau a coulé sous les ponts depuis le XIXe siècle. Les bibliothèques ont établi des catalogues comprenant des index croisés des livres et par catégories multiples : auteurs, titres, mots-clés, sujets apparentés. Pour finir, il s'avère que la recherche des ouvrages a été grandement facilitée par l'avènement des catalogues numériques et de la recherche par mots-clés. Il n'empêche : les livres continuaient d'être alignés sur les étagères selon le système de Dewey. Cela signifie que, même si vous étiez désormais en mesure de localiser l'ouvrage désiré (sans nécessairement adhérer à la conception du monde de Dewey), vous risquiez de trouver que les livres entassés autour n'avaient pas grand-chose à voir avec celui-là.

Même avec le catalogue sur fiches, le livre est toujours soumis aux lois de la matière. Que se passe-t-il quand l'un d'eux est mal rangé ? C'est comme s'il avait disparu. À moins que quelqu'un ne tombe dessus et ne le replace dans le bon rayonnage, ce livre n'existe plus pour personne, même s'il se trouve effectivement quelque part.

À l'opposé, imaginez un monde à l'organisation souple et variable, qui s'adapte en fonction des éléments pertinents du moment. Cela ressemblerait à une masse importante d'articles posés sur un bureau plutôt qu'à des rangées rigoureusement alignées sur une étagère. Et si nous avons une impression de désordre, c'est uniquement parce qu'il s'agit d'une organisation différente : spontanée, contextuelle, facilement réordonnée selon les besoins. Cette comparaison fait un peu penser au web lui-même, vu à travers les lunettes Google : un univers d'une diversité infinie et possédant peu d'ordre prédéterminé, un univers à la structure dynamique, modelé différemment pour chaque observateur.

J'ai récemment visité la nouvelle bibliothèque municipale de Seattle, conçue par Rem Koolhaas comme la bibliothèque idéale du XXIe siècle. L'architecte a dû s'attaquer à ce problème : comment concevoir des rayonnages qui s'accordent avec notre culture actuelle du moteur de recherche ? Conscient que l'équilibre entre l'ordinateur et le livre était en pleine mutation et qu'il continuerait probablement d'évoluer, Rem Koolhaas n'a pas beaucoup anticipé sur le mode de rangement des livres. Il a organisé les piles sur des rails disposés en une spirale qui pouvait s'élargir ou se contracter à la demande.

Pourtant, même à l'intérieur de ce système, qui a le mérite de la souplesse, il fallait choisir un mode de classement. Or, il faut plus d'un siècle ou deux pour transformer la conception de la bibliothèque, et c'est donc le système Dewey qui a été retenu. Mais la nouveauté, dans la bibliothèque de Seattle, c'est que les catégories de Dewey sont inscrites sur des paillassons en caoutchouc insérés dans un logement prévu à cet effet dans le sol. Ainsi, quand les étagères se déplaceront pour s'adapter aux nouveaux desiderata du public en matière d'information, les paillassons les suivront. Et si un jour le système Dewey était jugé dépassé, on pourrait retourner les paillassons, qui seraient dès lors un bon endroit pour s'essuyer les chaussures. Une bibliothèque à l'épreuve du temps ne saurait anticiper sur le paysage de demain en matière d'information.

Faire ses courses au rayon « divers »

Ce qui est vrai des bibliothèques l'est deux fois plus des commerces. Car une bibliothèque, au moins, utilise une méthode éprouvée de classement : il y a un catalogue sur fiches et les bibliothécaires connaissent leur affaire. Mais je vous souhaite bon courage pour trouver ce que vous voulez dans un supermarché que vous ne connaissez pas. Les rayons sont organisés de manière si erratique que les clients sont mécontents, beaucoup d'articles restent invendus et les marques et les produits les plus connus sont pris d'assaut, tout simplement parce qu'ils sont les plus faciles à trouver. Il en est ainsi dans la plupart des magasins, qu'il s'agisse de quincaillerie ou d'habillement.

À titre d'exemple, je suis allé récemment au Blockbuster de mon quartier pour prendre *Akira,* un classique de l'animation japonaise. Dans quelle partie chercher ? Science-fiction ? Animation ? Étranger ? Action ? En fait, cela n'avait aucune importance puisqu'ils n'avaient pas le film. La satisfaction immédiate liée aux achats en magasin est un avantage douteux si le client repart bredouille.

En cherchant sur Amazon, il m'a suffi de taper « akira » dans la barre de recherche (vous remarquerez qu'il n'est pas besoin de respecter les majuscules ni même d'orthographier le nom correctement) et le film a surgi immédiatement, ainsi que deux autres versions (de même que des exemplaires neufs et d'occasion pour les trois titres). Si j'avais voulu chercher par catégories, n'importe laquelle de celles notées ci-dessus aurait fait l'affaire : le film figurait dans chacune d'elles. On me proposait une offre alléchante avec *Ghost in the Shell,* autre avantage d'un marketing et d'un positionnement dynamiques. Par ailleurs, Amazon me recommandait aussi deux autres films censés me plaire : *Princesse Mononoke* et *Ghost in the Shell.* Et, bien sûr, ces deux films étaient disponibles et meilleur marché que chez Blockbuster. Difficile d'imaginer deux expériences plus différentes du point de vue du client.

Dans une certaine mesure, le distributeur en ligne est au magasin traditionnel ce que Google est à la bibliothèque. Les contraintes des rayons obligent la distribution classique à inventer des taxonomies et y faire correspondre chaque article. Je tremble à l'idée du classement à la Dewey de l'ouvrage que vous tenez entre vos mains : Technologie ? Économie ? Vente ? Culture ? Aucune ne semble tout à fait juste en elle-même. Malheureusement, il n'existe pas de catégorie qui les rassemble toutes à la fois.

De son côté, Google ne placera ce livre dans aucune catégorie. Sa place (ou ses places) naturelle dans le monde se dessinera spontanément après coup, en fonction des liens établis. Mon éditeur pourrait bien le considérer comme un « livre d'affaires », mais si le public décide qu'il relève plutôt de l'« économie grand public » et qu'il établit des liens en conséquence, alors c'est ce qu'il est et ce qu'il sera, au même titre que pratiquement toute autre désignation qu'un utilisateur estimera pertinente. Dans un monde à la Google, le sens et l'ontologie dépendent entièrement de l'utilisateur. Un objet peut changer d'aspect selon le regard de l'observateur. Les algorithmes de Google ne font qu'enregistrer les choix de la majorité des internautes en calculant les résultats les mieux adaptés aux mots-clés que chacun a tapés sur son clavier.

De son côté, Amazon commencera par afficher ce livre dans cinq ou six catégories. Le client aura son mot à dire en y ajoutant un « tag », c'est-à-dire en y ajoutant un mot qui constitue pour lui une catégorie (« Internet », « blogger », « lire plus tard », « Pareto », « cadeau pour accro du Net »...) Les autres internautes verront les tags qui constituent un élément contextuel utile pour permettre au livre de se situer dans le monde. C'est cette pratique que certains appellent la « folksonomie » : classification après coup par les internautes, et fondée entièrement sur les critères qu'ils jugent pertinents. Il est à noter qu'Amazon donne une telle importance à ces tags qu'ils figurent avant ses propres listes de catégories programmées.

Pour autant, l'identité de mon ouvrage n'a subi là que le premier d'une série de débroussaillages multidimensionnels dans cette librairie illimitée. Le logiciel d'Amazon va digérer chaque mot de ce livre et déterminer une liste de « phrases statistiquement improbables », c'est-à-dire des enchaînements de mots qui apparaissent rarement, si ce n'est jamais, dans les autres livres. Ils constitueront une empreinte unique de mon livre, mais ils donneront aussi un aperçu des idées et des thèmes précis qui y sont abordés, ce qui est utile en soi. Le logiciel relèvera par ailleurs les mots commençant par une majuscule pour permettra de cerner les sources sur lesquelles s'appuie mon livre. Enfin, Amazon va déployer ses filtres habituels à partir des recommandations des clients pour trouver des ouvrages que d'autres ont regardés ou achetés en même temps que le mien. Le livre sera donc classifié à l'aide d'une sélection apparentée.

La tyrannie de la géographie

Les rayonnages présentent un autre inconvénient : ils sont soumis aux limites de la géographie. Leur contenu est uniquement à portée de main des personnes qui se trouvent à proximité. Mais c'est aussi, bien entendu, leur avantage : c'est bien pratique d'avoir un magasin à proximité qui vous offre la satisfaction immédiate de pouvoir rentrer chez vous avec votre achat. Nous avons beau passer beaucoup de temps sur Internet, nous vivons toujours dans le monde matériel.

La principale contrainte du commerce traditionnel est la nécessité de trouver un public local. Qu'il s'agisse de films, de CD ou de tout autre article, le détaillant classique ne peut proposer que des produits qui méritent leur place dans les rayons, ceux qui éveillent l'intérêt (traduit en espèces sonnantes et trébuchantes) de la population locale.

Aux États-Unis, 20 % de la population vit à plus de 13 km de la librairie la plus proche et 8 % à plus de 32 km [5]. Les chiffres pour les disquaires, les cinémas et les magasins de location de DVD sont sensiblement les mêmes. Et si la majorité des clients voulait faire ses achats dans ce type de magasins, elle ne le pourrait pas.

N'oublions pas que, dans la tyrannie de la géographie, une dispersion trop grande du public revient à une absence de public. C'est pourquoi la demande locale doit être suffisamment concentrée pour compenser les coûts élevés de la distribution matérielle. Pour l'exprimer plus crûment, disons qu'une demande locale insuffisante conduit à la fermeture définitive du magasin.

Cela s'applique à toutes les catégories de produits. Ce n'est pas par hasard qu'on ne trouve pas de magasins de ski dans un climat chaud ni de magasins de plongée ailleurs que sur le littoral (même si beaucoup d'habitants d'autres régions se déplacent pour skier et plonger ailleurs). Il peut certes y avoir une demande locale pour ces articles, mais là encore, la question que se pose tout commerçant est de savoir si elle est suffisante. L'équation se pose comme suit :

Ventes =
Pourcentage de la population susceptible d'acheter
Moins
Pourcentage vivant à plus d'une quinzaine de km du magasin
Moins
Pourcentage qui n'entre jamais
Moins
Pourcentage qui ne verra pas l'article en rayon

… et ainsi de suite.

Mais cette situation n'est pas une fatalité. Dans un sens, on peut penser qu'il existe une Longue Traîne de clients, comme il existe une Longue Traîne en matière de produits. Imaginez que l'on place sur l'axe des abscisses les villes et sur celui des ordonnées le nombre d'acheteurs potentiels pour un produit dans chacune de ces villes. Le commerçant traditionnel est obligé de viser la tête de la courbe, là où les clients sont le plus concentrés. Pourtant, ainsi que nous l'avons déjà appris, la plupart des clients se trouvent dans la traîne, répartis sur plusieurs villes. Voilà le secret honteux de la vente en magasin : les commerçants doivent renoncer à un marché potentiel tout simplement parce qu'ils n'ont pas les moyens de le servir de façon rentable.

Pour résumer, c'est là tout l'intérêt du commerce en ligne : grâce à sa capacité à atteindre aussi efficacement ces petites villes à faible densité de population que les grandes agglomérations, il peut pleinement exploiter la Longue Traîne de la demande éparpillée. C'est exactement ce que fit Sears and Roebuck, société de vente par correspondance, il y a un siècle : répondre à la demande de diversité dans les régions éloignées des grandes villes. Aujourd'hui, cela se fait plus vite, moins cher et avec un éventail de choix encore plus grand.

Raréfaction du temps d'antenne

L'avènement de la radio, puis de la télévision, était censé exercer exactement ce type d'effet égalitaire. Il est difficile de concurrencer l'impact de ces médias pour diffuser des produits de grande consommation : toucher un million de clients est aussi bon marché qu'en toucher un seul. Mais si les coûts de l'émetteur et des licences sont fixes, les recettes de la publicité, elles, sont variables. Plus vous touchez de personnes et plus vous gagnez d'argent. Dans la « Petite Tête des grands succès », c'est aussi simple que cela.

La radiodiffusion puis la télédiffusion ont permis à partir du milieu du XXe siècle de présenter tous les jours un spectacle et un journal télévisé dans chaque foyer. Par rapport au théâtre ou au cinéma, ces nouveaux moyens de communication ont eu un extraordinaire pouvoir de démocratisation. Ils ont étendu la Longue Traîne de la demande en information et en spectacles plus que jamais auparavant.

Pour autant, il ne faut pas oublier que les technologies de la radiodiffusion ont, elles aussi, leurs limites. C'est une question de physique : il n'y a de la place que pour un nombre limité de chaînes sur les ondes radio ainsi que sur le réseau câblé. Enfin, la limite la plus patente est celle du temps de diffusion : pas plus de vingt-quatre heures par jour…

Pour le dirigeant d'une chaîne de télévision ou d'une station de radio, ces contraintes ont des conséquences très pratiques. Chaque fréquence, chaque chaîne d'un bouquet câblé a un coût, que ce soit le coût des droits de diffusion et de présence sur le câble ou le coût lié aux exigences des annonceurs. Dans tous les cas, il n'y a qu'une façon de faire du bénéfice (ou au moins de rentrer dans ses frais) : accrocher un public suffisamment important pour profiter au maximum de ce temps d'antenne.

La solution traditionnelle consiste à se concentrer sur les grands succès, qui permettent l'utilisation efficace de canaux de distribution rares en exploitant l'agrégation et la concentration des publics. Mais ils profitent aussi de l'effet de réseau, connu sous le nom de « buzz », ou bouche-à-oreille. Une fois que la publicité a hissé ces produits à un certain niveau de popularité, le bouche-à-oreille peut s'enclencher et les propulser au niveau supérieur et ainsi de suite jusqu'à celui de mégasuccès, s'ils parviennent à faire vibrer une corde sensible dans le public.

Mais comment obtient-on un tube (ou son équivalent dans un autre domaine) ? Au départ, deux possibilités fondamentales : la première consiste à balayer tout le terrain à la recherche de la star inattendue et exceptionnelle, et la seconde consiste à privilégier le plus petit commun dénominateur pour fabriquer de toutes pièces un produit « optimisé ». Vous voyez tout de suite laquelle des deux méthodes est le plus couramment employée.

Le résultat, c'est cette culture du spectacle et des médias obnubilée par les grosses machines, et qui caractérise la seconde moitié du XXe siècle. Elle se définit par :

- la quête désespérée d'articles « taille unique » ;
- la volonté de prédire la demande ;
- l'élimination des « bides » ;
- la restriction des choix.

Umair Haque, qui s'intéresse au fonctionnement économique des médias numériques, parle de l'« attention du consommateur ». Un spectacle de télévision formaté pour un public vaste, mais superficiel, obtient une certaine audience (ainsi que les publicités qui sont diffusées en même temps), mais qui sera d'autant plus vaste qu'il a peu de concurrence à l'antenne, ce qui fut le cas pratiquement durant toute l'histoire de la télévision. Il en va de même pour le cinéma et la radio :

> L'économie du spectacle est régie depuis une centaine d'années par le double principe de rareté en matière de contenu et de distribution et d'abondance sur le plan de

l'attention du consommateur. Faire un film, passer à la radio ou à la télé ou avoir un organe de presse n'était pas à la portée du premier venu. Ceux qui pouvaient s'offrir ce luxe, et qui en profitaient effectivement, avaient les moyens de production dans leur poche. C'était un marché favorable aux vendeurs, qui pouvaient donc se permettre de gaspiller l'attention du public.

Un chiffre résume de façon très éloquente l'encombrement publicitaire aux États-Unis : après la déréglementation du milieu des années 1980, la publicité sur la télévision hertzienne est passée de six minutes et quarante-huit secondes par heure en 1982 à douze minutes et quatre secondes en 2001 (soit une hausse de près de 100 % !) Pourquoi ? Parce que les Américains continuaient de regarder de plus en plus la télévision, malgré la multiplication des spots au détriment du contenu. Pourquoi donc ne pas exploiter le phénomène ? Du point de vue des chaînes de télévision, nous dit Umair Haque, « l'augmentation du temps de publicité était un coût qui serait supporté par l'autre camp sur un marché bipolaire ». Rien d'étonnant si la publicité a pris le dessus.

Les dangers de la culture des hit-parades

Il faut beaucoup de temps pour « désapprendre » les leçons du siècle écoulé en matière de rareté des canaux de distribution. Mais nous avons commencé à le faire avec la première génération qui a grandi avec Internet.

En 2001, la première vague des « indigènes numériques » arrivait à l'âge adulte. Ces jeunes avaient commencé à utiliser Internet dès l'âge de 12 ans et avaient 18 ans en 1995 (l'amorce de la tranche démographique des 18-34 ans de l'agence Nielsen – ardemment convoitée par les publicitaires). On note en particulier que le mâle de l'espèce regardait moins la télévision. Mis devant le choix entre la diversité illimitée, associée à la possibilité d'éviter les pubs sur Internet, et la télévision hertzienne, ils optaient pour la première solution : pour la première fois en cinquante ans, le temps passé devant le petit écran par les 18-34 ans commençait à chuter.

Bien que limitée, la mutation est réelle : le public est en train de migrer vers Internet, où domine la loi de l'économie de niche. Ayant plus de choix, il essaie aussi de prêter son attention à ce qu'il valorise le plus, et il se trouve que sa préférence ne va pas à des produits formatés et truffés de pubs. Selon les mots de Umair Haque, le public commence à recouvrer son attention, ou à tout le moins à y attacher plus d'importance.

La leçon que l'industrie du spectacle doit en tirer est limpide : il faut donner au public ce qu'il veut ; et s'il veut du contenu pour initiés, soit ! De la même façon que nous commençons à mesurer la surtaxe que coûtent un tube ou une star, nous commençons aussi à comprendre que ce nouveau marché est caractérisé par des produits, des acteurs et des motivations d'un type nouveau.

C'est dans la nature humaine que de voir les choses de manière absolue et excessive, en noir et blanc, en réussites ou en échecs, alors que la vie est au contraire désordre, nuances et statistiques. Si nous oublions que la plupart des produits ne sont pas en tête des classements, c'est parce que ceux que nous voyons dans les rayons se vendent effectivement bien, en tout cas comparés à ceux qui n'ont même pas pu prétendre à une place en magasin. Mais la grande majorité des produits commerciaux, de la musique à l'habillement, obtient, dans le meilleur des cas, un succès relativement modeste. La plupart ratent l'examen d'entrée dans la catégorie des grands succès, ce qui ne les empêche pas de continuer d'exister. Pourquoi ? Parce que les lois économiques du best-seller ne sont pas les seules qui fonctionnent. Le mégatube est l'exception et non la règle, et pourtant, nous observons tout un secteur d'activité à travers ce prisme déformant.

Ainsi, les calculs de rentabilité à Hollywood ne sont pas les mêmes que ceux de la vidéo sur Internet, et les ambitions financières de Madonna ne sont pas identiques à celles de Clap Your Hands Say Yeah. Mais lorsque le Congrès américain prolonge de dix ans la durée des droits d'auteur à la demande du lobby Disney, cela revient à favoriser exclusivement la tête de la courbe. Or, ce qui est bon pour Disney n'est pas nécessairement bon pour l'Amérique. Il en va de même pour la législation bridant les technologies qui permettent la copie ou la transmission vidéo de dossiers numériques. L'ennui, c'est que la Longue Traîne n'a pas de lobby : seule la Petite Tête peut faire entendre sa voix.

Voici une liste de quelques pièges que nous tend une mentalité dominée par la rareté :

- Tout le monde veut être une star.
- Tout le monde le fait pour l'argent.
- Si ce n'est pas un tube, c'est un bide.
- La seule réussite valable est le succès de masse.
- « Direct-to-video » = mauvais.
- « Publié à compte d'auteur » = mauvais.
- « Indépendant » = « n'a pas trouvé de contrat ».
- Amateur = pas sérieux.
- Faibles ventes = faible qualité.
- Si c'était bon, ça se saurait.

Et, enfin, l'idée selon laquelle on est surtout menacé par « l'embarras du choix » est une opinion tellement répandue et tellement peu justifiée qu'elle mérite un chapitre à part entière.

10

Le paradis du choix

Bienvenue dans l'ère du choix illimité

En 1978, l'émission humoristique *Saturday Night Live* transmettait un sketch intitulé : « Le magasin de Scotch », dans lequel une boutique d'un centre commercial huppé vendait pour seul et unique produit du ruban adhésif sous toutes ses formes. Le magasin était désert, et ses propriétaires se demandaient pourquoi une offre aussi diversifiée n'attirait personne. Les commerçants étaient dans le noir absolu, et la saynète se délectait de leur manque de discernement : pouvait-on imaginer chose plus absurde qu'un magasin de ruban adhésif ?

Pourtant, en 2004, une boutique qui ne vend effectivement que du riz au lait, proposé en vingt saveurs différentes, s'est ouverte à Manhattan : Rice to Riches (jeu de mots sur l'expression « from rags to riches », soit « passer de la misère à la richesse »). Le concept marche si bien qu'un service de livraison couvrant les États-Unis a été lancé. Dans le même ordre d'idées, la chaîne White House vend exclusivement de l'ameublement blanc. Elle rencontre un tel succès qu'elle s'est adjoint un Black House.

Ce qui était ridicule hier est devenu aujourd'hui une réalité.

Nous assistons à la plus grande explosion de diversité de toute l'Histoire. Vous pouvez en voir les manifestations autour de vous, mais quelques chiffres seront plus parlants. Selon l'agence de publicité OMD, il existe exactement 19 000 variations sur le thème du café Starbucks. Selon les sources de Mintel International's Global New Product, rien qu'en 2003, 26 893 nouveaux produits alimentaires et d'entretien ont été lancés sur le marché, dont 115 déodorants, 187 céréales pour le petit déjeuner et 303 parfums pour dames.

Dans les années 1960, la berline Impala de Chevrolet représentait plus d'un million des huit millions de voitures vendues chaque année aux États-Unis, soit près de 13 % du marché, qui n'offrait pas plus de 40 modèles différents d'automobiles. Aujourd'hui, dans un marché automobile pratiquement multiplié par dix, on dénombre plus de 150 modèles différents (plus de mille si vous y ajoutez les variantes). Moins de dix de ces modèles dépassent les 400 000 unités vendues, soit 1,5 % du marché.

Comment expliquer une telle explosion de la diversité ? La réponse se trouve en partie dans la mondialisation et l'hyperefficacité qu'elle confère aux chaînes d'approvisionnement. Les commerçants d'un pays peuvent désormais s'approvisionner sur un marché à l'échelle de la planète. Le National Bureau of Economic Research estime pour sa part que la diversité des produits a plus que triplé entre 1972 et 2001.

La démographie constitue un autre volet de l'explication. Le magazine *Business Week* la présente comme suit :

> Dans les années 1950 et 1960, le pays était beaucoup plus homogène, non seulement sur le plan ethnique – la grande vague d'immigration hispanique n'avait pas encore commencé – mais également sur le plan des aspirations. L'idéal qui régissait les comportements consistait non seulement à faire aussi bien que le voisin, mais à incarner un

modèle de consommateur : tout le monde devait avoir la même voiture, la même machine à laver la vaisselle, la même tondeuse à gazon. La notion de standing s'est vue redéfinie dans les années 1970 et 1980, à mesure que le niveau de vie s'élevait de façon notable. Nous sommes passés de « Je veux être comme tout le monde » à « Je veux être différent ». Les entreprises se sont lancées dans la course pour satisfaire cette aspiration et ont commencé à transformer la production de masse en « sur-mesure » de masse.

Enfin, il y a le phénomène Longue Traîne. iTunes propose quarante fois plus de choix que Wal-Mart. L'offre de Netflix en DVD est dix-huit fois supérieure à celle de Blockbuster et elle serait encore supérieure s'il existait davantage de DVD. Amazon propose près de quarante fois plus de livres qu'une librairie Borders. Il est impossible de calculer ces rapports pour eBay et consorts d'un côté et un grand magasin classique de l'autre, mais il ne fait aucun doute qu'ils se chiffrent en milliers.

L'embarras du choix ?

L'ère Internet se caractérise essentiellement par le fait que tout est à notre portée. Il y a dix ans encore, il était impossible d'imaginer l'incroyable diversité des produits proposés par les distributeurs en ligne : des millions de produits dans toutes leurs variantes et toutes les combinaisons possibles. Mais avons-nous besoin d'une telle diversité ? Pouvons-nous en tirer parti ?

Cette question revient de plus en plus à mesure que la corne d'abondance prend de l'ampleur. Il est généralement admis que l'augmentation du nombre de choix est positive dans la mesure où cette diversité tient compte des différences entre individus et leur permet de trouver ce qui leur plaît. Mais dans un livre qui a marqué l'année 2004, *Paradox of Choice,* Barry Schwartz avance que l'abondance de choix n'est pas seulement embarrassante, elle est carrément oppressante.

Il cite l'étude « Quand le choix est source de démotivation [1] » sur le comportement des consommateurs en supermarché, qui fait désormais référence. Voici résumées ci-après les grandes lignes de l'article.

Des chercheurs de Columbia et de Stanford ont proposé aux clients d'un magasin d'alimentation un échantillonnage de confitures assorti d'un bon d'achat d'un dollar valable pour l'achat d'un pot. Pendant la moitié de la durée de l'enquête, on proposait six parfums et, le reste du temps, on en proposait vingt-quatre. Aucun échantillonnage ne contenait les saveurs les plus courantes, comme la fraise (pour que le consommateur ne se contente pas de son choix habituel), et les parfums les plus exotiques, comme la crème de citron, étaient également écartés.

Les résultats furent sans équivoque : 30 % des clients qui avaient goûté le petit éventail de choix achetèrent un pot de confitures, contre seulement 3 % des clients qui avaient goûté l'éventail complet. Il est intéressant de noter que l'éventail le plus fourni de parfums attira davantage de personnes – 60 % contre 40 % pour la sélection réduite – mais qu'elles n'achetèrent rien. Plus l'éventail de choix était étendu, moins les clients avaient acheté et moins ils étaient satisfaits de leur achat, quel qu'il fût.

Le client semble avoir été embarrassé, voire oppressé, par cette multiplication de l'offre : pourquoi fallait-il devenir spécialiste *ès* confiture pour faire son choix en toute confiance ? La pléthore des parfums exposés les avait arrachés à leur univers habituel et rassurant en matière de choix de confiture (fraise, myrtille et framboise) en les confrontant à un éventail plus exotique de variétés comme le fruit de la passion ou la rhubarbe. L'indécision et le remords commençaient à parasiter la décision du client. Tout d'un coup, les choses devenaient très compliquées.

Barry Schwartz résume ainsi la conclusion :

> À mesure que les possibilités de choix augmentent, les côtés négatifs de cette profusion commencent à apparaître. Si l'augmentation du nombre de choix s'accentue encore, ses côtés négatifs seront démultipliés jusqu'à nous accabler. À ce stade, le choix n'est plus libérateur ; il devient débilitant. On pourrait même le qualifier de tyrannique.

Barry Schwartz conseille au consommateur d'abandonner la recherche à tout prix du choix optimum et de s'orienter vers une solution de compromis pour se défendre de cette plaie de l'époque moderne. Autrement dit, la satisfaction du consommateur consisterait à se contenter d'un produit facilement accessible au lieu de se torturer à dénicher à toutes fins le meilleur choix possible. (Un plaisantin a remarqué dans une critique du *Paradox of Choice* affichée sur Amazon qu'il a trouvé vingt livres sur le même sujet et que, dans l'incapacité de se décider, il n'a rien acheté.)

Pour ma part, je suis sceptique. Si on ne laisse pas le consommateur choisir, la seule autre solution consisterait à choisir à sa place. Or les connaissances accumulées en matière de commerce de détail depuis un siècle (confirmées par l'histoire des grands magasins soviétiques) nous ont appris que la plupart des consommateurs n'apprécient pas du tout cette seconde solution.

Certes, un large éventail de choix n'a pas toujours que des avantages. Il nous force trop souvent à demander :

« Qu'est-ce que je veux ? », et tout le monde n'est pas naturellement doué pour l'introspection. Pour autant, la solution n'est pas de limiter le choix, mais de hiérarchiser les possibilités pour que choisir ne soit plus oppressant. Comme Barry Schwarz lui-même le fait remarquer : « Un provincial qui débarque à Manhattan est dépassé par toute l'agitation autour de lui. Le New-Yorkais, lui, est si bien adapté à l'hyperstimulation de la ville qu'il ne remarque rien. »

J'ai commencé à douter de l'étude citée par Barry Schwartz un jour où je me suis retrouvé au rayon « confitures » de mon supermarché habituel. Un linéaire de 6 mètres de long présentait la sélection habituelle de confitures aux fraises et aux framboises, flanquées d'autres parfums dont voici un échantillon : crème au citron, menthe dorée, girofle-cannelle-tomate, poire-cannelle, figue-poire, gelée de poivre, myrtille-framboise, abricot-pêche, prune-cerise, fraise-rhubarbe, griotte, figue, fruits rouges, mûres, fruit de la passion, ananas, ananas-papaye, fraise de Guam, cassis, poivron-piment (rouge et vert), rhubarbe, bouton de rose, pomme à la menthe… et ainsi de suite, y compris une déclinaison « light » de plusieurs des parfums déjà cités.

Il n'y avait pas 6 variétés ni 24 : il y en avait plus de 300 ! En tout, le magasin offrait 42 marques, avec une moyenne de 8 parfums par marque. Le directeur m'expliqua que, au cours des cinq années écoulées depuis l'étude sur les confitures, le supermarché avait *grosso modo* doublé son offre en la matière : « Il y a plus de choix disponibles, et les gens semblent aimer essayer les plus exotiques », conclut-il.

La diversité ne suffit pas

J'étais perplexe : soit il y avait une faille dans la méthodologie de l'enquête, soit les propriétaires de supermarchés ignoraient superbement les véritables désirs du consommateur. J'ai donc envoyé un e-mail aux auteurs de l'étude pour leur demander s'ils savaient pourquoi les gens les mieux placés pour connaître les préférences des clients des supermarchés faisaient fi de leurs conclusions.

Il se trouve qu'ils étaient sur le point de publier un article en réponse à cette question. En substance, Sheena Iyengar et ses collaborateurs de Columbia se penchaient sur la problématique suivante : « Savoir ce qui vous plaît ou découvrir ce que vous voulez : comment les objectifs poursuivis pendant le choix influence la satisfaction découlant d'une décision. » Elle concluait :

> Malgré les inconvénients liés à une profusion de possibilités, le consommateur veut des choix, et en abondance. Cependant, ce ne sont pas les possibilités offertes qui lui apportent des avantages ; c'est le fait même de pouvoir choisir. On réaffirme l'importance du choix dès lors qu'on permet à la personne de se considérer comme un sujet doué d'une volonté propre et ayant réussi à définir sa préférence et son choix définitif pendant le processus de sélection. N'oublions pas le récent article de Forbes en faveur du choix : « Offrez au consommateur un choix abondant, mais aidez-le aussi à chercher. » Nous savons désormais comment y parvenir.

La solution proposée consiste à mettre de l'ordre dans l'offre pour aider le consommateur à s'y retrouver. Tournons-nous vers un détaillant en ligne pour comprendre comment cela pourrait se faire.

Il se trouve qu'Amazon vend aussi de la confiture. Pas 6 sortes ni 24, mais 1 200, distribuées par une kyrielle de petits marchands spécialisés qui passent par MarketPlace. Mais la présentation de la diversité en ligne n'a rien à voir avec ce qui se fait dans un magasin traditionnel.

Dans ce dernier, les produits sont alignés en rayon. Si le consommateur ne sait pas ce qu'il veut, il ne peut s'en remettre qu'à la documentation marketing figurant sur l'emballage et à la vague supposition que le produit exposé en plus grand nombre est probablement celui qui plaît le plus.

Sur Internet en revanche, le consommateur reçoit beaucoup plus d'aide. Il existe un nombre pratiquement illimité de techniques pour exploiter l'information latente sur les produits et en faciliter la sélection. Il est possible d'effectuer un tri par prix, par avis des consommateurs, par dates et par genres. Vous pouvez lire les commentaires des clients, comparer les prix et, si vous le souhaitez, aller sur Google pour trouver le maximum de renseignements sur le produit. Les recommandations suggèrent d'autres articles achetés par « des gens comme vous », et il est étonnant de constater qu'ils tapent souvent dans le mille. Même si vous ignorez tout de la catégorie, le classement des meilleures ventes révèle le choix le plus apprécié qui, tout en facilitant la décision, tend à diminuer les regrets du lendemain. Car si tout le monde a choisi un produit donné, il ne peut pas être vraiment mauvais.

Le test sur la confiture avait une faille : la sélection était proposée dans le désordre, toutes les confitures étaient exposées en même temps et les consommateurs n'avaient, pour se guider, que ce qu'ils savaient déjà ou les informations des étiquettes. C'est également là le problème du linéaire de supermarché. Vous ne pouvez vous appuyer que sur l'information sur les marques qui s'est incrustée dans votre cerveau par la force de l'expérience ou de la publicité, les messages marketing de l'emballage et l'emplacement des produits sur le linéaire.

L'essentiel des informations que les détaillants en ligne utilisent pour mettre de l'ordre dans la diversité écrasante de leur offre et faciliter le choix – popularité, prix comparés, critiques – est à la disposition du directeur de supermarché. Mais il les partage rarement avec vous, le consommateur. Pourquoi ? Parce qu'il n'existe pas de bonne façon de le faire, hormis l'installation d'un mini-écran sur chaque étagère. Le paradoxe du choix est une conséquence des limites du monde matériel, où l'information nécessaire pour faire un choix averti se perd en cours de route.

Les idées reçues en la matière étaient donc dans le vrai : plus il y a de choix, mieux ça vaut. Mais nous avons désormais compris que la diversité seule ne suffit pas ; chacun a également besoin d'informations sur cette multiplicité de produits et sur les choix effectués par les autres consommateurs confrontés aux mêmes possibilités. Google montre la voie par sa capacité, confinant à l'omniscience, à ordonner l'infini chaos du web, en affichant en priorité ce que nous y cherchons. Ainsi, le paradoxe du choix découlait davantage de l'indigence de l'aide mise à la disposition du consommateur que d'un rejet de l'abondance comme telle. Tant il est vrai qu'un mauvais classement est inhibant, alors qu'un ordre juste est libérateur.

Virginia Postrel, qui s'intéresse aux aspects économiques de la diversité, explique pourquoi l'importante recherche universitaire sur le sujet semble contredire les leçons tirées de dizaines d'années d'expérience sur le tas :

> Pour des raisons bien étayées sur le plan scientifique, les expériences menées en psychologie occultent systématiquement les habitudes et les pratiques commerciales qui

> facilitent le choix dans la vie réelle, et en particulier les décisions d'achat. C'est parce que ces expériences sont conçues pour comprendre le fonctionnement de l'esprit et non celui du marché […]. En réalité, le choix ne déplaît pas aux gens, fût-il pléthorique. Il leur inspire des sentiments mitigés. Et dans la vie de tous les jours, surtout en situation d'achat, ils sont souvent aidés pour prendre leur décision.

Dans sa chronique du *New York Times,* Virginia Postrel souligne que l'agent immobilier, le conseiller financier, le moteur de recherche et les recommandations sur Amazon fonctionnent de la même façon : « Tous détiennent des informations à la fois sur le client et sur ce qui a de la valeur. Ils ne se contentent pas de limiter les choix qui s'offrent au client. Ils le font avec sagacité, en gardant en tête ce qu'il est le plus susceptible de vouloir. Ils l'aident à être lui-même. »

C'est ce qui explique la multiplication des sociétés d'organisation de mariages, profession qui existait à peine il y a vingt ans. « Dans la mesure où les contraintes de la tradition se sont relâchées, le marché nuptial a connu une prolifération de variantes pour tous les aspects de cette cérémonie : depuis les cartons d'invitation jusqu'aux limousines, les mariages sont devenus de plus en plus complexes et de plus en plus personnalisés », écrit Virginia Postrel. Elle poursuit : « Le nombre des adhérents à l'Association of Bridal Consultants, qui regroupe les professionnels de ce secteur, est passé de 27 en 1981 à 4 000 en 2004. »

John Hagel, consultant en gestion, ajoute : « Plus nous avons de choix, et plus nous devons réfléchir à ce que nous voulons vraiment. Plus nous y réfléchissons, plus nous sommes impliqués dans la création des marchandises que nous achetons et utilisons (à travers le sur-mesure).

Enfin, plus nous participons à la création de produits et de services, et plus nous suscitons de choix. »

La diversité en chiffres

La multiplication des options incite-t-elle le consommateur à acheter davantage ? Tout le monde connaît des cas où une offre plus large et la présence de meilleurs outils de recherche favorisent la consommation. Par exemple, Napster a ranimé mon intérêt pour la découverte de nouveaux groupes de musique, passion à laquelle je m'adonne plus facilement (et légalement) avec Rhapsody, ce qui a probablement doublé le budget que je consacre à la musique. De même, notre foyer regarde probablement plus de DVD grâce à Netflix.

La foule de New-Yorkais arborant les écouteurs blancs écoutent certainement plus de musique qu'avant grâce à l'iPod, qui a amplifié l'effet créé par le Walkman une génération avant. Mais achètent-ils pour autant plus d'enregistrements ? Les chiffres sont malheureusement peu probants. Au printemps 2007, Apple avait vendu 100 millions d'iPods et 2,5 milliards de morceaux de musique sur iTunes, soit en moyenne vingt-cinq morceaux (l'équivalent de moins de trois CD) par iPod en six ans d'existence de sa boutique musicale. Le bilan n'est pas impressionnant.

Depuis le lancement de l'iPod, les ventes de CD ont baissé de près de 20 %. Alors comment le consommateur remplit-il son disque dur portable à haute capacité et sa puce mémoire flash ? Exactement comme on le devinerait : en pompant les CD de ses amis, en téléchargeant à partir de service P2P (dont le trafic continue d'augmenter malgré quelques mesures énergiques de répression) et en les échangeant sur le réseau local des campus.

En effet, on a beau supposer que l'explosion du choix booste les ventes, les chiffres ne sont pas là pour le confirmer, surtout quand il s'agit d'articles produits en grand volume. Les études sur la psychologie du consommateur face aux produits à faible volume donnent pourtant à penser que la diversité est un plus lorsqu'elle traduit des différences importantes : elle améliore simplement les chances de trouver ce que l'on cherche, ou du moins quelque chose qui vous séduise.

Certains travaux montrent, par exemple, que l'introduction d'un ou deux parfums de yaourt supplémentaires stimule effectivement la vente. L'une des meilleures illustrations de la valeur de l'enrichissement de l'offre est un article intitulé « The Lure of Choice [2] » (L'attrait du choix), qui passe en revue des expériences menées dans le secteur bancaire, le marché des boîtes de nuit et celui des casinos, et qui prouvent que le consommateur va où il y a le plus de choix. Le client préfère le cinéma offrant le plus de salles ou le casino qui propose le plus de tables : plus on lui donne de choix et moins il redoute de se retrouver limité à un produit dont il ne veut pas.

De même, Malcolm Gladwell nous décrit la méthode adoptée par les concurrents de la grande marque Ragù pour inventer la sauce idéale pour spaghettis. Ils n'ont pas essayé de battre la marque sur son propre terrain. Ils ont préféré mettre en avant la variété – sauce avec morceaux, faite maison, relevée – et développer le marché par la segmentation et la multiplication des sauces de niche. Grâce en partie à l'introduction d'une plus grande diversité qui a touché chez le consommateur des points sensibles qu'il ignorait lui-même, la sauce spaghetti est désormais l'une des six premières grandes catégories en croissance dans le marché des sauces et vinaigrettes.

Francis Hamit [3], spécialiste du monde de l'édition, explique que le lien entre diversité et volume de consommation relève plutôt d'un arbitrage, conformément au b.a.-ba de l'économie :

> L'un des exemples classiques est la représentation graphique dans un vieux livre d'économie démontrant l'arbitrage entre bombardiers à longue portée et bâtiments scolaires. Dans le premier cas, c'était l'argent qui était la grande contrainte alors que dans le dernier c'est le temps qui comptait. Il faut du temps pour dénicher les articles que vous voulez, et la plupart des gens achètent ceux qu'ils cherchent dès qu'ils les trouvent, plutôt que de repartir à la recherche d'un meilleur prix.
>
> C'est pourquoi les commerçants disposent les articles de petite taille près des caisses : disponibilité et facilité sont synonymes de ventes. Ainsi, les magasins de proximité font l'essentiel de leur chiffre sur le lait, le pain, la bière et les boissons non alcoolisées qu'ils vendent beaucoup plus cher que le supermarché du coin. Ils proposent moins un produit que sa disponibilité immédiate.

Le commerce numérique a un double effet sur ce modèle : il élargit le champ des consommateurs potentiels et raccourcit le temps de recherche. Peu à peu donc, les ventes et la taille même du marché devraient augmenter. Comme nous l'avons vu au chapitre 8, une traîne plus longue peut être également plus étoffée.

11

LES CULTURES DE NICHE

Renouvellement des modes de vie dans le monde des Longues Traînes

Au début des années 1980, en ces temps obscurs qui clôturaient l'ère du disco, une protoculture musicale de Longue Traîne voyait le jour dans un site industriel désaffecté de Chicago. Cinq ans après la sortie de *La Fièvre du samedi soir,* la production en série de rythmes préenregistrés et de R&B – activité dépourvue de risque – était au bout de son rouleau, et les consommateurs ruaient dans les brancards. Ils en avaient assez de ces produits formatés et insipides qui se bornaient à cloner les tubes de l'âge d'or du genre. En guise de protestation, après un match de baseball au stade Comiskey Park de Chicago, les spectateurs avaient brûlé en un immense feu de joie tous les enregistrements de disco dont ils ne voulaient plus, en scandant « Le disco, c'est nul ».

Pourtant, Frankie Knuckles, le DJ attitré du club le Warehouse, faisait quelque chose de tout à fait neuf. Il remixait et mélangeait avec furia différents styles de musique pour créer un morceau inédit. À partir de vieux disques classiques du disco, de la nouvelle pop européenne et des rythmes synthétisés, y compris ceux produits par les boîtes à rythmes, alors une nouveauté, Frankie Knuckles obtenait un mélange de soul recyclée, bourrée d'énergie et de rythmes. Ce nouveau son fut appelé, d'après le nom du club où il avait été créé, la musique house.

Dans *The History of House Sound of Chicago*, Stuart Cosgrove décrit la scène :

> Frankie est plus qu'un DJ. C'est un architecte du son qui a élevé l'art du mix à de nouveaux sommets. Les habitués du Warehouse se souviennent que c'était la boîte la plus cool de Chicago, le centre névralgique et le lieu d'avant-garde de la scène florissante de la dance, où des vieux classiques de Harold Melvin, Billy Paul ou The O'Jays étaient mixés à des succès du disco comme Disco Circus de Martin Circus ou à de la musique pop européenne de groupes électroniques comme Kraftwerk ou Telex.

Ce nouveau son fit des émules dans un autre club de Chicago, le MusicBox, où le DJ Ron Hardy le propulsa à plusieurs échelons au-dessus grâce à un volume assourdissant et à un rythme frénétique, chose que, disait-il, lui avait inspiré son addiction à l'héroïne. Puis, le son house finit par arriver dans le nord de l'Angleterre, où il est devenu la base de ce qui apparaîtrait plus tard comme la scène du *rave*.

Ce qui est remarquable avec l'ascension de la house, c'est que c'était à la fois une réaction contre l'échec de la culture du tube et une culture dynamique à part entière. Les DJ et les clubs inauguraient une culture radicalement différente de la pop musique. Le *clubbing* est en fait une façon de surfer sur la Longue Traîne de la musique de danse, et son écosystème engendre de nouveaux modèles d'innovation.

Pour comprendre le phénomène, retraçons l'ascension de la house. Elle doit son origine à des DJ légendaires comme Larry Levan, qui a su occuper le devant de la scène en tant que DJ attitré du Paradise Garage de New York. À la fin des années 1970, lui et David Mancuso commençaient à enchaîner les disques sur le mode désormais habituel qui fait danser les *clubbers* jusqu'au lever du soleil.

Qu'est-ce qui a permis l'ascension de ces DJ superstars ? En grande partie, le même type de forces qui sont aujourd'hui à l'œuvre. Cela a commencé par la diffusion de technologies bon marché : depuis les tables de mixage jusqu'aux magnétophones à pistes multiples. La première force de la Longue Traîne est donc la démocratisation des outils de production. La technologie de production bon marché a réduit les coûts d'enregistrement en studio et la technologie du *mastering* (travail de l'ingénieur du son) a permis à des centaines de petits labels de faire des disques de façon économique et de les lancer sur le marché. Parmi les labels les plus connus, certains comme West End Records ont pressé des centaines de disques en quelques années.

Conséquence économique de cette démocratisation : l'envolée de la production de disques et le vide d'information les concernant. C'était donc l'occasion que quelqu'un serve de filtre pour aider le consommateur à les dénicher. Mais pour qu'un tel filtre soit efficace, il fallait d'abord que l'accès à ces disques *underground* existe, ce qui nécessitait des canaux de distribution avec une faible barrière à l'entrée. Or c'est exactement ce que proposaient les clubs et les *raves* dans les entrepôts, fournissant ainsi la seconde force indispensable au mouvement : la démocratisation de la distribution.

Les stations de radio grand public sont dominées par les flux d'information à sens unique fournis par les services marketing des labels, qui mettent le paquet sur les titres prometteurs et qui ne découvrent qu'après coup s'ils ont eu raison. Les clubs, eux, bouclent instantanément la boucle de feed-back. En effet, si un DJ passe un morceau qui ne plaît pas, le public montre aussitôt son mécontentement en cessant de danser. Il vote avec ses pieds : sous forme agrégée et de façon décentralisée, il renseigne le DJ sur ses attentes et ses goûts. Le DJ surfe sur la Longue Traîne de la musique et recommande le contenu le plus susceptible de séduire le public, et de lui donner envie de danser.

À mesure que les coûts de fabrication poursuivaient leur dégringolade, la house explosait et se fragmentait en genres hyperpointus comme la *deep house* (c'est la version underground), la *funky house* (plus funky et moins disco) et la *dub house* (avec des sonorités reggae). Dans le fil de cette évolution, un nouveau mécanisme devenait indispensable pour permettre au DJ de s'y retrouver dans une offre d'une complexité déroutante.

Ce mécanisme semble paradoxal vu de l'extérieur. Plusieurs années de suite, les producteurs de house ont lancé des disques sous différents pseudonymes. Pourquoi recourir à un pseudo quand le but est de se vendre ? Car multiplier les alias, c'est en quelque sorte faire de l'« antimarque » ; c'est favoriser un encombrement d'informations qui peut embrouiller le marché.

Pourtant, ce qui compte pour le DJ, c'est le label et non le morceau. Les labels indépendants font office de tag qui indique le microgenre d'un morceau précis. Le label permet au DJ de trouver son morceau vite et à peu de frais pour satisfaire la demande du public. C'est ainsi que les labels jettent les bases d'une agrégation ultérieure et décentralisée de l'information qui se réalise sur la piste de danse.

D'ailleurs, le nom des DJ a cessé de compter à partir d'un certain moment, puisque les labels fournissent désormais l'essentiel de l'information utile. Par exemple, l'important duo berlinois de Moritz Von Oswald et de

Mark Ernestus, plus connu sous le nom de Basic Channel, fait des disques avec ses collaborateurs sous divers noms. Le label Burial Mix est consacré à un style de *dub* (house issue du reggae) aux sonorités sombres enrichies de voix, le « M » se concentre sur une *dub house* instrumentale minimaliste et Rhythm & Sound se voue à une *dub* abstraite marquée par de fortes influences reggae ; enfin, Chain Reaction donne dans une version électronique abstraite instrumentale aux fortes connotations house.

Chacun de ces labels propose des disques d'artistes différents. Multipliez ce phénomène par mille et vous commencez à comprendre la complexité du paysage de la musique house – et pourquoi les tags sont nécessaires. Comme le DJ utilise l'information que véhicule le label en tant que tel, il n'a pas besoin de perdre du temps à écouter chaque morceau édité par Oswald et Ernestus : il suffit de sélectionner les labels qui se rapportent le mieux aux goûts de son public. Voilà un moyen efficace et peu onéreux de surfer sur la Longue Traîne de la house.

Les producteurs de house se fient également aux stratégies des produits en libre accès. Au contraire des majors, qui multiplient les procès pour faire respecter les droits d'auteur, les producteurs de house (et les producteurs *underground* en général) ont compris depuis longtemps que la mise à disposition de leurs morceaux pour des remix et des modifications a des conséquences économiques positives.

Un disque de house qui marche bien attire souvent les remix des autres producteurs, fonctionnant comme une sorte de plate-forme. Comme ces remix sont en général hyperpointus, ils deviennent des compléments du morceau original. Avec la multiplication de ces compléments, le morceau plate-forme décolle véritablement. Cet effet boule de neige est un autre mécanisme qui permet au DJ/agrégateur de naviguer efficacement sur la Longue Traîne de la musique et de découvrir rapidement les morceaux « boules de neige » dans leurs niches respectives.

Vers une culture de choix multiples

La Longue Traîne n'est rien de plus qu'une situation de choix infini. Une distribution abondante et peu chère est synonyme de diversité abondante et peu chère, et elle signifie également que le public tend à être aussi dispersé que le choix. Du point de vue de l'industrie des médias et du loisir grand public, cela ressemble à une bataille entre les médias traditionnels et Internet. Mais le problème est que, une fois que le public commence à s'intéresser au web, il ne se contente pas d'aller d'un média à l'autre, il s'éparpille tout simplement. Un choix infini a donc pour corollaire une fragmentation poussée à l'extrême.

Vin Crosbie, spécialiste des médias qui écrit dans *Corante,* explique pourquoi :

> Tout lecteur, téléspectateur ou amateur de musique est, et a toujours été, un mélange unique de centres d'intérêt généraux et particuliers. Bien que ces personnes puissent partager un intérêt pour des sujets généraux comme la météo, la plupart, sinon toutes, ont des centres d'intérêt très précis. Chaque personne possède des goûts qui forment un ensemble unique de goûts généraux et particuliers. Il y a trente ans de cela, l'Américain moyen n'avait accès à aucun média qui lui convienne sur le registre du particulier : il n'y avait que les mass media, qui répondaient relativement bien à un certain nombre de ses besoins (à savoir ceux de « masse »).

Puis, les technologies des médias ont connu des évolutions qui ont permis de satisfaire le client sur le registre du particulier. Pendant les années 1970, les améliorations de la lithographie offset ont amené une floraison de magazines spécialisés. L'époque où l'on ne trouvait au kiosque à journaux qu'une ou deux douzaines de journaux était révolue ; il y avait désormais des centaines de publications consacrées à des sujets bien précis. La prolifération, en premier lieu, des systèmes de télévision par câble analogique pendant les années 1980, puis numérique dès la fin des années 1990, a porté le nombre moyen de chaînes disponibles en Amérique de 4 à quelques centaines, essentiellement des chaînes spécialisées (Home & Garden TV, le Golf Channel, le Military Channel, etc.). Ensuite, Internet s'est largement diffusé pendant les années 1990 et, de ce fait, l'individu moyen avait rapidement accès à des millions de sites, très spécialisés pour la plupart.

Résultat : de plus en plus de personnes condamnées jusque-là à n'utiliser que les mass media généralistes – les seuls à leur portée – ont été attirées par ces publications, chaînes ou sites web spécialisés. De plus en plus d'entre elles abandonnent actuellement les mass media, et cette tendance gagnera bientôt la majorité de la population. Mais les individus n'ont pas changé : ils ont toujours constitué un ensemble fragmenté. Ce qui change, ce sont leurs habitudes par rapport aux médias. Ils parviennent tout simplement à satisfaire les besoins fragmentés qu'ils ont toujours eus. Il y a autant de fragments qu'il y a de personnes. C'était le cas hier, ce le sera aussi demain.

Ce passage du général au particulier n'annonce ni la fin des rapports de force existants sur le marché ni le triomphe définitif d'une culture de l'amateurisme généralisé dont l'outil principal serait l'ordinateur portable. Il s'agit simplement d'un rééquilibrage de l'équation, le passage d'une époque où il fallait choisir entre deux options – le hit ou la niche (culture de masse contre sous-culture) – à une ère où ces deux options sont réconciliées. Aujourd'hui, notre culture est de plus en plus un mélange de « tête » et de « traîne », de succès pour initiés et de tubes grand public, d'institutions et d'individus, de professionnels et d'amateurs. La culture de masse ne disparaîtra pas, mais elle s'adressera moins aux « masses », tandis que la culture de niche sera moins confinée aux « branchés ».

Les effets de cette mutation se font déjà sentir en musique. Le classique représente 6 % des ventes de CD, ce qui est trop peu pour lui valoir davantage qu'un bac chez Wal-Mart. Mais sur iTunes, où il y a de la place pour une plus grande diversité, il représente 12 % des ventes. De la même façon, les documentaires sont rarement distribués en salles, mais ils constituent l'une des catégories les plus populaires sur Netflix, qui a réalisé près de la moitié des recettes de *Capturing the Friedmans* et de *Murderball.*

La montée en puissance d'une culture massivement parallèle

En juillet 2005, Anil Dash, responsable chez SixApart, fournisseur d'outils de « blogging », a « piraté » le *New York Times* : sur une photo accompagnant un article par ailleurs inoffensif sur les difficultés de modifier les informations que Google donne sur votre personne, il arborait un T-shirt sur lequel était inscrit « GOATSE ». M'émerveillant de ce coup d'éclat délirant, je constatai, abasourdi, que personne de mon équipe ou presque (et apparemment aucun rédacteur du *New York Times*) ne savait ce qu'était GOATSE. (Me voilà contraint de révéler que c'est un site dont la page d'accueil comprend une image choc que des farceurs ont installée afin de faire croire aux bleus que c'est la voie d'accès à une image de quelque chose d'irrésistible, comme une photo de Natalie Portman. Ce n'est pas tant porno qu'extrêmement dégueu.) Et pourtant, beaucoup de mes amis accros du Net y font référence dans leurs écrits, comme à une sorte de blague pour initiés.

Je supposais que GOATSE évoquait quelque chose pour tout le monde ; j'avais tort. Il s'est avéré que seuls certains de mes contacts en ligne étaient au parfum. Je n'avais pas compris que j'appartenais à une sous-culture tribale, mais c'est manifestement le cas, et le fait de connaître GOATSE semble être un de ses codes secrets d'appartenance, chose qu'Anil Dash prouvait en arborant effrontément le mot sur son T-shirt.

Je décidai donc de tester d'autres pierres de touche culturelles pour voir si elles étaient aussi universelles que je le pensais. Je commençai par essayer quelques clichés de mon petit monde Internet auprès de mes amis du monde réel : « All your base are belong to us », « More cowbell », « I for one welcome our new overlords », et ainsi de suite [1]. Il se trouve que ces bribes de culture que je croyais universelles sont en fait assez confidentielles, même dans mon propre bureau. En faisant un sondage informel à une journée de relations publiques où je prenais la parole, j'ai découvert que 10 % environ du public en avait entendu parler, et pour chaque phrase il s'agissait de 10 % différents.

Si vous cherchez sur Wikipédia l'article concernant les phénomènes Internet, vous découvrirez des centaines de ces « mèmes » viraux (un mème étant un élément de la culture en vigueur : concept, information, attitude, ritournelle…). En voici dix, parmi les plus célèbres (bien que certains commencent à faire un peu datés). Desquels avez-vous entendu parler ?

- Ellen Feiss.
- The Star War Kid.
- Dancing Baby.
- Bert is Evil.
- Bonzai Kitten.
- Tourist Guy.
- MC Hawking.
- 1337.
- Subservient Chicken.
- First Post.

Qu'est-ce que cela prouve ? Cela prouve que ma tribu n'est pas toujours la vôtre, même si nous travaillons ensemble, jouons ensemble ou partageons par ailleurs le même monde. Même si on dort dans le même lit, on fait des rêves différents.

Les forces motrices de la Longue Traîne, qui amènent l'explosion de la diversité et l'abondance des choix en matière de contenu consommable, ont aussi tendance à nous entraîner dans un maelström de tribus. Quand la culture de masse s'effondre, elle ne se reconstitue pas sous forme d'une nouvelle culture de masse. Elle se transforme en millions de microcultures qui coexistent et interagissent de façon déconcertante.

Il est fini le temps où l'on pouvait considérer la culture comme une seule grande couverture. C'est aujourd'hui une superposition de fils tissés : chacun d'eux est identifiable, et chacun relie simultanément différents groupes de personnes.

Pour résumer, nous sommes témoins du passage de la culture de masse à une culture « massivement parallèle ». Que nous en ayons conscience ou non, chacun d'entre nous appartient simultanément à de nombreuses tribus différentes qui peuvent se recouper (le fana de l'ordi et celui des Lego) ou pas (tennis et punk-funk). Nous avons certains centres d'intérêt, mais pas tous, en commun avec nos collègues et d'autres avec notre famille. De plus en plus, il existe d'autres personnes avec qui nous pouvons les partager, des gens que nous n'avons jamais rencontrés ni même considérés comme des individus (par exemple, les auteurs de blogs ou les créateurs de *playlists*).

Chacun d'entre nous, aussi grand public que nous pensions être, est « niche » pour certains aspects de sa vie. Par exemple, je suis plutôt « grand public » dans mes goûts cinématographiques, moins pour ce qui concerne la musique et très « niche » par rapport à mes lectures, qui portent essentiellement sur l'économie Internet (c'est la faute de ce livre). De plus, là où nos centres d'intérêt deviennent très pointus, nous allons plus loin que nous ne l'aurions fait naguère : grâce à l'abondance du choix, nous laissons notre enthousiasme nous guider dans les arcanes de l'œnologie ou de la bijouterie ancienne.

Virginia Postrel [2] a remarqué que l'explosion de la diversité ne reflète rien de plus que la diversité inhérente à toute distribution de population :

> Les caractéristiques de l'individu, sa taille, sa morphologie, sa couleur, voire ses préférences sexuelles et ses dons intellectuels, montrent une diversité énorme. La plupart des gens sont situés autour de la moyenne pour la majorité de ces distributions statistiques. Mais il existe aussi de nombreuses courbes en forme de cloche, et chacun ou presque se trouve sur la traîne de l'une d'entre elles au moins. Qui collectionne des souvenirs étranges, qui lit des livres ésotériques, qui a des croyances religieuses peu courantes ou porte des chaussures de taille inhabituelle, qui souffre d'une maladie rare ou apprécie des films inconnus.

C'est le cas depuis toujours, mais c'est seulement aujourd'hui qu'il est possible d'en tirer les conséquences. La prolifération actuelle des cultures de niche va remodeler le paysage social. Des milliers de tribus se composent, se décomposent et se recomposent, moins au gré de la proximité géographique ou des bavardages sur le lieu de travail qu'en fonction de centres d'intérêt communs. Autrement dit, nous quittons l'ère de la machine à café où la vaste majorité des gens écoutait, regardait et lisait des contenus provenant d'un corpus relativement limité. Nous entrons dans l'ère de la microculture, où tout le monde s'intéresse à des choses différentes.

En 1958, le sociologue Raymond Williams écrivait dans *Culture and Society* : « Les masses n'existent pas ; il n'existe que des façons de considérer les personnes comme les masses. » Il ne croyait pas si bien dire.

La presse à l'ère de la Longue Traîne…

À quoi ressemblera cette culture de niche ? Les mass media peuvent nous donner une première idée de cette mutation. Le secteur de l'information a été le premier à sentir l'influence d'Internet, et il existe aujourd'hui toute une génération qui a grandi avec la possibilité d'avoir des nouvelles à la demande, sur n'importe quel sujet et gratuitement. C'est peut-être positif pour l'accro de l'information, mais c'est un cauchemar pour la profession. Le déclin des quotidiens, dont il ne reste plus qu'un tiers par rapport à l'âge d'or de la presse au milieu des années 1980, est la preuve la plus concrète de l'effet perturbateur exercé par la Longue Traîne sur les secteurs d'activité les plus confortablement installés.

Naguère, la presse tirait son pouvoir de sa maîtrise des outils de production. Comme on le disait : « Mieux vaut ne pas s'en prendre à quelqu'un qui achète l'encre en tonneau. » Mais à partir des années 1990, les informations ont commencé à déferler sur les écrans et plus seulement sur du papier journal salissant. Tout d'un coup, quiconque disposant d'un ordinateur portable et d'une connexion Internet était investi du pouvoir de la presse.

Les premiers à profiter de la situation furent les journaux et d'autres entreprises de médias traditionnels. Mais à mesure qu'augmentait le nombre de personnes qui créaient leur page d'accueil puis leur blog, la frontière entre journalisme professionnel et reportage amateur devenait plus difficile à établir. Dans les domaines qui les intéressent personnellement, les blogueurs en savent souvent autant si ce n'est plus que les journalistes ; ils écrivent aussi bien et sont beaucoup plus rapides. Parfois, du fait qu'ils sont partie prenante et pas seulement observateurs, ils ont un meilleur accès à l'information que les professionnels.

Richard Posner, éminent magistrat et chercheur juridique, pense qu'il s'agit d'une redistribution des cartes comme on n'en rencontre qu'une fois dans sa vie. Dans le supplément littéraire du *New York Times*, il faisait remarquer (peut-être avec une pointe d'ironie) que, pratiquement sans aucuns frais, un blogueur peut atteindre un lectorat plus large qu'un journal ou qu'une chaîne de télévision d'information. En effet, les blogs attirent progressivement les clients de la presse grand public en mettant en avant un centre d'intérêt pour initiés, là où leurs précurseurs des médias vieille école visaient la masse :

> Le blogueur peut atteindre un niveau de spécialisation dans une matière précise qui serait impossible pour le journaliste des médias, puisque plus les journalistes sont

spécialisés, plus l'entreprise doit en embaucher pour couvrir tous les sujets. Un journal ne va pas recruter un journaliste pour ses connaissances sur les machines à écrire, mais un grand nombre de personnes dans la blogosphère ont ce type de savoir ésotérique, et ce sont elles qui ont causé la perte de Dan Rather (grand présentateur du journal télévisé).

Ce qui reste en travers de la gorge des journalistes traditionnels est que, même si les blogs personnels ne donnent aucune garantie de précision, la blogosphère dans son ensemble dispose d'un système de rectification supérieure à celle des médias. La rapidité avec laquelle des masses d'informations sont rassemblées et triées dépasse de loin celle des médias établis. Non seulement existe-t-il des millions de blogs et des milliers de blogueurs spécialisés mais, pour couronner le tout, les lecteurs affichent des commentaires qui enrichissent les blogs, et l'information qu'ils contiennent, comme les blogs eux-mêmes, circule dans tout l'univers du blog à la vitesse de la transmission électronique.

La blogosphère dispose de plus de « freins et de contrepoids » que les médias, mais ils sont de nature différente. Elle cadre avec l'analyse classique de Friedrich Hayek, qui montre que le marché rassemble efficacement d'énormes quantités d'informations malgré son caractère décentralisé, son absence de coordinateur ou de régulateur et la connaissance très limitée de ses participants. La blogosphère est en substance une entreprise collective : il ne s'agit pas de 12 millions d'entreprises distinctes, mais d'une entreprise de 12 millions de reporters, chroniqueurs et éditorialistes non rémunérés. C'est comme si The Associated Press ou Reuters avaient à leur disposition des millions de journalistes, dont beaucoup d'experts qui travailleraient tous gratuitement pour des journaux sans publicité.

Pour voir ce système à l'œuvre, considérons le classement des sites web (mesurés par le nombre de liens) établi par Technorati, et qui comprend à la fois les blogs et les médias grand public :

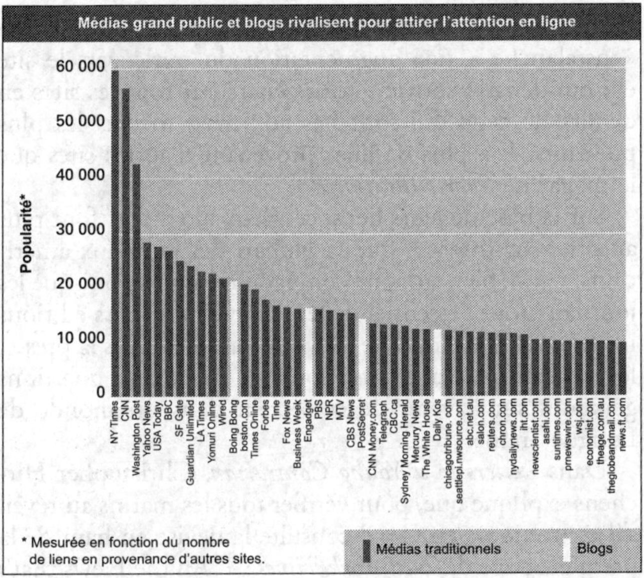

Source : Technorati.

Prenons une seule de ces colonnes blanches : Daily Kos (la quatrième). Il s'agit d'un site politique de gauche piloté essentiellement en solo par Markos Moulitsas Zuniga, militant à Berkeley. Il totalise plus de liens que le *Chicago Tribune* et près d'un million de visiteurs par jour. Si nous descendons encore un peu plus la courbe (au rang 65, qui est légèrement en dehors de la page), nous trouvons le blog personnel de Glenn Reynolds, professeur de droit de 47 ans à l'université de Tennessee qui, pendant ses pauses au travail, affiche des articles sur différents sujets de fond, que ce soient les idées libertaires ou les nanotechnologies. Intelligent, rapide, capable d'avancer des opinions tranchées, il bénéficie d'une grande popularité. Et cette popularité lui donne de l'influence. S'il indique un lien, il génère souvent une « instalanche », une augmentation du trafic vers le site élu qui dépasse souvent celui généré par tous les sites en dehors de ceux qui sont liés aux mass medias les plus puissants. Il a plus de liens provenant d'autres sites que le magazine *Sports Illustrated.*

Sur la base de leurs liens, ces deux blogueurs font plus autorité sur Internet que la plupart des journaux américains. C'est, bien sûr, une comparaison injuste puisque les journaux font l'essentiel de leur activité *via* leurs éditions imprimées. Il n'empêche : si vous travaillez dans la presse, le classement ci-dessus soulève quelques questions gênantes sur l'avenir de ce secteur dans un monde de Longue Traîne.

Dans *Letters to a Young Contrarian,* Christopher Hitchens explique que, pour vérifier tous les matins au réveil s'il est toujours en vie, il consulte la devise en haut de la première page du *New York Times* : « "All the News that's Fit to Print" (toutes le nouvelles dignes d'être imprimées), voilà ce que ce quotidien prestigieux affiche depuis des décennies, jour après jour. J'imagine que la plupart de ses lecteurs ont cessé depuis longtemps de remarquer la bannière qui annonce son état d'esprit. Pour ma part, je vérifie moi-même tous les jours qu'il continue de m'énerver. Non, mais est-ce qu'ils se moquent de moi ? Et d'ailleurs, que diable veulent-ils dire, à moins que cette devise ne soit d'une suffisance, d'une prétention et d'une rigidité aussi patentes qu'il n'y paraît ? Si je suis encore capable de me poser ces questions, je sais au moins que je suis toujours en vie. »

La devise du *Times* date de la fin du XIXe siècle. En 1897, Adolph Ochs, le nouveau propriétaire du journal, l'avait conçue comme un coup de griffe à ses concurrents de New York, connus à l'époque pour donner dans le sensationnalisme. Le sens de sa démarche d'alors n'est plus compris aujourd'hui, et la formule semble arrogante et suffisante.

Y eut-il jamais une époque où ce slogan était vrai ? Probablement pas, et ce n'est certainement pas le cas aujourd'hui. Comme Jerry Seinfeld le dit en plaisantant : « Il est étonnant de constater que le nombre d'événements qui se produisent chaque jour dans le monde correspond toujours exactement à la taille d'un journal. »

La réalité, indépendamment de sa devise, est que le *New York Times* a désormais pour concurrents non seulement les autres journaux de New York et d'ailleurs, mais aussi les idées et les informations mises en commun par tous les internautes. L'autorité n'existe que dans l'esprit de celui qui la respecte, elle ne constitue pas un caractère intrinsèque de l'institution qui prétend l'incarner. Que les rédacteurs du *Times* s'en tirent aussi bien, qu'ils continuent d'informer et de donner le ton malgré tout, est entièrement à leur honneur. Mais il est incontestable que les journalistes n'ont plus l'apanage de l'information.

Gageons que certains des quelque 15 millions de blogueurs recensés ont quelque chose d'important et d'intelligent à dire, et que ce sera de plus en plus vrai. Qui plus est, avec l'amélioration de nos filtres, cette probabilité augmentera encore. Du point de vue des médias grand public, cela signifie plus de concurrence, quelle qu'en soit l'origine. Et certains publics préféreront qu'il en soit ainsi. Que cela nous plaise ou non, la fragmentation est inévitable.

Un million de petits morceaux

La fragmentation donne-t-elle une culture meilleure ou pire ? Beaucoup croient que la culture de masse fonctionne comme un ciment qui maintient la cohérence de la société. Mais si chacun d'entre nous se met à faire son truc dans son coin, s'agit-il toujours d'une culture commune ? Nos centres d'intérêt sont-ils toujours en phase avec ceux de nos voisins ?

Cass Sunstein, professeur de droit à l'université de Chicago, avance dans son livre *Republic.com* que les risques de voir la culture Internet favoriser la polarisation sociale sont réels : « L'univers des communications étant de plus en plus personnalisé, la société est menacée de fragmentation et les communautés de décomposition. » Il évoque le célèbre *Daily Me*, version extrême du journal personnalisé imaginé par Nicholas Negroponte du Media Lab du MIT. Selon Cass Sunstein, un monde où chacun lit son *Daily Me* est un monde où « vous n'êtes pas nécessairement confronté à des sujets de discussion ou à des avis que vous n'avez pas sollicités. Rien ne s'oppose à ce que vous voyiez exclusivement ce que vous voulez, ni plus, ni moins ».

Christine Rosen, du Ethics and Public Policy Center, partage cette préoccupation. Dans un texte publié dans *The New Atlantis*, elle écrit :

> Si ces technologies facilitent la polarisation en politique, quelle influence exercent-elles sur l'art, la littérature et la musique ? Dans notre hâte d'obtenir ce que nous voulons par le moyen le plus rapide, le plus pratique et le plus facilement personnalisable, sommes-nous en train de créer des théâtres personnels éclectiques ou de simples caisses de résonance ? Sommes-nous en train de promouvoir un individualisme rétréci ou créatif ? Une diversification des choix ou un étiolement du goût ?

Selon Christine Rosen, ces technologies ont pour effet l'ascension de l'« ego-casting », la poursuite profondément individualiste et étriquée des goûts personnels de chacun. La TiVo, l'iPod et les contenus hyperciblés de toutes sortes permettent à l'individu d'élaborer son propre « récit culturel », tendance négative :

> En nous donnant l'illusion d'un pouvoir absolu, ces technologies risquent de nous interdire la moindre surprise. Elles favorisent non pas le développement du goût, mais la répétition engourdissante d'une manie. Esclaves de notre petit monde personnel produit par les nouvelles technologies, nous avons, paradoxalement, de plus en plus de mal à apprécier l'originalité authentique.

Pour ma part, je doute que Christine Rosen ait raison. Il me semble même que ce soit exactement le contraire. Un univers composé de niches est certes un univers où règne l'abondance du choix, mais les recommandations et autres filtres qui sont apparus pour nous aider à nous y retrouver encouragent l'exploration au lieu de l'inhiber. Nous téléchargeons sur nos iPods les morceaux de musique que nos amis nous donnent, les sites d'enregistrement de films nous conseillent sans cesse des films qui pourraient nous plaire sur la base des choix d'autres utilisateurs. Les chiffres de Netflix démontrent que, lorsque les clients ont à leur disposition des dizaines de milliers de films, ils ne se contentent pas d'explorer, par exemple, la niche du documentaire sur la Seconde Guerre mondiale sans jamais s'en écarter. Ils deviennent au contraire très éclectiques dans leurs goûts : ils explorent les classiques pendant un mois, puis ils passent le mois suivant par une phase SF.

En attendant, il s'avère que la blogosphère est le plus grand vecteur de voix nouvelles jamais inventé. La création de liens vers des idées et des informations de valeur, qu'elles soient d'origine professionnelle ou amateur, est un formidable moteur de diversité. Le principal risque qui guette les blogs est la multiplicité des liens à suivre et non leur rareté. Celui qui utilise Internet pour s'informer sans élargir son horizon culturel a trouvé un recoin particulièrement pauvre de la blogosphère, ou alors il a besoin d'un cours de remise à niveau en matière de liens hypertexte.

Dans la mesure où rien ne fait autorité sur le web, il ne tient qu'à vous de consulter suffisamment de sources pour vous faire votre opinion. C'est la fin des orthodoxies imposées et des institutions infaillibles, et la montée en puissance de mosaïques foisonnantes d'information qui exigent – et récompensent – la recherche. Les années 1960 nous avaient appris à contester l'autorité, mais elles ne nous avaient pas donné les outils pour le faire. Aujourd'hui, ces outils sont à notre disposition. La question est de savoir comment les utiliser le mieux possible sans nous empêtrer dans l'incertitude.

La société qui se pose des questions et qui a la capacité d'y répondre est fondamentalement une société plus saine que celle qui se contente d'accepter les oukases d'une poignée de spécialistes et d'institutions. Si l'appartenance à une profession n'est plus une garantie d'autorité, nous devons inventer nos propres étalons pour évaluer la qualité. Ce qui nous pousse à penser par nous-mêmes. Le but de Wikipédia est de fournir un point de départ pour explorer un sujet ; ce n'est pas de clore le débat.

C'est la fin de la passivité. Si vous réfléchissez bien, tout le monde à l'âge d'or de la télévision hertzienne regardait peut-être la même émission, mais le plus souvent de manière solitaire. À présent que nous sommes connectés sur Internet, nos activités sont diversifiées, mais nous avons plus de chances de rencontrer d'autres personnes, que ce soit en lisant leurs textes, en chattant ou en suivant leur exemple. Ce que nous avons perdu en culture collective, nous l'avons compensé par la possibilité de faire la jonction avec plus de monde.

Aujourd'hui, ce n'est pas tant la fragmentation qui guette la société que sa recomposition selon des critères différents. Nos machines à café sont de plus en plus virtuelles, et les gens qui s'y retrouvent le font par choix. Au lieu des liens distendus créés autour de centres d'intérêt qui coïncident superficiellement dans le cadre de la culture de masse, nous pouvons tisser désormais des liens plus forts avec autant de personnes, si ce n'est plus, qui sont passionnées par les mêmes sujets, aussi confidentiels qu'ils soient.

Même si le déclin des institutions culturelles de masse peut transformer certaines personnes en simples caisses de résonance pour les opinions proches des leurs, je soupçonne que, avec le temps, la force de la curiosité, couplée à l'accès pratiquement illimité à l'information, poussera la plupart des gens à s'ouvrir davantage et non le contraire.

Si l'existence des mégahits semble aller de soi, c'était, nous l'avons vu, un sous-produit des technologies de l'information de la fin du XXe siècle. Hier locale, la culture se fondera demain sur les affinités et se démultipliera massivement en cultures parallèles. La culture de masse peut s'estomper, une communauté de culture demeurera. Nous continuerons de partager notre culture avec d'autres, mais pas avec tout le monde.

12

DES ÉCRANS À L'INFINI

L'après-télévision

> La télévision n'est pas vulgaire, obscène et bête parce que les individus qui en constituent le public seraient vulgaires et bêtes. La télévision est ce qu'elle est simplement parce que les individus se ressemblent beaucoup dans leur vulgarité, leur obscénité et leur bêtise alors que leurs goûts raffinés, esthétiques et nobles les différencient.
>
> David Foster Wallace

Nul n'avait imaginé que la télévision aurait un jour son visage actuel. Le 15 octobre 2005, huit mois après sa création, une jeune entreprise appelée YouTube a dévoilé l'exemple même d'un marché de Longue Traîne pour les images animées. Peut-être les contenus de la télévision en réseau sont-ils beaucoup plus nombreux dans le catalogue bien rangé d'iTunes, la boutique vidéo d'Apple, mais n'importe qui peut télécharger ses vidéos gratuitement vers YouTube, où tout un chacun pourra aussitôt les voir d'un simple clic sur une grosse touche de lecture.

Comme il se doit, le résultat a été anarchique : on y trouve toutes sortes de choses dans un désordre presque total, des publicités interdites aux vidéos de nouveau-nés.

Mais c'est aussi une fenêtre ouverte sur un monde d'infinie variété, où vidéos commerciales et vidéos d'amateurs se trouvent en compétition directe – souvent à l'avantage des secondes.

On peut le constater à tout moment sur la page d'accueil de YouTube, qui signale les vidéos les plus regardées du moment. Dans ses rangées de vignettes, on trouve des extraits d'émissions commerciales (du *Colbert Report* aux bourdes de Britney Spears) mélangées avec de courts morceaux montrant des chiens fous, des publicités hilarantes et une pieuvre qui mange un requin (étonnant spectacle, d'ailleurs). Et cela continue sur la page suivante, puis sur la suivante, et plus loin aussi : chutes de snowboard, chansons comiques et amateurs de jeux vidéo très, très doués.

Au printemps 2006, 100 000 vidéos étaient téléchargées quotidiennement vers YouTube, et les utilisateurs regardaient chaque jour dans les 100 millions de clips, sur le site lui-même ou par l'intermédiaire de lecteurs YouTube « encastrés » dans des sites tiers tels que des blogs. Soit cinq millions d'heures de spectacle par jour, ce qui conférait à YouTube une audience comparable à celle d'une chaîne de télévision de taille moyenne. Il n'est pas étonnant que Google ait acheté la société fin 2006 moyennant 1,65 milliard de dollars. Aujourd'hui, Google Video et YouTube sont devenus le canal de distribution privilégié non seulement pour la Longue Traîne des producteurs de contenus, mais aussi pour les studios et les réseaux désireux de toucher un nouveau public.

Les chaînes peuvent utiliser Google Video comme vitrine pour leurs archives ou simplement pour les *teasers* de leurs prochaines émissions. La diaspora indienne s'en sert déjà pour visionner des émissions en hindi uniquement accessibles dans le sous-continent (légalité suspecte). Le réalisateur indépendant peut découvrir s'il existe des amateurs désireux de débourser 12 dollars (ou 3 dollars, prix du forfait d'une journée) pour regarder ses chefs-d'œuvre. Désormais, ne pas trouver de distributeur n'est plus une excuse pour rester ignoré.

Mais Microsoft, Yahoo !, AOL et une kyrielle d'autres ont mis en place leur propre marché de vidéos. Les plus importants de ces sites rivalisent déjà avec la télévision grand public : en taux d'écoute des clips musicaux, Yahoo ! se situerait entre MTV et VH1. Il y a plus de monde pour regarder les extraits les plus appréciés de Jon Stewart en ligne que son émission en direct à la télévision. Des émissions vidéo en ligne très appréciées comme *Tiki Bar TV* attirent plusieurs centaines de milliers de personnes par jour, ce qui, en matière d'audience, les met à égalité avec les émissions de télévision par câble ayant un bon taux d'écoute.

Au moment de la rédaction de ce livre, 215 000 foyers regardaient quotidiennement *The Abrams Report* (émission d'information grand public) sur MSNBC, qui dispose d'un budget de plusieurs millions de dollars et d'une équipe de dizaines de collaborateurs. Or, pendant la même période, 200 000 foyers regardaient tous les jours sur Internet *Rocketboom*, émission comique émule du *Daily Show* et réalisée par deux personnes avec pour seuls coûts quelques bandes vidéo, deux spots d'éclairage et une carte des États-Unis en toile de fond. Aujourd'hui, *Rocketboom* vend de la publicité et a gagné 40 000 dollars au cours de sa première semaine pour des annonces de trente-cinq secondes. Les chaînes de télévision font assurément plus de recettes, mais elles tueraient père et mère pour avoir de telles marges.

À l'été 2006, ABC a d'ailleurs embauché Amanda Congdon, présentatrice et copropriétaire de *Rocketboom*.

Cette situation était prévisible depuis une dizaine d'années, mais il a fallu la généralisation du haut débit pour qu'elle se concrétise. Cette génération, qui a grandi en ligne et a pris l'habitude de consommer des médias dans le paradis haut débit des campus américains, est aujourd'hui parfaitement contente de regarder des vidéos sur un écran d'ordinateur. Pourtant, ce sera de moins en moins nécessaire. Car l'explosion de la mise en réseau du logement amène le haut débit dans le salon, et les enregistreurs TiVo ou autres appareils numériques ainsi que les consoles de jeu vidéo comme la Xbox 360 peuvent transmettre des contenus Internet sur des postes de télévision ordinaires.

Rien n'est plus facile que de prendre de haut le bric-à-brac désordonné proposé sur YouTube et de démontrer qu'il ne soutient pas la comparaison avec *Les Sopranos*. Après tout, la distribution n'est pas la seule barrière qui assure l'accès à la diffusion à la télévision : les coûts de production sont également un obstacle. Il faut plus qu'une caméra pour produire *Les Experts,* et seul un média grand public a les moyens de produire des séries aussi sophistiquées que *Lost.* Mais il existe aussi un public pour des produits moins élaborés et meilleur marché que les programmes de la télévision traditionnelle. Il ne s'agit pas simplement d'émissions du genre *Vidéo gag,* mais aussi de matchs locaux et de sujets spécialisés, de publicités sympas que vous avez envie de regarder et de discours prononcés à des congrès auxquels vous auriez aimé assister.

Le blogueur Thomas Hawk explique :

> Si j'apprécie *Les Experts* mais que pendant mes loisirs je suis un fan de parapente, je finirai par abandonner *Les Experts* si une plate-forme spécialisée diffuse le championnat de Californie de parapente.

Si aujourd'hui je regarde une chaîne de télévision mais que je m'intéresse davantage aux livres de Hunter S. Thompson qu'aux programmes de télévision et que ma plate-forme hyperspécialisée me propose une conférence de mon auteur préféré à l'université du Wyoming, je finirai par la regarder et je laisserai tomber *Les Experts*.

Si j'ai seize ans et que mon groupe préféré ne fasse pas partie des Top 10 mais que ce soit le dernier groupe de skate punk, alors ce type de contenu peut facilement être créé et transmis sur ma plate-forme spécialisée et m'intéressera davantage que *American Idol* (la version française étant *La Nouvelle Star*).

Aujourd'hui, l'indice d'écoute des téléspectateurs masculins de 18 à 34 ans, la tranche démographique la plus courtisée par les publicitaires, plafonne et commence à décliner au profit d'Internet et des jeux vidéo. Le temps d'écoute global de la télévision demeure certes important, et l'heure n'est pas encore à la panique dans le monde de la radio et télédiffusion. Mais le jour où Internet se posera en véritable rival de la télévision n'est plus loin. La question est de savoir ce qu'il est possible d'y faire.

Une traîne de marché à occuper

Quand vous pianotez sur la télécommande pour passer en revue les centaines de chaînes numériques, la télévision semble incarner la liberté sans bornes. Et pourtant : ce qui apparaît comme un choix inouï est en réalité une très mince portion de l'univers de l'image. Le fonctionnement actuel des chaînes récompense surtout la programmation ciblée susceptible d'occuper une fenêtre hebdomadaire 24 heures sur 24, tous les jours de l'année.

Ainsi, la DIY (chaîne consacrée au bricolage) et la chaîne d'histoire en langue espagnole y parviennent, mais pas Halo 2 Physics ou Cool Robots. Vous pensez que vous n'allez pas en mourir… Mais qu'en est-il de la super-saison de l'an passé de *Project Runway* sur la chaîne Bravo (« Projet haute couture » en France), que vous avez effacée depuis longtemps sur votre enregistreur numérique pour faire de la place ou que vous n'aviez jamais enregistrée ?

Aujourd'hui, tant l'organisation de l'univers télévisuel autour des chaînes que la nature éphémère de la télévision sont la conséquence des goulots d'étranglement de la diffusion par câble. La télévision reste à l'ère de l'espace limité de linéaire, alors que les leçons de la Longue Traîne nous indiquent que « plus » est toujours « mieux ». La croissance de capacité du câble depuis dix ans semble bien pauvre à côté de l'augmentation de l'offre en vidéo au cours de la même période et de la taille des micropublics potentiels pour tout et n'importe quoi. Les enregistreurs numériques ont peut-être été utiles en commençant par éliminer de l'équation la tyrannie du temps, mais nous sommes encore loin du modèle d'iTunes, qui permet de télécharger toute la production existante.

De tout le secteur traditionnel des mass media, la télévision est aujourd'hui celui qui a le plus de chances d'être transformé par les forces de Longue Traîne. Voici pourquoi :

- La télévision produit plus de contenus qu'aucun autre média ou secteur du loisir [1]. On estime que la production de contenus pour la télévision s'élève bon an mal an à 31 millions d'heures. Ces chiffres ne sont pas aussi importants que pour la radio, mais comme la plupart des contenus radio sont composés de bavardages ou de musiques enregistrées disponibles partout ailleurs, ces médias ne sont pas dans la même catégorie. De plus, on vend chaque année 115 millions de cassettes d'enregistrement numérique pour caméscopes. Le volume de vidéo produit chaque année est ahurissant, mais…

• … seule une infime fraction de ce volume est à la disposition du public américain. D'abord, le foyer moyen peut capter une centaine de chaînes de télévision. Même si cela paraît énorme – cela représente 876 000 heures de diffusion par foyer –, c'est toutefois moins de 10 % du total des vidéos diffusées aux États-Unis par an (si on compte les 400 chaînes et plus diffusées par satellite, les réseaux numériques et toutes les chaînes locales du pays). Encore pis, à moins que ce foyer ne soit équipé d'un enregistreur numérique (et seuls 15 % environ des foyers américains sont dans ce cas) et que l'un de ses membres ne consacre une bonne partie de son temps libre à éplucher les listes pour le programmer, cette famille va rater pratiquement toute cette production. Or ce qui est raté la première fois l'est généralement pour toujours, car seule une infime partie des émissions est reprise par plusieurs chaînes, et une partie encore plus infime sort en DVD.

• Ainsi, la quantité de contenus produits par rapport aux contenus disponibles est plus importante que dans tout autre secteur. D'autres secteurs produisent peut-être davantage de volume – par exemple l'édition –, mais il est beaucoup plus facile d'y accéder (voir Google). Seule la télévision traite son contenu de qualité comme quelque chose de « jetable ». Une grande partie l'est effectivement, mais le volume des contenus bons à jeter est certainement moins important que le volume qui disparaît après un bref passage sur les ondes.

• Les gens intelligents et capables de réfléchir aux moyens de sortir la télévision de cette ornière ne manquent pas. Mais ce n'est pas facile. Tout d'abord, la plupart des chaînes distribuent des contenus sous licence, elles n'en sont pas propriétaires. Ce qui signifie qu'elles n'ont pas d'archives en propre à exploiter.

Mais même celles qui possèdent effectivement des contenus ont un mal fou à commercialiser des vidéos par des voies non prévues à l'époque de leur première diffusion sur les ondes. Le copyright est un véritable sac de nœuds que les accords régionaux exclusifs de distribution (qui vont à l'encontre de la nature planétaire d'Internet) et les possibilités de syndication (distribution sur plusieurs chaînes) ne font qu'aggraver. Et puis, il y a la musique qui accompagne l'image, et qui est un cauchemar. Vous voulez savoir pourquoi les vieux épisodes de *WKRP in Cincinnati* ne sont pas sortis en DVD ? Parce que cette sitcom était tournée dans une station de radio où des classiques du rock étaient diffusés constamment en arrière-fond. Les droits d'auteur sur ces morceaux sont trop onéreux et trop compliqués à libérer. D'autres séries télévisées comme *Marié, deux enfants* sont vendues en DVD avec une musique différente de celle de leur diffusion à la télévision, au grand dam de leurs fans.

La télévision sans le téléviseur

Il existe un autre type de vidéos, celles qui étaient conçues dès le départ pour être distribuées sur Internet.

Fruit de la diffusion des caméscopes numériques et des logiciels d'animation, ces vidéos ne posent pas de tels casse-tête juridiques. Créées exprès pour être visionnées en ligne, elles constituent déjà le vivier de programmation le plus riche et le plus dynamique de l'ère posttélévisuelle.

Prenons par exemple « Barrio305 », service disponible exclusivement sur le web et consacré aux vidéos de usique de *reggaeton* (genre musical chanté en espagnol, issu du reggae et influencé par le hip-hop), aux interviews et à la culture latino. Noah Otalvaro, son cofondateur, le décrit ainsi : « Pensez à MTV [...] mais en espanglais. » Chaque jour, ce service permet à 5 000 utilisateurs différents de lire en continu 50 000 minutes de vidéos. C'est peu par rapport aux normes de la télévision (le *reggaeton* ne s'adresse pas à un vaste public), mais c'est la manière dont « Barrio305 » a pu s'imposer qui doit retenir notre intérêt.

Le site est construit sur une « plate-forme » de distribution vidéo créée par Brightcove. Cela signifie qu'Otalvaro et ses potes n'ont pas eu à installer un système pour diffuser leurs vidéos : ils se contentent de poster la vidéo comme un blog, puis Brightcove s'occupe de la distribution. Mieux, si les autres sites veulent utiliser le contenu de « Barrio305 », ils peuvent copier simplement un code HTML sur leur page et le mettre à la disposition de leurs utilisateurs pour la lecture en continu. Notons que « Barrio305 » empoche les recettes publicitaires dégagées par cette expansion de son audience.

Jeremy Allaire, fondateur de Brightcove, explique le fonctionnement :

> De même que le consommateur s'est précipité sur Internet malgré les ratés des modems bas débit et toutes ces

pages web indigentes, de même il se précipitera sur ce nouveau média qui lui donne un pouvoir qu'aucune autre entreprise ou industrie ne peut égaler. Il finira pas oublier que la programmation de films vidéo passait par une boîte noire connectée à son petit écran, et il jouira du même niveau de liberté qu'il a en consommant et en utilisant le texte web sur n'importe quel pc.

Qui plus est, les économies d'échelle et la portée colossale qu'Internet permet déjà gagneront la production vidéo, où la production et l'autodistribution d'un programme vidéo demandent aussi peu d'efforts que la production d'un site web et où des millions de nouveaux producteurs et programmeurs ont déjà vu le jour [2].

Ou, comme le résume Gregg Spiradellis, cofondateur de JibJab, site d'animation immensément populaire : « C'est le public qui fait la chaîne. »

Plus vite, plus court, plus petit

Au premier coup d'œil sur le contenu de Google Video ou de « Barrio305 », ce que l'on remarque, à part la présentation à peu près dépourvue de raffinement, est que l'essentiel des vidéos durent trois minutes ou moins. Ce n'est pas une durée très courante à la télévision, où domine la tranche horaire de trente minutes (ou de vingt-deux minutes si l'on retire les publicités). Nous avons affaire ici à un phénomène nouveau qui se situe à mi-chemin entre regarder passivement la télévision et surfer sur Internet de façon interactive.

À bien y réfléchir, la demi-heure n'a rien de magique : elle est simplement un moyen facile de découper un programme en segments qui commencent et se terminent à l'heure pile. En dehors de la grille horaire, les divertissements et les informations ont toutes sortes de longueurs, depuis le clip de trente secondes jusqu'au concert de trois heures. La demi-heure ne possède pas de mérite intrinsèque.

À l'instar de beaucoup d'autres conventions que nous acceptons aujourd'hui comme des choix culturels, la rigidité qui limite la durée des vidéos à des multiples de trente minutes est en réalité la conséquence d'une distribution inefficace. Cette convention s'estompera peut-être un jour et sera remplacée par un éventail de longueurs plus naturelles et mieux adaptées à la diversité de capacité d'attention des individus et au type de contenu, et non à la facilité de la programmation des chaînes ou aux priorités des annonceurs.

C'est là encore un exemple des implications parfois surprenantes du passage de la rareté à l'abondance dans le domaine de la distribution ; cela nous montre aussi à quel point l'esprit de rareté est inscrit dans notre culture. L'avènement de la vidéo haut débit et l'affranchissement par rapport aux exigences de la programmation fixe auront pour effet de diminuer la longueur moyenne des programmes. Tout d'un coup, il sera question de nos désirs et non de ceux des chaînes de distribution.

De même, la montée en puissance de la vidéo mobile, qui commence avec l'iPod et les téléphones portables à écran vidéo, s'accompagnera de la production de contenus « petit format » destinés à être visionnés pendant des temps morts, dans les transports en commun, en attendant un ami, pendant les pauses au travail. Le sport pourrait notamment connaître des dizaines de nouveaux découpages qui permettraient de visionner un match entier, les moments forts, les mi-temps clés, les tirs au but, les deux dernières minutes et ainsi de suite.

Je soupçonne que l'émission de trente minutes est à la télévision ce que le quotidien est à l'information : un format né de la pénurie des moyens de distribution qui appartient aujourd'hui au passé. Le public se tournera tantôt vers des contenus plus brefs pour des raisons de facilité et de divertissement, tantôt vers des contenus plus longs pour trouver des sources d'enrichissement. Une solution arbitraire de compromis ne tiendra pas la route.

Hollywood@home

La Longue Traîne va aussi transformer le cinéma, qui a déjà été secoué par des mutations profondes. Un passage majeur entre la culture de masse et la culture de niche est survenu justement au début des années 1980 avec l'introduction du magnétoscope et, plus important encore, avec la prolifération des magasins de location de cassettes vidéo. Auparavant, l'éventail cinématographique à la portée de l'Américain moyen au cours d'une soirée lambda se limitait aux trois ou quatre films diffusés sur les chaînes de télévision, plus ceux qui étaient à l'affiche dans les salles de cinéma de sa localité.

L'avènement de la location vidéo a littéralement mis des milliers de films à la disposition du consommateur tous les soirs. Du coup, le secteur du cinéma, régi jusque-là par le principe « push », qui fait la part belle à l'offre (que ce soit sur les ondes ou dans la salle de cinéma locale), a dû s'adapter au principe « pull », où c'est la demande qui tire l'activité. Le consommateur se trouvait soudain investi du pouvoir de convoquer chez lui des films avec un niveau de fantaisie et de liberté que, quelques années auparavant, Walt Disney lui-même aurait été incapable d'imaginer.

Cette colossale explosion du choix s'accompagnait d'un changement majeur sur le plan de la tarification.

Alors que naguère on prenait comme référence un spectateur = un billet, vous aviez désormais le moyen de montrer un film à autant de personnes que votre maison pouvait en accueillir, le tout pour un prix infime. Les majors d'Hollywood, qui ont longtemps honni et refusé cette transition, ont fini par l'accepter de mauvais gré et même par l'utiliser au mieux de leurs intérêts. (Que l'on se souvienne des premières tentatives de vente de films au détail pour 70 à 80 dollars, prix calculé en fonction de la dépense qu'une famille moyenne serait prétendument prête à consentir pour voir son film préféré deux ou trois fois en salle.)

Rob Reid, fondateur de Listen.com, site pionnier de musique numérique, analyse les conséquences économiques de cette mutation :

> Au début des années 1980, le progrès technologique a fait basculer la logique du choix d'un film, auparavant centrée sur la soirée à l'extérieur, vers la soirée passée à la maison – situation qui exigeait de façon criante la « libération » d'un vaste éventail de films pour satisfaire cette nouvelle demande. La soirée à la maison est une soirée à budget réduit, mais qu'est-ce qu'il y en a !
>
> Au départ, les gens de Hollywood étaient convaincus qu'il était contraire aux habitudes américaines qu'une famille de cinq personnes dépense au total moins de 20 dollars pour voir un film de son choix (par opposition à un film choisi par une chaîne, qui était bien entendu gratuit, du moins si vous estimez que trente ou quarante minutes de publicité sont supportables sans dommage pour votre cerveau). Résultat, les studios ont cru (à tort, comme il s'est révélé) qu'il faut définir la tarification et les marges au niveau micro en établissant une stricte correspondance entre le consommateur individuel et le prix de l'accès à un article donné, au lieu d'envisager la quantité brute de temps et d'argent qu'il consacre globalement à leurs produits [3].

Autrement dit, les studios considéraient avec horreur la perspective qu'une famille de cinq personnes (en fait, quatre – souvenez-vous, c'était les années 1980) qui avait payé 20 dollars pour voir *ET L'Extraterrestre* au cinéma ne lâcherait jamais 20 dollars pour la location du même film. Ils rataient deux éléments de l'équation. D'abord, le temps et l'argent consacrés par une famille au cinéma étaient de toute évidence condamnés à exploser quand cette famille pourrait avoir accès à n'importe quel film de son choix, au lieu de devoir se limiter aux sorties du mois. Le second élément négligé, moins évident, était que le total des bénéfices générés par *ET* allait aussi exploser puisque le film toucherait des millions de personnes qui n'auraient pas dépensé 20 dollars pour le voir en salle, mais qui étaient parfaitement disposées à débourser, disons, 2,95 dollars.

Le magnétoscope et le magasin de location de cassettes vidéo annonçaient l'ère du choix illimité. Ces magasins multipliaient par cent la sélection disponible de films, n'importe quel samedi soir. La télévision par câble a aussi multiplié par cent le choix de films, et aujourd'hui Netflix le multiplie par mille. Quant à Internet, il le multipliera par un facteur d'un gigamilliard.

Chaque fois qu'une nouvelle technologie permet une augmentation de l'offre, que ce soit le magnétoscope ou Internet, le consommateur la réclame à cor et à cri. Car ce que nous voulons en fin de compte, c'est la possibilité de choisir. Et c'est apparemment ce que nous avons toujours voulu.

13

AU-DELÀ DU DIVERTISSEMENT

Jusqu'où la révolution de niche peut-elle aller ?

Dans ce chapitre, je présente cinq exemples de Longue Traîne hors du monde des médias et du divertissement. Ils vont de la fabrication aux services et ils illustrent les principes de la Longue Traîne dans des secteurs qui constituent l'essentiel de l'économie mondiale.

eBay

Moins de dix ans après avoir démarré pour voir si Internet pouvait surpasser les brocantes amateurs dans la vente d'objets usagés, eBay est devenu un véritable phénomène. Tous les jours, 60 millions d'utilisateurs actifs vendent ou achètent plus de 30 millions d'articles, faisant d'eBay l'un des plus importants distributeurs du monde – avec un montant total de transactions de plus de 100 millions de dollars par jour. Mais il y a une énorme différence entre eBay et Wal-Mart, qui affiche à peu près le même volume des ventes. La plupart des articles proposés sur eBay ne se trouvent pas sur les linéaires des grandes enseignes traditionnelles, et la plupart des vendeurs ne sont pas des distributeurs traditionnels.

C'est tout le contraire : eBay est à la fois la Longue Traîne des produits et la Longue Traîne des commerçants. C'est un marché classique créé par l'utilisateur, dans lequel eBay a pour simple rôle de faciliter les transactions. Ce site exploite presque toutes les méthodes Longue Traîne, et a diversifié l'offre à un point inconcevable avant Internet. À l'instar de la plate-forme Marketplace d'Amazon, eBay fonctionne sur le principe du stockage distribué et se contente de fournir un site web sur lequel acheteurs et vendeurs se contactent et s'accordent sur un prix (la moitié du temps par le biais du système d'enchères propre à eBay et l'autre moitié par un prix imposé, dit « Achat immédiat »). Résultat, ses coûts de stockage sont nuls. Ce n'est pas aussi facile que de brancher l'ordinateur et d'attendre que l'argent rentre, mais ce n'est pas loin de ça.

eBay est aussi un modèle en self-service : chaque vendeur crée sa liste de produits et se charge de leur emballage et de leur expédition. Ce haut lieu des enchères en ligne a réussi de la sorte à bâtir un immense commerce avec un effectif extraordinairement restreint. Il génère environ 5 millions de dollars de chiffre d'affaires par salarié, près de trente fois plus que chez Wal-Mart. Enfin, il propose des filtres, essentiellement des outils de recherche et de classification à plusieurs niveaux, pour aider l'acheteur à trouver son bonheur.

Ce modèle a démontré son efficacité pour une gamme de produits qui dépasse toutes les attentes. Aux États-Unis, eBay est désormais plus qu'un vide-grenier à l'échelle du pays. C'est aussi le plus important distributeur de voitures d'occasion et de pièces détachées, et il se classe sur les rangs des plus gros détaillants de matériel de sport et des plus grands distributeurs d'ordinateurs. Avec l'achat de Half.com (articles en surstock) et de

Shopping.com (supermarché en ligne d'articles neufs), eBay couvre désormais toute la longueur de la traîne en vendant autant les grands succès de la tête que les articles les plus spécialisés, voire des pièces uniques.

Selon une enquête réalisée par ACNielsen en 2005, plus de 724 000 Américains citent eBay comme leur première ou leur deuxième source de revenus. Au Royaume-Uni, plus de 68 000 entreprises artisanales, depuis l'atelier de CD à l'atelier de sculpteur, s'appuient sur le site pour au moins un quart de leur chiffre d'affaires, nous apprend Nielsen. Les entreprises qui vendent sur eBay emploient en moyenne neuf salariés, et près de la moitié d'entre elles réalisent plus des trois quarts de leur chiffre d'affaires grâce au site. eBay, c'est le *nec plus ultra* en matière d'agrégation des petites entreprises.

Mais ce n'est pas un marché Longue Traîne parfait, comme une équipe d'étudiants de la Stanford Business School et moi-même l'avons rapidement découvert en travaillant sur le sujet. Nous nous sommes notamment demandé pourquoi eBay ne proposait pas, à la manière d'Amazon, des recommandations, des critiques de produits, un classement par prix, par évaluations et d'autres filtres affinés. La réponse a quelque chose d'étonnant : la direction d'eBay ne sait pas toujours ce qui est vendu sur son site.

Elle connaît vendeurs et acheteurs, mais comme ce sont les vendeurs qui créent leurs listes de produits et que chacun décrit les siennes à sa guise, il n'existe pas d'équivalent de l'unité de stockage standard (une référence unique par produit) que les détaillants utilisent pour garder trace de leurs stocks (CD et voitures font exception puisque, dans ces deux types d'articles, eBay encourage les vendeurs à utiliser les catégories et les classifications officielles). Sans cette information sur le produit, eBay ne peut proposer pratiquement aucun des filtres, comme les moteurs de recommandation, qui orientent aussi efficacement la demande chez d'autres distributeurs Longue Traîne. Comme les vendeurs décrivent leurs produits de façon très hétéroclite, y compris en les orthographiant incorrectement, il est souvent difficile pour l'acheteur de savoir s'il a effectivement trouvé l'article convoité.

C'est là une faiblesse de taille pour cette place de marché par ailleurs époustouflante. L'essentiel du commerce sur eBay n'est pas le fait de grands-mères qui vendent des nounours en peluche : il est assuré par près de 400 000 petits et moyens commerçants du monde entier qui utilisent eBay comme vitrine. Mais la plupart d'entre eux disposent en même temps de leur propre site web. C'est ainsi que Froogle (rejeton de Google), Yahoo ! Shopping et autres agrégateurs trouvent des moyens de plus en plus intelligents pour amener ces centaines de milliers de vendeurs à leur fournir l'information dont ils ont besoin pour créer un marché virtuel doté des clés de comparaison qu'eBay laisse de côté. eBay a donc un gros défi à relever. S'il veut conserver son avance sur ses concurrents, il devra proposer lui aussi des filtres au client pour l'aider à trouver ce qu'il recherche et à acheter en confiance. Cela veut dire pouvoir faire confiance non seulement à l'acheteur, mais aussi au produit.

KitchenAid

Vous l'ignorez peut-être, mais les robots de cuisine KitchenAid ont une Longue Traîne qui est constituée par sa gamme de couleurs. Cette marque, connue pour la fabrication de matériel de cuisine haut de gamme, l'est encore plus pour la richesse de son nuancier. KitchenAid est l'une des autorités qui font la loi en matière de couleurs.

Dans une grande chaîne de distribution comme Target (But en France), on trouve en général trois couleurs de robots KitchenAid : blanc, noir et une autre couleur. Cette autre couleur est souvent originale, par exemple bleu cobalt, et KitchenAid l'a négociée avec le distributeur en contrepartie d'un espace d'exposition supplémentaire : il n'expose pas deux robots mais trois. Ce minuscule élargissement de l'éventail permet à KitchenAid non seulement de se distinguer des autres fabricants de robots et d'augmenter ses ventes, mais aussi de stimuler la vente du blanc. Pourquoi ? Vraisemblablement parce que cette touche de couleur attire le client dans les rayons d'électroménager et la gamme de couleurs confère à la marque une originalité très appréciée. Une fois attirés par la diversité des couleurs, beaucoup de clients se rendent compte, après réflexion, qu'ils préfèrent tout de même le blanc classique et intemporel, et c'est ce qu'ils achètent.

Jusque-là, tout va bien. Mais quelle troisième couleur le distributeur doit-il choisir ? Et quelles couleurs le fabricant doit-il proposer ? KitchenAid dispose, bien sûr, d'une équipe de coloristes et d'autres spécialistes qui décident mais, comme c'est le cas avec d'autres « préfiltres », l'intuition joue ici un rôle non négligeable. Par ailleurs, une fois les décisions prises et le produit exposé en rayon, il est difficile de savoir pourquoi il se vend ou ne se vend pas, étant donné l'interaction entre plusieurs variables telles que les conditions d'exposition ou les offres concurrentes. Il y a peu de temps encore, la situation se résumait comme suit : KitchenAid proposait au distributeur un échantillonnage, mais le consommateur ne pouvait choisir qu'entre les six ou sept nuances acceptées par le distributeur.

C'est alors que KitchenAid a décidé de proposer toute sa palette en ligne : plus de cinquante coloris entre ses différents modèles. Si vous voulez acheter un robot sur Amazon ou sur KitchenAid.com, il suffit désormais de consulter le menu des couleurs, qui intègre les plus courantes, mais aussi les plus hardies qui ne se trouvent que sur le web : pistache, mandarine, bordeaux, lie-de-vin, bleu cristal, Sienne, citron et autres.

Le plus intéressant, c'est que le client qui se voit proposer une gamme de cinquante coloris différents ne se limite plus aux dix premiers disponibles chez le distributeur classique. En effet, une Longue Traîne se constitue. Bien sûr, le noir et le blanc ont encore les faveurs des consommateurs, tout comme la plupart des couleurs qui se trouvent en magasin. Mais toutes les autres se vendent également, sans exception. Et tous les ans, on découvre dans la liste des dix meilleures ventes une couleur sur laquelle personne n'aurait parié.

En 2005, cette couleur était le mandarine. Aucun distributeur traditionnel ne l'avait sélectionnée et, pour être honnête, il faut reconnaître que KitchenAid se demande encore pourquoi elle a tellement plu. Les objets vus sur le plateau d'émissions de télévision à grande écoute, le choix des créateurs de tendance comme Martha Stewart, ou simplement les variations saisonnières aléatoires influencent la mode en matière de couleurs. Mais avant de proposer en ligne sa palette complète de nuances, KitchenAid ne pouvait pas savoir s'il existait ou non une demande latente non encore exploitée.

Lego

Si les Lego se limitent dans votre esprit aux cadeaux d'anniversaire pour enfants et aux étagères des magasins de jouets, alors vous ne connaissez que la moitié de l'activité de cette entreprise. L'autre moitié s'adresse aux fans, que ce soient des enfants désirant plus que les sets commercialisés ou les adultes qui fabriquent leurs prototypes avec les briques.

Lego a un service de vente par correspondance qui a démarré comme un catalogue traditionnel VPC et qui, aujourd'hui, fonctionne de plus en plus à partir de son site web. Le magasin de jouets classique propose en moyenne quelques dizaines de références. Sur le site de Lego, vous en trouvez près d'un millier, depuis les sachets de tuiles jusqu'aux boîtes comme l'« Étoile Noire » à 300 dollars. Pour mesurer la différence entre l'offre Lego en ligne et celle du commerçant traditionnel, il faut consulter ses listes des meilleures ventes. Seuls quelques-uns de ces produits sont disponibles dans le commerce, comme le « Sandcrawler » de *Star Wars* à 140 dollars ou un grand sac de figurines pour 43 dollars.

Une parenthèse s'impose pour mettre en lumière les conséquences Longue Traîne de ce phénomène. Au moins 90 % des produits Lego ne sont pas disponibles dans le commerce. Ils ne sont vendus que sur catalogue ou en ligne, où les faibles coûts de stockage et de distribution favorisent les produits de niche. Cette activité « hors magasin » de l'entreprise représente de 10 à 15 % de son chiffre d'affaires global (1,1 milliard de dollars). Mais surtout, elle dégage des marges plus élevées que les produits vendus dans des chaînes comme Toys « R » Us, puisque le fabricant ne doit pas partager les recettes avec un distributeur. Et comme son magasin virtuel peut proposer des produits pour tous les fans, depuis les enfants jusqu'aux adultes (pas seulement la tranche d'âge « idéale » des garçons de neuf ans), l'éventail des prix peut se déployer d'autant : depuis les briques à 1 dollar jusqu'aux boîtes de vaisseaux spatiaux de *Star Wars* à 300 dollars.

Si les Lego sont votre passion, vous vous affiliez au club Brickmaster pour 40 dollars par an, ce qui vous vaut un abonnement à un magazine proposant de nombreux projets à bricoler vous-même, l'expédition de cinq sets en exclusivité, plus un billet d'entrée à LEGOland. C'est ainsi que Lego parvient à segmenter sa clientèle, de l'amateur occasionnel au fanatique, et à dépasser la logique taille unique du commerce traditionnel.

Si vous êtes arrivé à ce stade, il est temps de prendre au sérieux vos propres créations. Depuis longtemps, Lego propose en ligne des outils pour favoriser l'échange de modèles et autres productions collaboratives entre pairs. En 2000, le projet « My Own Creation » (Ma création perso) a donné lieu au concours du meilleur modèle créé par des utilisateurs. Le lauréat fut un atelier de forgeron que Lego commercialiserait pendant un moment sous licence. Ensuite, Lego Mosaic a permis aux utilisateurs de téléverser des images qui étaient ensuite converties en plans de briques Lego en 2D et téléchargeables par tout le monde.

En 2005, Lego lançait un projet de production participative encore plus ambitieux, la Lego Factory. Cet atelier virtuel vous permet de télécharger un logiciel pour dessiner vos modèles, puis de les téléverser sur le site Lego. Une semaine après environ, vous recevez un set comprenant toutes les briques et pièces nécessaires à la réalisation de votre modèle dans une boîte ornée d'une image de celui-ci. Ce qui est particulièrement sympa, c'est que d'autres peuvent également acheter votre set, et un choix intéressant de modèles créés par les utilisateurs est proposé à la vente. Plus de 100 000 modèles ont été dessinés de cette manière, et certains parmi les meilleurs sont vendus sous la marque Lego, qui verse même des droits d'auteur modestes au créateur.

Cependant, tout n'est pas parfait au pays de la Factory. Pour génial que soit le sur-mesure de masse, la liberté absolue proposée aux amateurs devient rapidement mission impossible lorsque vous avez 7 000 pièces différentes en 75 couleurs (cela fait plus d'un demi-million de permutations possibles). Lego a donc trouvé deux moyens de limiter le choix. D'abord, chaque modèle ne peut être construit qu'à partir d'une seule palette de briques, comme « pièces pour voitures ». Ensuite, comme ces pièces se présentent dans des sachets préconditionnés contenant un nombre fixe de briques, vous en recevez plus que nécessaire. Si vous n'êtes pas attentif, un véhicule simple qui serait proposé à moins de 10 dollars en magasin risque de vous coûter 100 dollars à la Lego Factory, uniquement parce que ces sachets sont mal conçus.

Heureusement, il est possible de contourner le problème. Les fans ont mis sur pied une base de données répertoriant le contenu des sachets de chaque registre. Ils ont également créé un logiciel qui permet aux amateurs d'utiliser ces sachets plus efficacement et qui leur épargne l'achat d'un sachet de briques hors de prix quand il ne leur en faut qu'une seule. Que Lego encourage cette pratique est tout à son honneur. Mais comme l'exercice demeure trop complexe et trop contraignant pour la plupart des gens (moi y compris), Lego envisage d'améliorer l'expérience en lançant un logiciel de design plus facile à utiliser.

J'ai demandé à Michael McNally, directeur de la marque chez Lego, s'il connaissait une entreprise comparable à la sienne pour ce qui est d'approvisionner des marchés de niche et de favoriser la production collaborative entre pairs. Chose intéressante, il a cité iTunes d'Apple. iTunes vous laisse télécharger des morceaux, pas seulement des albums. Vous pouvez aussi composer vos listes personnelles et les partager avec d'autres utilisateurs, ce qui rappelle la création d'un Lego à partir de pièces standard : « Ce qu'iTunes fait pour la musique, Lego Factory le fait pour les gens qui aiment construire », dit Michael McNally. Bienvenue dans la Longue Traîne des briques de plastique.

Salesforce.com

Au nouvel an 2005, Mark Benioff se trouvait dans une situation délicate. Son entreprise, Salesforce.com, avait adopté une approche novatrice dans l'univers par ailleurs ennuyeux du logiciel pour commerciaux. Au lieu de vendre son progiciel de gestion des contacts sous forme de disques à installer sur l'ordinateur du client, comme c'était la pratique chez ses concurrents, il l'installa sur ses propres serveurs et en proposait l'accès aux clients pour le prix d'un abonnement *via* un navigateur Internet classique. Cela revenait dans les faits à transformer un logiciel en service, solution particulièrement attrayante pour les petites et moyennes entreprises redoutant les galères liées à la maintenance. Le résultat ne se fit pas attendre : en 2005, l'entreprise de Mark Benioff avait pris une telle ampleur qu'elle avait attiré l'attention de grandes pointures du secteur du logiciel comme Oracle et SAP, qui se préparaient à égaler son offre… et à l'enfoncer.

La défense normale eût consisté à ajouter de nouvelles fonctionnalités à l'offre de Salesforce.com pour soutenir la comparaison avec ses gros concurrents. Ce fut d'ailleurs la stratégie initiale de Mark Benioff. Mais il comprit par la suite qu'il existait une autre possibilité d'expansion. L'offre de logiciels en ligne pouvait aussi permettre à des centaines de petits développeurs, dont beaucoup se trouvent dans des pays à faibles coûts comme l'Inde, d'atteindre ces mêmes clients. La plupart des entreprises détestent travailler avec les petits développeurs de crainte que leurs logiciels ne buggent, que le support technique ne laisse à désirer ou encore qu'ils ne soient incapables d'évoluer. En protégeant ses abonnés des complexités de l'installation et de la maintenance, et en leur proposant à la place un service à distance *via* un navigateur web, Mark Benioff avait également mis sur pied une plate-forme permettant à d'autres d'offrir le même service.

Il n'avait fait qu'appliquer la théorie de la Longue Traîne au marché des logiciels. Et il s'y prêtait remarquablement bien. Comme d'autres secteurs, celui du logiciel comprend une tête et une traîne : Microsoft occupe la tête et les millions de programmeurs individuels, dont beaucoup sont installés en Inde ou en Chine, occupent la traîne. Au milieu, se situe une multitude de petits groupes de développeurs qui, pour la plupart, ont peu de moyens pour gagner des clients dans le monde entier. Mais nous avons toujours affaire à une distribution qui se concentre en tête de la courbe : le quasi-monopole de Microsoft est le dernier marché dominé par les grosses machines.

Cependant, comme les médias et le divertissement, l'industrie du logiciel est actuellement travaillée par trois forces qui changent peu à peu la donne. Le coût de développement des logiciels a énormément diminué avec la diffusion de PC surpuissants, et il dégringole d'autant plus vite qu'Internet met désormais à la disposition du monde entier les millions de programmeurs bourrés de talent et bon marché que comptent l'Inde et la Chine. Le coût de livraison d'un logiciel est également en chute libre depuis que le CD-ROM a commencé à céder le pas aux téléchargements. Enfin, le coût de la recherche du logiciel le mieux adapté à vos besoins précis n'a jamais été aussi faible, grâce aux vastes groupes d'utilisateurs en ligne qui, collectivement, apportent bien plus en matière de recommandations (et d'assistance technique) que les meilleurs consultants, qui vendent leurs services à prix d'or. La capacité d'offrir un logiciel *via* un navigateur web qui fonctionne à distance et qui est sans risque pour votre ordinateur a encore fait baisser tous ces coûts, à la fois réels et psychologiques.

Certes, il y a toujours eu de la place pour des logiciels de niche, à commencer par les partagiciels vendus en ligne et les logiciels de démonstration. Mais ce marché n'était pas important, surtout à cause des inconvénients inévitables – risques, complexités, normes – de tout produit qui tourne sur un PC et doit fonctionner avec son système d'exploitation. La formule de logiciel hébergé permet de contourner ces inconvénients, du fait qu'elle laisse aux professionnels le soin de s'en occuper et qu'elle se sert du navigateur comme interface universelle et comme bouclier contre le système d'exploitation.

Fin 2005, Salesforce était le premier à lancer un logiciel de marché Longue Traîne sur sa plate-forme. Des développeurs tiers pouvaient dès lors écrire une application ciblée (sur l'évaluation des résultats ou le recrutement, par exemple) et la faire tourner sur les serveurs de Salesforce tout en s'intégrant avec ses autres logiciels. L'équipe de Mark Benioff escomptait que des centaines, voire des milliers, de petits développeurs répondraient à ses clients ayant les besoins les plus pointus, ce qui permettrait à Salesforce de se concentrer sur la clientèle « courante ». Autrement dit, la traîne renforcerait la tête. Dès le début de 2006, il y avait plus de 200 applications sur le marché et Mark Benioff confirma que la forme des courbes de vente correspondait aux prévisions : « Même moi, j'étais étonné ; c'est une Longue Traîne parfaite ! Un cas d'école ! »

SAP lui a emboîté le pas en lançant sa propre plate-forme en ligne, tout comme de nombreuses autres petites entreprises dotées d'un modèle similaire. On y retrouve tous les critères de la Longue Traîne. Ces entreprises rassemblent les logiciels de niche sur leur plate-forme et fournissent les filtres (qui vont des listes des meilleures ventes dans chaque catégorie jusqu'aux critiques d'utilisateurs). Cela permet aux utilisateurs d'explorer en toute confiance la traîne des applications de niche pour trouver celle qui répond mieux à leurs besoins que les logiciels taille unique qui ont dominé le marché jusqu'à présent. Ce modèle établit parfaitement le lien entre la tête et la traîne.

Il est trop tôt pour prédire le succès de ces marchés de logiciels, mais ils démontrent une fois de plus l'énorme impact de la baisse des coûts de l'exploitation des niches. Comme le dit Joe Kraus, directeur général de JotSpot (autre entreprise de logiciels qui essaie d'appliquer cette stratégie) : « Jusqu'à présent, nous nous sommes concentrés sur des dizaines de marchés composés de millions, au lieu de nous intéresser à des millions de marchés composés de dizaines. » À l'instar d'un nombre croissant de personnes, Joe Kraus mise désormais sur cette dernière catégorie.

Google

Le marché traditionnel de la publicité vit essentiellement des best-sellers, les coûts élevés de cette activité obligeant à privilégier les plus gros vendeurs et les plus gros acheteurs. Par exemple, un annonceur comme General Motors doté d'un budget marketing donné désigne une agence pour créer une campagne, puis il confie à un acheteur d'espace publicitaire la tâche de placer ses annonces à la télévision, à la radio, dans la presse et sur Internet.

Cependant, à l'autre bout de la chaîne, les médias qui vivent de la pub ont aussi leur force de vente qui démarche inlassablement les annonceurs et les acheteurs d'espace. Si tout se passe bien, des millions de dollars changent de mains. Tout cela exige un travail colossal qui est encore renchéri du fait des coûteuses palabres nécessaires dans un secteur où le manque d'outils d'évaluation fiables font des dons de vendeur et des relations personnelles la clé de la réussite.

La majorité des annonces, qu'elles passent dans les Pages jaunes ou pendant la Coupe du monde de football, est vendue à la force du poignet, coup de fil après coup de fil, visite après visite. Très peu sont diffusées uniquement parce que quelqu'un en a décidé ainsi. Au jour d'aujourd'hui, les vendeurs ne se contentent plus de pousser le produit, ils sont également consultants en publicité : ils conseillent l'annonceur sur les moyens les plus efficaces d'utiliser un média ou aident l'annonceur à élaborer son message avec des techniques nouvelles. Ce système fonctionne assez bien, mais comme il est très coûteux, il a également un coût moins apparent : il ne s'adresse qu'aux annonceurs les plus importants et les plus lucratifs. Autrement dit, le système privilégie la tête de la courbe.

Comme c'est le cas de tous les marchés que nous avons étudiés, la tête du marché publicitaire ne représente qu'une minuscule fraction du marché potentiel. Mais en raison du coût exorbitant de la vente classique dans ce secteur, les petits annonceurs se retrouvent contraints de bidouiller tout seuls, que ce soit en passant par les petites annonces ou en envoyant au journal local une annonce bricolée à la maison.

C'est *grosso modo* le fonctionnement qui a régi la publicité durant l'essentiel du XXe siècle. Mais, en 2001, après deux ans d'existence, le moteur de recherche à la croissance la plus rapide de la planète, Google, a commencé à chercher un modèle d'affaires *ad hoc*. Et tout comme il avait abordé le problème de la recherche différemment de ses prédécesseurs, il a aussi abordé la publicité différemment. Empruntant un modèle inauguré quelques années plus tôt par Bill Gross, fondateur d'Overture, Google a construit ce qui allait devenir la machine à pub de Longue Traîne la plus efficace que le monde ait jamais connue.

Google a compris que pour supprimer l'essentiel des coûts de la vente et d'achat de publicité, il fallait agrandir considérablement le vivier d'acheteurs et de vendeurs potentiels. Des outils informatiques pourraient faire tout le travail ou presque, abaissant ainsi la barrière à l'entrée et permettant de toucher un marché beaucoup plus vaste.

Le modèle de publicité appliqué par Google a trois grandes caractéristiques Longue Traîne. D'abord, il s'appuie sur des mots-clés de recherche et non sur des bannières. Nous avons déjà vu qu'il existe une Longue Traîne pratiquement illimitée de mots et de combinaisons de mots. La recherche de mots fonctionne de la

Distribution de la recherche sur Excite (vers 2001)

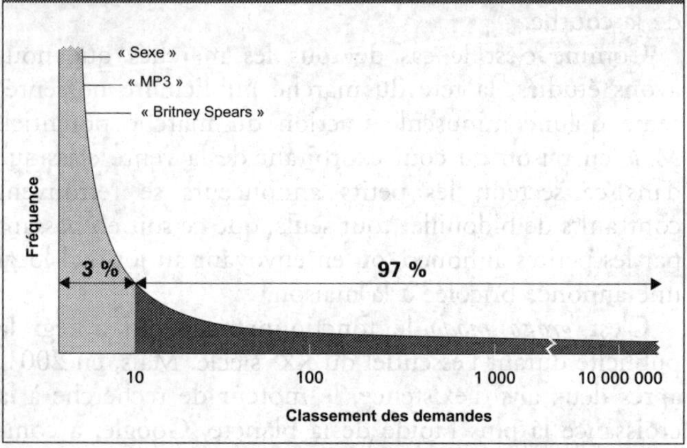

Source : Joe Kraus.

même façon. Le graphique ci-dessus reprend les mots de recherche (vers 2001) fournis par Joe Kraus, cofondateur du moteur de recherche Excite.

Trois pour cent de toutes les recherches se concentrent sur une dizaine de mots, le reste étant réparti entre des dizaines de millions d'autres mots. Google a compris que chacun de ces mots représente une occasion unique de publicité : des dizaines de millions d'expressions d'intérêt et d'intention, dont chacune pourrait être convertie en une occasion de publicité très ciblée si le placement des annonces dépendait des mêmes algorithmes de PageRank, qui génèrent les résultats de recherche sur Google.

Mais comment vendre des millions de publicités uniques ? Il n'y avait qu'une solution : confier la tâche à un logiciel. D'où la deuxième caractéristique Longue Traîne de Google : baisser considérablement le coût de la communication avec le marché en s'appuyant sur un modèle de self-service simple et très bon marché. Tout le monde peut devenir annonceur sur Google en achetant un mot-clé dans un système de vente aux enchères automatisé où l'enchère minimum est de 0,05 dollar par clic.

Non seulement ce modèle en self-service est moins cher pour Google et pour l'annonceur, mais c'est aussi une garantie d'efficacité des annonces. Google fournit les outils pour les personnaliser et les tester afin d'atteindre le taux de clic le plus fort (lorsque le consommateur clique sur une pub et qu'il va sur le site de l'annonceur), et il n'est pas rare que l'annonceur torture son message de façon maniaque jusqu'à l'optimisation du résultat. Après tout, qui connaît mieux son affaire que lui ?

Ce modèle a permis à Google de développer son activité publicitaire le long de la traîne, et cela à un degré jusque-là inédit. Aujourd'hui, il existe des milliers de petits annonceurs qui n'avaient jamais fait de publicité ailleurs que sur Google. Grâce à ce fonctionnement en self-service, aux résultats chiffrables, au coût faible à l'entrée et à la possibilité d'améliorer constamment le message, les annonceurs affluent sur ce nouveau marché. Pas besoin de leur forcer la main, personne de chez Google ne doit les contacter. Résultat : moins de salariés et une formule aussi efficace le long de la traîne qu'à la tête de la courbe.

Enfin, Google fait la même chose pour les éditeurs web. À l'origine, ils n'avaient que deux façons de gagner de l'argent par la publicité : soit leur force de vente démarchait les annonceurs potentiels, soit ils rejoignaient un réseau de publicité et acceptaient tout ce qui se proposait à des prix défiant toute concurrence. Google a compris que la technologie capable de relier une annonce à une recherche par mot-clé permettrait également de placer une annonce sur un site tiers, toujours selon le critère de la pertinence.

Que vous soyez le *New York Times* ou un blog, il vous suffit de mettre quelques lignes de code HTML sur votre site pour qu'il affiche des publicités Google en rapport avec votre contenu, quel qu'il soit. Là encore, c'est un système en self-service : pas besoin d'autorisations ni de coups de fil. Chaque fois que quelqu'un clique sur une publicité, l'annonceur paie Google, qui vous reverse une partie de cette somme.

Professionnel ou amateur, grand ou petit, tel contenu ou tel autre : peu importe à Google. Si les publicités ne donnent rien, elles sont automatiquement remplacées par d'autres pour voir si elles fonctionnent mieux. Comme les pages (équivalent des stocks) ne lui coûtent rien, Google peut se permettre d'en passer à foison même si personne ne clique jamais dessus : le « coût d'opportunité » des recettes potentielles perdues sont supportées par l'éditeur. C'est une façon extraordinaire de développer le marché de la publicité le long de la Longue Traîne de l'édition web, qui englobe des centaines de milliers de blogs.

Lors de la première assemblée générale des actionnaires de Google, le P-DG Eric Schmidt a expliqué pourquoi, selon lui, la mission de la société est d'être « au service de la Longue Traîne ».

Il a commencé par passer une diapo d'une loi de puissance avec les dollars présentés sur l'axe vertical et les personnes sur l'axe horizontal. Wal-Mart se trouvait à l'extrémité de la tête. Le nombre « six milliards » figurait au bout de la traîne. Écoutons l'explication d'Eric Schmidt :

> L'an dernier, nous avons voulu faire le point de notre activité pour voir comment nous nous en tirions. Si vous

considérez les annonceurs, vous constaterez que notre marché s'étend des plus grandes sociétés du monde – Wal-Mart – jusqu'aux plus petites entreprises et, au-delà, à l'individu isolé. Nous appelons cela une Longue Traîne. Beaucoup de personnes en parlent et c'est une idée passionnante.

Après avoir étudié la question, nous avons conclu : « Nous nous en sommes bien tirés jusqu'ici dans la partie du milieu : les entreprises bien gérées de taille moyenne, des gens intelligents qui résolvent des problèmes intéressants. Mais quel bilan tirer de notre activité par rapport aux problèmes des clients les plus importants ? » Si bien que l'an dernier nous avons mis toute une série d'outils à la disposition des très gros annonceurs qui peuvent utiliser nos services dans tous leurs pôles d'activité pour générer énormément de recettes, parce que, dans notre modèle, la publicité est, bien entendu, facteur de prévisibilité, de conversion et ainsi de suite.

Et qu'en est-il des petits acteurs, des très petites entreprises où une seule personne a plusieurs casquettes, où l'équipe est constituée d'une, deux ou trois personnes ? Nous avons construit toute une panoplie de petits outils en self-service qui leur permettent d'utiliser ce service presque automatiquement.

Nous avons donc travaillé dans les deux directions à la fois. En allant vers le bas de la traîne avec le self-service, nous avons pu toucher des annonceurs qui n'avaient aucun intérêt du point de vue de la publicité traditionnelle. Et en remontant jusqu'au sommet, nous avons pu capter des entreprises très importantes mais historiquement mal desservies, ainsi que tout un groupe d'entreprises qui n'aurait jamais eu accès à ces services en ligne.

Eric Schmidt m'expliqua par la suite que ces millions de petites et moyennes entreprises représentaient un colossal marché de publicité de Longue Traîne :

Ce qui est étonnant avec la Longue Traîne, c'est sa taille et le nombre des entreprises qui n'ont pu profiter des canaux traditionnels de publicité. L'idée que des activités comme la nôtre ont une distribution de Pareto a bien plus de portée qu'on ne le croit en général. Après avoir réfléchi à notre activité, nous avons conclu que notre modèle marchait particulièrement bien dans le milieu de la courbe. Après la lecture de l'article [original de *Wired*], nous avons regardé la courbe et nous nous sommes demandé si nous exploitions pleinement cette occasion.

Si l'on prend une courbe de Pareto des entreprises du monde entier classées par leur chiffre d'affaires, on voit que la première est Wal-Mart. Alors quelle est la dernière ? Il se trouve que c'est une personne en Inde qui vend un article de sa fabrication. La zone sous la courbe, qui comprend environ un milliard de personnes, représente en gros le PIB mondial. Partez du bas et remontez la courbe jusqu'aux gens qui ont une connexion Internet. Ils sont relativement instruits, ils ont une petite entreprise et ils veulent commercialiser leurs produits. Nous nous demandons : « Comment notre modèle peut-il les aider à augmenter leurs ventes ? » Et la réponse est que si nous leur permettons de faire des affaires en dehors de leur village, ils atteindront un marché plus important, ils auront plus de fournisseurs, des prix plus compétitifs et ainsi de suite.

La lenteur de ce processus est due à beaucoup de facteurs, mais le principal, c'est l'infrastructure. Car même si nous renonçons à toucher 90 % de la population, cela laisse néanmoins un marché de 100 millions de personnes. Et même si on ampute une bonne partie de ce marché, les chiffres sont tellement élevés qu'il demeure colossal.

À l'heure actuelle, le chiffre d'affaires de Google s'élève à cinq milliards de dollars par an, et il double tous les neuf mois. Et si la tête de la courbe assure la plus grosse partie de ce chiffre, la plupart de ses clients se situent quelque part sur la traîne, ce qui nous porte à penser que c'est là que la société connaîtra l'essentiel de sa croissance future. Rappelons que Google n'en est qu'à ses balbutiements.

Un autre aspect à souligner est que Google joue de différentes manières le jeu de la Longue Traîne. Comme nous l'avons vu, c'est un agrégateur de publicité qui crée un marché où les annonceurs peuvent entrer en contact avec les éditeurs qui vivent de la pub. Mais Google est encore plus connu comme agrégateur d'information et, en tant que tel, a utilisé quelques techniques intéressantes qui l'éloignent du modèle taille unique.

L'un des problèmes d'iTunes, l'agrégateur de musique d'Apple, est sa présentation limitée des différents genres musicaux. L'information est aux prises avec la même difficulté : tout n'est peut-être affaire que de mots, mais ils apparaissent dans des contextes différents. Google a compris que différents contextes nécessitent des présentations différentes. Par exemple, si vous cherchez un lieu, vous voulez probablement un plan. Si vous cherchez une image, vous voulez probablement une présentation graphique. Et si vous cherchez une vidéo, vous voulez une présentation adaptée. Là non plus, la taille unique ne convient pas, même pas au stade de la recherche. Google propose désormais différents styles de « recherche verticale » (recherche circonscrite à une seule catégorie) : Google Local, Google Scholar (textes universitaires), Google Maps, Google Recherche de produits, Google Actualités, Google Recherche de livres, Google Video, et ainsi de suite.

Maintenant que Google est rejoint par Yahoo !, Microsoft et d'autres, la montée en puissance du marché de la recherche verticale se résume au problème du découpage de l'information en niches optimisées en fonction de besoins précis. Chaque produit Google de recherche est doté d'une présentation spéciale et extrait d'un sous-ensemble de l'univers de l'information les résultats les plus pertinents. Autrement dit, Google module la présentation de la recherche en fonction de chaque média.

L'avantage de ce système est que, si vous connaissez la catégorie dans laquelle se situe l'objet qui vous intéresse et si vous utilisez ce type d'agrégateur au lieu d'un généraliste, vous pouvez affiner votre recherche et obtenir de meilleurs résultats. Meilleurs sont les résultats et plus les gens auront envie d'approfondir leur recherche et de descendre la Longue Traîne de l'infinité des produits existants.

14

LA LONGUE TRAÎNE EN NEUF RÈGLES…

… pour créer un paradis pour le consommateur

Le secret de la création et de la prospérité d'une entreprise Longue Traîne peut se résumer à deux impératifs :

1. Mettez tout à la portée du consommateur.
2. Aidez-le à trouver ce qu'il cherche.

Le premier est plus facile à énoncer qu'à mettre en pratique. Parmi les 6 000 films présentés tous les ans au festival de Sundance, moins d'une douzaine parviennent en salle. D'ailleurs, l'immense majorité des autres ne peut être légalement projeté hors du cadre d'un festival à cause des droits d'auteur. Il en va de même pour la plus grosse partie des émissions stockées dans les archives des chaînes : la libération des droits d'auteur attachés aux DVD ou à la lecture en continu coûte trop cher.

Des difficultés analogues s'opposent également à la diffusion de la musique classique et des jeux vidéo. Tant qu'il n'existe pas de dispositif destiné à libérer les droits de tous les titres de tous les fonds de catalogue – sans réserve, automatiquement et à grande échelle –, les restrictions juridiques continueront d'être la barrière principale à la croissance de la Longue Traîne.

Le second impératif progresse plus rapidement. L'agrégateur intelligent utilise le filtrage collaboratif et les recommandations d'utilisateurs pour faire descendre la demande vers la traîne. C'est la différence entre une stratégie « push » et une stratégie « pull », entre la télédiffusion « grand public » et le choix personnalisé. L'entreprise Longue Traîne traite le consommateur comme une personne et propose le sur-mesure de masse à la place des produits indifférenciés du marché de masse.

Dans le domaine du spectacle, les recommandations constituent une forme de marketing particulièrement efficace, puisqu'elles permettent aux films à budget restreint et aux musiques moins populaires de trouver un public. Par ailleurs, les recommandations positives facilitent le choix du consommateur et le poussent à l'exploration, ce qui peut renouveler son intérêt pour la musique et le cinéma et élargir éventuellement le marché dans son ensemble. (Le client moyen de Netflix loue sept DVD par mois, trois fois plus que le fidèle du magasin traditionnel.) Il en découle une plus grande diversité culturelle qui permet d'inverser la tendance à l'affadissement – produit d'un siècle de distribution régi par la rareté – et de mettre fin à la tyrannie du hit-parade.

Maintenant que vous avez une idée générale de la situation, passons en revue les neuf règles qui s'imposent à l'agrégateur Longue Traîne :

Comprimez vos coûts

Règle n° 1 : Centralisez les stocks ou éliminez-les

Sears avait débroussaillé le terrain. Cette grande enseigne a réalisé ses premières efficiences grâce au bon vieil avantage des gros entrepôts centralisés de la vente par correspondance. Aujourd'hui, les branches VPC de Wal-Mart, Best Buy, But et beaucoup d'autres exploitent leurs réseaux d'entrepôts pour proposer une offre plus importante sur Internet que dans leurs magasins en dur. La centralisation des stocks est plus efficace que la dispersion des articles sur les linéaires de centaines de points de vente.

Dans un souci de satisfaire le goût des consommateurs pour la diversité, des entreprises comme Amazon ont étoffé leur offre au moyen d'un « stock virtuel » constitué de produits stockés physiquement dans l'entrepôt d'un partenaire mais affichés et vendus sur leur site. Aujourd'hui, Amazon agrège sur MarketPlace ces stocks dispersés et propose des produits détenus par des milliers de petits vendeurs tiers. Coût pour Amazon : zéro.

Le stock numérique – genre iTunes – remporte la palme de la solution la plus économique. Nous avons déjà vu les effets que le passage du CD comme support physique à la lecture en continu de mégabits a eus sur l'industrie musicale. Films, jeux vidéo et émissions de télévision connaîtront bientôt les mêmes bouleversements. L'information a quitté l'ère du papier, le podcast remet la radio en question et – qui sait ? – peut-être lisez-vous déjà ce livre à l'écran. Cette possibilité de dépasser la matière ou les contraintes de la radiotélédiffusion est un puissant levier de réduction des coûts et de découverte de marchés de niche.

Règle n° 2 : Laissez le client faire le travail

C'est la production collaborative qui a inventé eBay, Wikipédia, Craigslist, MySpace, et qui a fourni à Netflix des centaines de milliers de critiques de films. Au même moment, le self-service a permis à Google de vendre de la publicité pour 5 cents le clic, et à Skype d'enregistrer 60 millions d'utilisateurs en deux ans et demi d'existence. Dans ces deux exemples, l'utilisateur s'occupe joyeusement et gratuitement de tâches qu'une entreprise serait obligée de confier à un salarié. Ce n'est pas de l'externalisation, c'est de la « foulisation » – l'approvisionnement par la foule.

Ses avantages ne sont pas qu'économiques : nombre de clients font également un meilleur travail que les professionnels. Leurs recommandations sont souvent bien étayées et bien rédigées. Surtout, ils ont la confiance des autres utilisateurs. Pris collectivement, les clients ont un temps et une énergie pratiquement illimités, et n'oublions pas que seul le P2P est en mesure d'étendre la Longue Traîne au maximum. Dans le cas du self-service, le travail est assuré par les gens qui s'y intéressent le plus et qui connaissent le mieux leurs propres besoins.

Pensez « niche »

Règle n° 3 : Oubliez la distribution taille unique

Certains consommateurs aiment aller dans les magasins, d'autres préfèrent faire leurs achats en ligne. D'autres encore veulent faire leur recherche sur Internet, puis acheter en magasin. Sans oublier ceux qui procèdent en sens inverse. De même, certains tiennent à profiter de leur acquisition sur-le-champ alors que d'autres peuvent attendre. Certains habitent près de magasins alors que d'autres en sont éloignés. Pour certains produits, la demande est concentrée, pour d'autres, elle est dispersée. Si vous ciblez un seul groupe de consommateurs, vous risquez de perdre les autres.

Au risque de vous paraître métaphysique, je dirai que les meilleurs marchés de Longue Traîne transcendent le temps et l'espace. Ils ne sont limités par aucune frontière géographique et ne cherchent pas à pronostiquer l'évolution des goûts des clients. Le grand avantage d'iTunes réside dans l'immense diversité de son offre et la facilité des téléchargements, mais sa disponibilité 24 heures sur 24, 7 jours sur 7 ne fait pas de mal non plus.

Aujourd'hui, vous pouvez regarder *Les Experts* par plusieurs biais : sur une chaîne hertzienne, grâce à la vidéo sur demande, en téléchargeant la série sur iTunes, en achetant ou en louant le DVD, en prenant un abonnement qui vous laisse l'enregistrer sur le disque dur de votre enregistreur numérique (qui permet de visionner en différé les épisodes) ou encore en le visionnant sur différents systèmes allant de l'écran plasma à la console PSP de Sony. Même chose en ce qui concerne certaines émissions de NPR (National Programming Radio : station connue pour ses émissions non commerciales), que l'on peut écouter à la radio (en temps réel ou en rediffusion), relayées par satellite, en lecture en continu sur le web, sur un podcast, avec l'option d'en obtenir une retranscription envoyée par e-mail. Le seul moyen d'atteindre le marché potentiel le plus important est de disposer de canaux de distribution multiples.

Règle n° 4 : Oubliez le produit taille unique

Naguère, on achetait de la musique sous une seule forme : l'album CD (les singles se vendaient si peu que beaucoup d'artistes ne prenaient même pas la peine de proposer la formule). Songez au choix qui s'offre à vous aujourd'hui sur Internet : album, plage d'album, sonnerie de portable, échantillon gratuit de trente secondes, vidéo musicale, remix, échantillon du remix d'un autre artiste écouté en continu ou téléchargé, le tout sous des formats différents et à des taux d'échantillonnage différents.

Umair Haque appelle cela le « microchunking », ou fractionnement. La stratégie gagnante consiste de plus en plus à fractionner les contenus pour permettre à chacun de les consommer comme il l'entend et de les remixer éventuellement avec d'autres contenus pour en faire quelque chose de neuf. Les journaux sont découpés en articles reliés à des sites spécialisés qui confectionnent un produit plus ciblé à partir de sources multiples. Le blogueur fonctionne comme un DJ : il remixe les informations pour créer du neuf.

Nous connaissons déjà ce modèle sous la forme de segmentation de produits et de marques (par exemple, la multiplication des sauces pour les pâtes). Aujourd'hui, la tendance gagne pratiquement tous les domaines, depuis les personnages et les niveaux de jeux vidéo personnalisés (vous élaborez votre propre jeu) à la vente de recettes de cuisine à l'unité. Chaque recombinaison exploite un réseau de distribution différent pour toucher un public différent. Une taille par personne : c'est le sur-mesure pour tout le monde.

Règle n° 5 : Oubliez le prix unique

L'un des principes les mieux compris de la microéconomie est l'importance d'avoir des prix élastiques. Les gens ont chacun leurs raisons particulières pour payer un prix particulier, selon leurs disponibilités en matière de temps ou d'argent. Mais tout comme le marché traditionnel n'offre d'espace que pour une seule version d'un produit, il ne tolère souvent qu'un seul prix ou, au moins, un seul prix à la fois. En revanche, sur un marché capable d'accueillir une grande diversité, une tarification variable peut être un moyen efficace pour exploiter au mieux la valeur d'un produit et la taille dudit marché.

eBay propose le choix entre des enchères (qui permettent en général d'acheter moins cher, mais avec des complications et des incertitudes plus grandes) et la formule « Achat immédiat » (prix plus élevés). Même iTunes, qui se limite, dans un souci de simplicité, à un prix unique de 0,99 dollar par morceau, fait des rabais pour des achats en nombre. Et Rhapsody va encore plus loin en pratiquant des prix par plage de 0,79 à 0,49 dollar. Bilan de cette politique : la diminution par deux des prix triple approximativement les ventes.

Le modèle « naturel » de tarification pour la musique, ou pour tout autre produit où les coûts marginaux de fabrication et de distribution sont proches de zéro, est la tarification variable : le distributeur n'a qu'à faire payer plus cher les articles qui plaisent le plus. Pourquoi n'est-ce pas déjà la règle ? Parce que les labels imposent en général un prix de gros fixe d'environ 0,70 dollar par morceau, surtout pour éviter un « conflit entre canaux de diffusion » avec les CD, qui continuent d'assurer l'essentiel de leur chiffre d'affaires. Mais en 2007, des artistes comme Prince ou le groupe Radiohead ont expérimenté la distribution de musique gratuite ou, dans le cas du second, en laissant le prix à l'appréciation du client. Un jour, les labels comprendront et ils assoupliront leur politique de prix, ce qui permettra aux distributeurs d'attirer les consommateurs vers le bas de la traîne avec des prix plus doux.

Arrêtez de vouloir tout maîtriser

Règle n° 6 : Partagez l'information

La différence entre un linéaire débordant de produits identiques et la commodité du « classement par meilleures ventes », c'est l'information. Dans un cas, le magasin sait ce qui se vend le mieux sans le dire à ses clients, dans l'autre, il le dit. C'est la même chose pour le « classement par meilleures ventes », le « classement par meilleures critiques » et le « tri par fabricants ». Toutes les données existent déjà ; reste à savoir comment les partager le mieux possible avec le consommateur. Plus il dispose d'informations, mieux c'est, mais uniquement si vous les lui présentez sous une forme qui lui facilite le choix au lieu de l'embrouiller davantage.

Il en va de même pour l'information concernant les habitudes d'achat qui, transformées en recommandations, peuvent se révéler un outil de marketing efficace. Une information approfondie sur un produit, y compris ses caractéristiques techniques et les appréciations des utilisateurs, peut répondre à des questions qui, restées sans réponses, auraient empêché l'achat. Expliquer au consommateur pourquoi on lui donne certaines recommandations, c'est renforcer sa confiance dans le système et l'aider à mieux l'utiliser. La transparence est un ingrédient de la confiance, et elle est gratuite.

Règle n° 7 : Pensez « et » à la place de « ou »

La pensée régie par la rareté se caractérise par la conviction que l'activité commerciale est un jeu à somme nulle. Autrement dit, elle suppose à tort que tout se réduit à un choix entre deux possibilités : lancer une version d'un produit ou une autre, vendre telle couleur ou telle autre. Sur un linéaire ou sur les chaînes de télévision, c'est tout à fait normal : il n'y a effectivement de la place que pour un produit (« ou » pour un autre) dans un créneau horaire ou dans un emplacement physique donnés. Mais sur un marché d'une capacité illimitée, la bonne stratégie consiste à débrider l'offre.

Pour bien choisir un produit, il faut avoir du sens critique, et cela demande du temps, des moyens et de l'intuition. Il s'agit de décider, en se fondant sur tel ou tel critère, que tel article a plus de chances de réussir que tel autre. Or des choix de ce type peuvent être justes à un niveau macro, mais ils sont pratiquement toujours erronés au niveau micro. Pensez au phénomène de la « fin alternative » des films en DVD. Même si la plupart des spectateurs préfèrent la fin standard, il y en a toujours qui aimeront mieux l'autre. Aujourd'hui, les deux sont disponibles. Que l'on étende ce système au choix des langues, du format d'écran ou même de la version (tous publics, moins de dix ans, moins de douze ans, version intégrale), et on se rend compte que chaque option a son public, fût-il plus restreint que le principal public visé.

Tous ces « extras » sont possibles grâce aux capacités énormes du DVD, qui permet aux réalisateurs de « gaspiller » de la mémoire en ajoutant des contenus qu'ils n'auraient pu caser sur un support marqué par la rareté comme un écran de cinéma ou une bande vidéo. Il en va de même pour tous les marchés numériques en ligne, qui pourront à terme répondre à vos besoins quels qu'ils soient, et presque gratuitement, sous l'effet de la baisse des prix et de l'augmentation des capacités de stockage. Plus les capacités de mémoire et de distribution augmenteront, moins vous devrez faire preuve de sens critique pour les utiliser. Il est plus facile de prendre une décision « et » qu'une décision « ou ».

Règle n° 8 : Laissez le marché faire votre travail

Sur un marché régi par la rareté, il faut deviner ce qui se vendra. Sur un marché régi par l'abondance, vous lancez n'importe quoi, puis vous laissez au marché le soin de faire le tri. La différence entre « préfiltrage » et « postfiltrage » se résume à celle qui existe entre une

« prévision » et une « mesure », cette dernière étant invariablement plus précise. Un marché en ligne n'est en fin de compte qu'un outil très efficace de mesure des opinions. Comme les gens sont bien informés, il leur est très facile de comparer les produits et de faire savoir autour d'eux ce qui leur plaît.

Il n'est que de penser aux filtres collaboratifs, qui permettent au marché de faire la promotion d'un produit. Les notes de popularité, autre voix du marché, sont amplifiées par la boucle de feed-back positif qu'est le bouche-à-oreille. Elles reflètent l'opinion collective sous une forme quantifiée qui facilite la comparaison et le tri des produits. En mettant de l'ordre dans la diversité, ces outils aident le consommateur à s'y retrouver sans que le distributeur ait à deviner quoi que ce soit. La leçon : n'essayez pas de prévoir, contentez-vous de mesurer puis de réagir.

Règle n° 9 : Apprenez à exploiter la gratuité

La gratuité n'a pas bonne presse, tant elle fait penser au piratage et aux autres évaporations de valeur du même type. Mais l'une des grandes forces des marchés numériques est de mettre la gratuité à portée de main : comme leurs coûts avoisinent zéro, leurs prix peuvent suivre. L'un des modèles d'affaires les plus courants sur Internet, de Skype à Yahoo !, consiste à attirer un grand nombre d'utilisateurs à l'aide d'un service gratuit et d'en convaincre quelques-uns à passer à une version améliorée, disponible sur abonnement, qui leur donnera une meilleure qualité ou de meilleures fonctionnalités. Comme les services numériques sont très bon marché, le client gratuit coûte si peu à l'entreprise qu'elle peut se permettre de n'avoir qu'une infime fraction de clients payants.

Des extraits, depuis le clip musical de trente secondes jusqu'aux bandes-annonces vidéo, sont possibles grâce au faible coût de transmission que permet le haut débit. Les éditeurs de jeux vidéo distribuent couramment des jeux en démonstration avec quelques niveaux gratuits. Si le jeu vous plaît, vous payez pour avoir accès aux suivants. En 2005, Universal a lancé en ligne les neuf premières minutes de *Serenity : l'ultime rébellion* (film de science-fiction), gratuitement et intégralement. Pourquoi ? Parce que c'était possible. Le coût de la diffusion en ligne de près de 10 % du film était négligeable en regard de son impact sur le plan du marketing : cela a permis d'appâter le public et de le laisser en plein suspense, lui donnant une démangeaison telle que seule une place de cinéma payante pouvait la calmer.

Pratiquement tout ce qui passe aujourd'hui à la télévision est gratuit, car financé par la publicité. Pourtant, les chaînes s'obstinent à vouloir faire payer l'usager en ligne, même si les coûts de production sont couverts par la télédiffusion et que les coûts de distribution en ligne sont faibles. Pourquoi ne pas accepter la diffusion gratuite sur Internet, quitte à placer le contenu en sandwich entre deux publicités (au lieu de l'interrompre) ou simplement à trouver un public plus important pour le placement du produit, qui ne puisse être ni supprimé ni sauté avec la fonction avance rapide ? Sur un marché régi par l'abondance et saturé par la concurrence, les prix auront fatalement tendance à s'aligner sur les coûts. Et grâce à la force de l'économie numérique, les coûts ne cessent de baisser.

15

La Longue Traîne du marketing

Comment vendre quand la vente ne marche pas

La scène se passe au début du printemps 2006 dans les locaux de l'agence de publicité Campbell-Ewald à Warren, une banlieue de Detroit. Penchée sur le site web SubservientChicken, une création publicitaire délirante de Burger King (au succès non moins délirant), une équipe de média-planners se demande comment réaliser quelque chose d'aussi accrocheur pour une automobile. Pas n'importe quelle automobile, mais le puissant 4 × 4 Chevrolet Tahoe qui, après avoir fait la fortune du groupe GM pendant près d'une décennie, dérape sur un prix de l'essence à trois dollars le gallon.

Campbell-Ewald, qui gère la publicité de Chevrolet depuis que MM. Campbell et Ewald ont fait la connaissance de Louis Chevrolet en 1914, tient à montrer à la fois qu'elle n'est pas prisonnière du passé et qu'elle entend préserver un héritage. Une seule chose est claire : cette fois, la solution habituelle – un nouveau spot aux petits oignons pour la télévision – ne suffira pas. Ne serait-ce que parce que les annonces télévisées ne fonctionnent plus comme avant. La société de conseil McKinsey prévoit qu'en 2010 la publicité à la télévision sera à peine un tiers aussi efficace qu'en 1990 à cause de la montée des coûts, du recul de l'audience, de l'encombrement publicitaire croissant et des enregistreurs vidéo qui permettent aux téléspectateurs de sauter les annonces. Sans parler de détails aussi futiles que la guerre d'Irak, le changement climatique et la vague écologiste qui déferle sur les États-Unis, tous contribuant à rendre plus difficile que jamais la vente d'un énorme gouffre à carburant.

L'équipe de Campbell-Ewald espère trouver sur le web une solution pour le Tahoe. Pas seulement parce qu'une campagne de marketing en ligne peut être, interactivité aidant, plus attirante qu'une publicité télévisée passive, mais aussi parce qu'elle pourrait toucher des consommateurs désormais indifférents aux annonces télévisées. Le temps n'est plus où les chaînes de télévision étaient un bon moyen pour s'adresser à l'Amérique tout entière. La catégorie démographique si recherchée des hommes de 18 à 34 ans se détourne de plus en plus des programmes télévisés au profit d'Internet, des jeux vidéo et autres distractions. Les femmes du même âge les suivent d'assez près. Et plus vous avez d'argent, plus il y a de chances pour que vous gériez votre temps passé devant la télévision à l'aide d'un enregistreur numérique ou d'une box câblée – en sautant probablement les interruptions publicitaires.

Le raisonnement de Campbell-Ewald est à peu près celui-ci : puisque le slogan de Chevrolet est « An American Revolution », eh bien, faisons quelque chose de révolutionnaire. De simples publicités interactives – « Pilotez la voiture avec votre souris ! » – ne sont pas suffisantes. Pimentons un peu cette affaire, organisons un concours en ligne pour voir qui saura créer la meilleure annonce télévisée en faveur du nouveau Tahoe. Chevrolet fournira des vidéos et de la musique – principalement dans le registre classique, avec des Tahoe qui glissent sur fond de paysages bucoliques, se garent au bord d'à-pics spectaculaires ou croisent vers des contrées à la beauté sauvage et aux accès présumés cahoteux. Les utilisateurs pourront associer et mélanger ces matériaux en y ajoutant leurs propres légendes. La « wikifaction » du spot de trente secondes : quoi de plus révolutionnaire ?

Lancé au mois de mars, le concours dura quatre semaines. Des spots diffusés au cours d'un épisode spécial de l'émission de télé-réalité *The Apprentice* invitèrent les téléspectateurs à visiter un nouveau microsite, Chevyapprentice.com, où ils trouveraient des vidéos et des outils de retouche simples à l'aide desquels ils créeraient leurs propres annonces. Le concours draina plus de 30 000 projets. Dans leur vaste majorité, ils célébraient les nombreux atouts commerciaux du véhicule : ses sièges totalement repliables, ses portes électriques, sa relative sobriété – attention au « relative ». Mais il y eut aussi des projets pirates, qui subvertissaient les messages du Tahoe en invoquant le réchauffement climatique, le je-m'en-foutisme social, la guerre en Irak ou les connotations psychosexuelles des voitures surdimensionnées. Hélas, ces projets étaient aussi parmi les meilleurs. « Vous aimez l'été ? Il faudra vous y habituer. » « Le pic pétrolier est arrivé. Peut-être feriez-vous mieux de marcher. » Et, bien sûr, « Que conduirait Jésus [1] ? » Sur son propre site web, le Tahoe se trouvait accusé de toutes sortes de vilenies, du conservatisme indécrottable jusqu'au crime contre l'humanité.

Pis encore, les plus drôles et les plus subversives de ces annonces circulaient à présent sur YouTube, où elles étaient vues par des centaines de milliers d'internautes – bien plus que sur le site de Chevrolet. Campbell-Ewald était arrivé à ses fins – un succès viral comme celui du SubservientChicken – mais pour les mauvaises raisons. Des internautes activistes s'étaient emparés de la campagne et l'avaient retournée contre le produit. Et un public aussi nombreux que celui d'une chaîne de télévision dansait allègrement autour du bûcher dressé pour une grande marque américaine.

Blogueurs et journalistes ne furent pas longs à repérer qu'il se passait quelque chose de bizarre du côté de Chevyapprentice.com. On crut d'abord qu'une fois de plus une grande entreprise n'avait pas « pigé » le fonctionnement d'Internet. Puis, quand on vit que les annonces n'étaient pas immédiatement éliminées, on se dit que Chevrolet était trop obtus, ne serait-ce que pour remarquer ce qui se passait sur son propre site. Enfin, peu à peu, on commença à comprendre que Chevrolet n'avait nulle intention de supprimer les annonces hostiles.

En fait, l'équipe de Campbell-Ewald avait prévu dès le début qu'il y aurait des réactions négatives et s'était dit que les retirer ferait perdre toute crédibilité à la campagne. Ed Peper, directeur général de Chevrolet, souligna dans FastLane, le blog de GM, que le Tahoe pouvait rouler à l'éthanol et consommait moins que d'autres gros 4 × 4, mais ce fut la seule réaction du constructeur.

Dans les milieux publicitaires, les consultants comptaient les coups en jubilant ; cela prouvait qu'il ne fallait pas confier sa marque à n'importe qui, répétaient-ils à leurs clients. Mais selon tous les indicateurs objectifs, la campagne « Apprentice » du Tahoe doit être considérée comme un succès. Le microsite a attiré 629 000 visiteurs avant que le vainqueur du concours, Michael Thrams, de la ville voisine d'Ann Harbor, ne soit désigné fin avril. En moyenne, ces visiteurs ont passé plus de neuf minutes sur le site, et près des deux tiers d'entre eux ont continué la visite sur Chevyapprentice.com ; trois semaines d'affilée, le site de la marque a vu venir plus de monde *via* Chevyapprentice.com que *via* Google ou Yahoo ! Et beaucoup de ces visiteurs ont laissé une demande d'information ou une adresse Internet sur les sites des concessionnaires.

Les ventes se mirent aussi à décoller, alors qu'on était au printemps et que le pic des ventes de 4 × 4 se situe en général à la fin de l'automne. Dans les neuf mois suivant son lancement en janvier 2006, le nouveau Tahoe représenta plus d'un quart des ventes de gros 4 × 4, soit le double de celles de son plus proche concurrent, le Ford Expedition. En mars, premier mois de la campagne, sa part de marché frôla les 30 %. En avril, selon le service d'information automobile Edmonds, les Tahoe se vendaient en moyenne en quarante-six jours seulement, alors que l'année précédente, il leur fallait patienter près de quatre mois sur les parkings des concessionnaires. Les ricanements des professionnels du marketing tournèrent court quand Scott Donaton, rédacteur en chef d'*Advertising Age*, invita ceux qui pensaient que la campagne prouvait les dangers des contenus créés par les utilisateurs à se signaler. « Ah oui ! écrivit-il dans un éditorial, je vois quelques mains levées – vous êtes libres de vous en aller, de toute façon, la profession n'a plus besoin de vos services. On vous offrira un joli train électrique en cadeau de départ. »

Donaton s'en prenait au dogme central de l'âge d'or du marketing de masse : s'ils avaient la haute main sur le message publicitaire, les pros de Madison Avenue l'avaient aussi dans une certaine mesure sur la manière dont le produit était perçu. « Quand vous organisez une campagne pilotée par le consommateur, attendez-vous à quelques réactions négatives », déclare Ed Dilworth, chez Campbell-Ewald. « Mais quel choix avons-nous ? Rester fermés ? Ce n'est pas une solution d'avenir. Et puis, croyez-vous que les consommateurs ne parlaient pas du

Tahoe auparavant ? » Bien entendu, ils en parlaient ; ce qui a changé, c'est qu'à l'époque de YouTube on ne peut plus se bercer de l'illusion qu'on maîtrise tout. « Vous pouvez vous calfeutrer dans votre bunker, ou bien en sortir et essayer de participer », note-t-il. « Et il serait criminel de ne pas participer. »

Pourquoi la publicité du Tahoe a-t-elle fonctionné malgré les détournements opérés par les contestataires ? Eh bien, pour commencer, l'idée selon laquelle les 4 × 4 ne sont pas un très bon moyen de préserver l'environnement n'était pas une nouveauté pour les acheteurs potentiels. À vrai dire, il n'est pas impossible que la détestation des gros véhicules professée par les écolos ait fait partie des atouts du Tahoe aux yeux de certains automobilistes réactionnaires. Vient ensuite le fait que Chevrolet, d'abord en lançant le concours, puis en laissant subsister les annonces négatives, se montrait en fait sous un jour assez sympathique. Ce qui, pour une marque de grosses voitures américaines, a quelque chose d'un exploit impossible.

Mais, l'exemple du Tahoe le montre, tout cela a un prix. Ce sont les utilisateurs, non les publicitaires, qui dictent le dialogue en ligne, et à plus forte raison quand on les invite à dire ce qu'ils pensent. En recherchant leur implication et l'interactivité en ligne, on aboutit invariablement à une perte de pouvoir. Pour les gardiens des marques, qui ont passé l'essentiel de leur carrière à ciseler leurs messages, l'idée de ne plus avoir à créer et porter ces derniers se situe quelque part entre l'hérétique et le terrifiant.

Or, le mouvement ne s'arrêtera pas là. De plus en plus, les consommateurs prennent l'initiative. YouTube est plein de « publicités » importunes pour Chevrolet, bien plus élaborées que tout ce qu'a suscité la campagne

« Apprentice » du Tahoe, côté pour comme côté contre. Il y a le *Chevy Lowrider Commercial*, où de vieilles Chevrolet sautillent dans la rue, et *Chevy Ridin'*, un diaporama de Chevrolet customisées avec pour bande sonore un célèbre morceau de gangsta rap, *Chevy Ridin' High*. Il y a même *Chevy Tahoe Memorial*, élégante vidéo funèbre dans laquelle un jeune conducteur fait bondir et déraper son 4 × 4 adoré jusqu'à le détruire.

La publicité créée par les consommateurs a suscité quelques révisions déchirantes. Des marques qui naguère nous prenaient de haut nous demandent à présent ce que nous avons à dire. Non contentes désormais de définir notre identité (GapKids, le cow-boy Marlboro), elles nous demandent de définir la leur. Mais rien de tout cela n'est plus étrange que l'idée selon laquelle on pourrait vendre un produit en restant assis et en laissant les gens lui insuffler leur propre énergie. Toutes les entreprises disent vouloir écouter les consommateurs. Ah ! faites attention à ce que vous demandez : désormais, ils ne se tairont plus.

C'est la montée en puissance du consommateur de Longue Traîne. Avec la fragmentation des marchés vient celle du marketing. Les spots télévisés à taille unique n'influencent plus les consommateurs qui ne regardent pas la télévision ou qui ne réagissent pas aux messages qui ne leur sont pas vraiment destinés. Dans le renversement du pouvoir qui a accompagné l'essor du web piloté par l'utilisateur – plus de confiance aux individus, moins de confiance aux institutions –, les messages les plus efficaces viennent de ses pairs. Rien n'est plus puissant que le bouche-à-oreille et, comme on l'a vu, le web est le meilleur amplificateur de bouche-à-oreille que le monde ait jamais connu.

Le problème des marchés fragmentés et des consommateurs aspirant au sur mesure, c'est qu'ils sont nombreux. Nulle entreprise ne peut créer assez de messages ciblés pour toutes les niches où elle pourrait trouver à vendre ses produits. Et le meilleur moyen pour s'en rapprocher un peu, le placement ciblé d'annonces à côté de contenus correspondants, tel que le pratique Google, se borne à quelques lignes de texte pur stigmatisé par l'intitulé « liens commerciaux ».

En réalité, le meilleur moyen pour vendre aux consommateurs de Longue Traîne est de trouver ceux qui les influencent et de concentrer son énergie là-dessus. Pour cela, il faut d'abord s'exprimer moins et *écouter* plus.

Heureusement, les outils d'écoute sont meilleurs que jamais. Le web n'est pas seulement le meilleur moyen de bouche-à-oreille de tous les temps, il est aussi le plus mesurable. Des dizaines d'outils gratuits disponibles en ligne peuvent vous apprendre ce que les gens disent de votre marque et lesquels parmi eux ont le plus d'influence. Ces outils sont notamment :

- Les filtres Technorati (ou les alertes Google) : vous pouvez leur demander de vous prévenir chaque fois qu'un blog ou autre site en ligne établit un lien avec une adresse URL ou utilise certains termes. Envoyés soit par courrier électronique soit par fil RSS (un flux d'information auquel on peut s'abonner et qu'on lit à l'aide d'un lecteur comme Bloglines, ou même sur votre page Mon Yahoo !), ces avertissements peuvent vous submerger si vous ne choisissez pas vos termes avec soin. Mais rien ne permet aussi bien de se faire une idée du pouls du monde en ligne, à condition d'avoir le temps de les consulter (ou de confier cette tâche à quelqu'un d'autre).

• Google Trends : cet outil vous permet de voir avec quelle fréquence une expression ou un produit fait l'objet d'une recherche, et d'effectuer des comparaisons dans le temps ou par rapport à d'autres termes. Il vous montre aussi quelles sont les villes et les zones géographiques où l'on effectue le plus souvent des recherches sur le terme désigné. Pour vous en faire une idée, testez le nom d'une grande entreprise quelconque en comparant « à bas [nom de l'entreprise] » et « vive [nom de l'entreprise] » [2]. S'il se trouve que vous travaillez pour l'entreprise en question, bouclez d'abord votre ceinture.

• Les réseaux sociaux : l'un des aspects les plus puissants de sites comme MySpace ou Facebook est qu'on peut y effectuer une recherche sur les mentions d'une marque ou d'un produit puis analyser le contexte : qui parle du produit, que dit-on de lui et qui s'en trouve influencé ? Ce n'est nullement scientifique, mais cela peut aider à créer des profils types d'éventuels « consommateurs alpha » capables de créer du *buzz* ou de lancer des modes.

L'un de mes trucs, quand je visite une entreprise, est de lui demander ce qu'un consommateur moyen trouvera s'il fait ce que fait le consommateur moyen qui veut en savoir plus sur elle : une recherche sur Google. Vous seriez surpris de constater le nombre d'entreprises qui n'ont aucune idée de la réponse. Elles ne se « googlent » pas elles-mêmes. Il ne s'agit pas seulement de savoir à quel rang Google classe leur site, mais aussi ce qu'il montre d'autre sur la même page, quelquefois à un rang supérieur.

Dans bien des cas, on trouve parmi les premiers résultats un article de Wikipédia sur l'entreprise. Cet article a été rédigé par des gens ordinaires qui se sont intéressés à elle. En général, on trouve parmi eux à la fois ses plus chaleureux partisans et ses pires ennemis. Le principe en vigueur sur Wikipédia n'est pas que les uns et les autres se neutralisent mutuellement pour aboutir à une vision neutre (et, on l'espère, exacte) de l'entreprise, mais qu'il y a place pour la critique, d'habitude dans une section consacrée aux controverses entourant l'entreprise. Toutes les entreprises en soulèvent quelques-unes et, aux yeux de leurs censeurs, rien n'est trop minime pour être mentionné. Un certain équilibre est en général respecté, l'article ne pouvant être à dominante négative. Mais ce qui m'intéresse ici est la rareté des entreprises qui observent les modifications des articles les concernant.

Il n'est pas difficile de créer un fil pour suivre toutes les modifications apportées à un article de Wikipédia et de charger quelqu'un d'y veiller. Quant à savoir que faire si quelque chose de vraiment inique apparaît, c'est autre chose : il n'est pas bon pour les entreprises d'intervenir sur les articles les concernant, et comme il est facile de comparer l'adresse IP de l'auteur d'une modification avec le bloc d'adresses affectées à une entreprise, les entreprises publiquement accusées d'avoir fait le ménage dans les informations à leur sujet sont de plus en plus nombreuses. On peut contourner le problème au moyen de petites astuces, comme d'effectuer les modifications depuis son domicile ou un café Internet (techniquement efficace, mais moralement répréhensible) ou de signaler les erreurs ou les passages biaisés dans la page de discussion attachée à tout article pour que des contributeurs indépendants les corrigent.

Répondre aux blogueurs est plus facile en théorie, mais pas moins délicat et chronophage en pratique. Là encore, il s'agit de commencer par écouter (désigner quelqu'un pour surveiller les fils d'information), puis déterminer s'il faut répondre et comment. Si un blogueur vante une entreprise ou un produit, un courrier électronique de remerciement est souvent très apprécié (« Ils lisent mon blog ! ») et peut le transformer durablement en prosélyte.

La critique est plus délicate. Là encore, une réponse quelconque vaut mieux que le silence, en partie parce que ce témoignage de considération pour le blogueur peut faire beaucoup pour désamorcer la situation. Le principe des blogs est que tout se passe en public, de sorte qu'une réponse dans les commentaires, où tout le monde peut la lire, est souvent plus payante qu'un courrier électronique privé. Dans l'idéal, cette réponse émanera de quelqu'un d'autre qu'un responsable des relations publiques. Comme tout le monde, les blogueurs réclament de l'attention, et plus la personne qui répond est proche du sujet réel de la critique, mieux c'est. La réponse d'un chef de produit, par exemple, sera préférable à celle d'un agent du SAV, car elle signifiera que la critique a été entendue et prise au sérieux par les gens qui ont été à l'origine de la création du produit.

Mais foncièrement, on ne peut pas aller très loin dans la manipulation de l'opinion publique. Au mieux, une stratégie de marketing de Longue Traîne, axée sur la stimulation du bouche-à-oreille parmi les consommateurs influents, peut seulement créer de la notoriété. Si le produit n'est pas bon, tous les courriers électroniques du monde n'empêcheront pas qu'il soit fustigé ou ignoré.

Il existe en fait une industrie qui produit à jet continu des produits médiocres et qui jusqu'à présent a pu s'en tirer grâce à sa force de frappe publicitaire : le cinéma. Loin de moi l'idée de condamner globalement ses films, mais la manière dont ils sont financés et produits est telle que d'énormes paris doivent être faits sur les scripts et les équipes de tournage bien avant qu'on puisse apprécier s'ils obtiendront les résultats annoncés. Et souvent, ils ne les obtiennent pas. Là s'arrête la ressemblance entre les studios de Hollywood et les firmes de capital-risque. Ces dernières éliminent les entreprises qui ne paraissent pas capables d'embraser l'univers. Mais les studios, trop souvent, sortent quand même leurs films en se disant qu'une campagne publicitaire efficace attirera dans les salles assez de monde pour couvrir leur investissement.

Ce postulat est de moins en moins valide. Le problème est que le bouche-à-oreille circule si vite et si efficacement que les mauvais films sont presque tout de suite ostracisés. Selon le vieux modèle commercial de Hollywood, il suffisait de forcer quelques mains, d'acheter beaucoup d'espace publicitaire et d'effectuer un grand lancement dans des milliers de salles pour s'assurer quelques fins de semaine honorables, au moins jusqu'à ce que le public se réveille en constatant que le film est bien inférieur à sa bande-annonce.

Mais aujourd'hui, un lancement massif ne suffit plus. En moyenne, il y a vingt ans, un film ne réalisait pas 30 % de ses recettes en salle entre les deux premiers week-ends suivant sa sortie aux États-Unis. Aujourd'hui, la moyenne est supérieure à 50 %. Les mauvais films sont repérés bien avant leur sortie (grâce à des sites pour cinéphiles obsessionnels comme Rotten Tomatoes ou Ain't It Cool News) et la réaction du public aux tests de projection, naguère secrète, est désormais affichée sur les blogs quelques minutes après que les lumières se sont rallumées.

Lorsqu'un film est effectivement lancé et commenté par les critiques de la grande presse, l'avis des initiés sur ses chances de succès a déjà circulé dans le monde entier, bien au-delà des cénacles hollywoodiens habitués à ce genre de rumeurs. À ce stade, le marketing ne peut plus grand-chose.

Si les entrées en salle chutent tellement plus vite en deuxième semaine, ce n'est pas parce que les films deviennent moins bons. Il y a toujours eu coexistence de bons et de mauvais films, avec pas mal de médiocres entre les deux. La nouveauté est qu'on parvient à repérer les seconds beaucoup plus vite. On peut lire davantage de critiques – tant positives que négatives, tant professionnelles que rédigées par des amateurs – et connaître l'avis d'autres publics, en particulier de ceux qui ont participé aux tests de projection. Cela facilite la carrière des bons films, mais entrave celle des mauvais. Le bouche-à-oreille en ligne fonctionne comme un antidote au marketing de Hollywood, et le premier gagne du terrain tandis que le second en perd. Hélas, Hollywood ne peut pas y faire grand-chose. Le chat s'est échappé du panier. Le public a pris le pouvoir.

Que se passe-t-il quand une entreprise n'écoute pas le public ? Écoutez la triste histoire de Jeff Jarvis et de son ordinateur défectueux.

En juin 2005, Jarvis, stratège chez un éditeur new-yorkais (nous travaillions tous deux dans des divisions différentes du même groupe d'entreprises), eut un problème avec son nouvel ordinateur portable Dell. Comme la plupart des gens dans ce cas, il appela le service après-vente et, pas de chance, comme la plupart des gens, on le mena en bateau. Des semaines s'écoulèrent. L'humeur de Jarvis s'assombrissait. Il avait acheté une camelote ! Le SAV du fournisseur était nul ! Ça n'allait pas se passer comme ça !

À ce stade, les possibilités habituelles étaient de passer le mot à ses amis, de ne plus jamais acheter de Dell, et peut-être d'écrire une lettre à Michael Dell lui-même. Mais Jarvis faisait partie de ces nouveaux consommateurs pugnaces. Il tenait un blog très lu intitulé BuzzMachine, consacré principalement à des questions d'édition (et occasionnellement à l'émission *American Idol*). Et puisqu'un blog est un animal vorace, Jarvis, qui écrit plus vite que la plupart des gens ne parlent, décida d'y décrire ses mésaventures avec Dell. En détail.

Il intitula son morceau *Dell Hell* (« L'enfer Dell »), un nom qui devait rester. Article après article, il y fulminait contre l'entreprise, ses produits et son SAV. Pas seulement son mauvais contrôle qualité, mais bien pis encore : l'absence d'écoute, un péché cardinal à l'ère d'Internet. « Je reçois des courriers électroniques de gens de Dell qui n'en ont clairement rien à faire », écrivait-il. « "Cher M. Langley", disait l'un d'eux. Je leur ai écrit que je m'appelais Jarvis. J'ai reçu une réponse qui commençait par : "Chère Mme Kolar". »

Si l'expérience vécue par Jarvis avait été exceptionnelle, les billets de son blog auraient eu quelques lecteurs qui les auraient tout de suite oubliés. Mais voilà : elle n'était pas exceptionnelle. Dell était en réalité en proie à une crise du contrôle qualité dont il n'était même pas conscient. L'entreprise avait trop grossi, la Bourse lui enjoignait trop énergiquement de baisser ses coûts et elle avait commencé à dériver dès que son fondateur visionnaire avait décidé de prendre une retraite anticipée. C'est pourquoi il se trouvait ici et là des milliers de clients furieux comme Jarvis. Quand ce dernier appuya sur la touche « Publier » à la fin de son premier billet, ce fut comme s'il avait craqué une allumette sous une tente à oxygène.

L'émeute éclata dans les commentaires sur ce premier article, puis dans les courriers électroniques et les quelque

2 500 commentaires qui alimentèrent des dizaines de billets supplémentaires, tandis que le mouvement prenait forme. Au bout de trois semaines, les liens vers les articles de Jarvis se comptaient par milliers et l'expression « Dell Hell » était passée dans le vocabulaire des internautes. La grande presse s'en aperçut ; Jarvis et son ordinateur en berne devinrent omniprésents, des pages du *New York Times* aux émissions de MSNBC.

Alors seulement, Dell se rendit compte qu'une foule en fureur se pressait à ses portes. La société s'empressa de faire tout ce qu'on doit faire dans un tel cas : elle s'excusa auprès de Jarvis, remplaça son ordinateur, promit de réformer ses procédures, etc. Mais cela venait trop tard. Son nom était terni. Une recherche sur Dell avec Google faisait apparaître les articles de Jarvis en première page et l'article de Wikipédia sur Dell décrivait le fiasco.

Aujourd'hui, deux ans plus tard, il n'est pas exagéré de dire que cette expérience a contribué à transformer l'entreprise. Michael Dell est revenu, avec la promesse de la ramener à ses racines en redonnant la priorité au client. Il a abandonné un projet de délocalisation de la plus grande partie du SAV technique en Inde. (Non que cette externalisation eût forcément été une mauvaise chose, voyez-vous. Seulement, elle avait été mal faite et était devenue un symbole de la priorité donnée par Dell à ses marges plutôt qu'à son SAV.) Dell remodela sa ligne de produits et, outre une amélioration considérable de sa qualité, réussit au passage à la rendre élégante et innovante. (Ces lignes sont écrites sur un nouvel ordinateur portable Dell, ce qui est relativement étonnant étant donné ma longue fidélité aux ThinkPad. Mais je vois Dell d'un œil nouveau.)

Aujourd'hui, si l'on saisit « Dell sucks » (« à bas Dell ») dans Google Trends, on apprend deux choses. D'abord, on constate trois pics : l'un au moment des premiers articles de Jarvis, le deuxième un mois plus tard quand l'émeute déclenchée par lui parvint aux grands médias, le dernier quand, l'année suivante, quelques ordinateurs portables Dell prirent feu (à cause de batteries Sony, s'empressera-t-on d'ajouter !). Après quoi, c'est la rogne minimale, par bonheur. Deuxièmement, l'endroit où l'on effectue le plus de recherches sur « Dell sucks » est Austin, au Texas, et ce n'est pas un hasard si le siège de Dell se trouve là. Oui, Dell fait des recherches sur « Dell sucks », et il a raison. Il reste à l'écoute.

Voici une expérience amusante. Si vous avez un Dell, un problème non résolu avec lui (soyez loyal, épuisez d'abord les moyens usuels) et un blog, écrivez un article sur votre problème. Et attendez. Selon des expériences récentes, vous devriez être contacté dans la semaine par un représentant de Dell qui cherchera à régler le problème. L'entreprise dispose aujourd'hui d'une équipe spécialisée chargée de scruter la blogosphère et d'éteindre les départs de feu. Après avoir un temps oublié la puissance des internautes consommateurs, Dell a opté pour les meilleures pratiques en écoutant la Longue Traîne.

Il existe un moyen pour quantifier ce nouveau paysage de l'influence : le décompte des liens entrants pointant vers les sites. Selon cet indicateur, bien des blogs individuels jouissent d'une « autorité » en ligne égale ou supérieure à celle des sites de grands organes de presse. Pourquoi donner tant d'importance aux liens entrants ? Parce qu'ils sont le meilleur moyen jamais imaginé pour mesurer le bouche-à-oreille.

Les hyperliens représentent un profond changement dans la manière dont on mesure l'influence. Le moyen traditionnel pour mesurer l'impact et la puissance des médias repose sur l'audience, le lectorat, le nombre d'auditeurs ou de téléspectateurs, la diffusion, les abonnements et autres choses de ce genre. Il repose largement sur le nombre de gens exposés aux médias. Qu'ont-ils pensé de ce qu'ils ont lu et qu'est-ce que cela les a amenés à faire ? On n'en sait rien.

Pour comprendre toute la supériorité du nouveau moyen – le décompte des liens entrants –, il faut comprendre la motivation sociale de l'hyperlien. Comme pour toute idée vraiment grande et radicale, il faudra des décennies pour en prendre pleinement la mesure. L'hyperlien a été mis en pratique sur Internet pour la première fois par Tim Berners-Lee, inventeur du web en 1990, mais son concept remonte à Ted Nelson, qui en 1960 a conçu un réseau mondial de documents liés dans le cadre du projet Xanadu. Resté inachevé, ce projet s'appuyait lui-même sur l'idée initiale d'un cerveau mondial énoncée pour la première fois par Vannevar Bush en 1945. On commence à peine à en discerner toutes les conséquences aujourd'hui.

À bien y réfléchir, l'hyperlien est l'acte de générosité en ligne par excellence. Quand quelqu'un jette un tel pont vers un autre site, il invite en fait ses lecteurs à aller voir ailleurs. Il déclare : « À ce stade, cher lecteur, si vous en voulez davantage, je vous conseille de quitter mon site et d'aller voir cet autre site. Je crois qu'il vaudra le temps que vous y passerez. Je crois que vous serez content de l'avoir visité, que vous reviendrez, et qu'alors vous me saurez gré de vous avoir judicieusement proposé ce lien. »

De même, quand quelqu'un établit un lien de son site vers le vôtre, il dit : « Je pense tant de bien de vous, de votre contenu et de tout ce que vous représentez que je vais vous transférer une partie de la réputation acquise au fil des années auprès de mes lecteurs et vous la confier. Je vais prendre la confiance que mes lecteurs ont en moi et la transformer à votre profit en un trafic chargé d'un préjugé positif. »

Le trafic provenant de ce genre de liens tiers (ou de résultats de recherche organiques, déterminés par ces liens) est formé de lecteurs inclinés à aimer, respecter et apprécier ce qu'ils trouveront, car ils suivent le conseil d'une source en laquelle ils ont confiance. Cette notion de trafic avec un préjugé positif est entièrement nouvelle.

Dans les anciens modèles des médias, on connaissait l'auditoire ou le lectorat, mais on ignorait ce que les gens pensaient. C'était du neutre. Certains aimaient ce qu'ils avaient trouvé, d'autres non, mais il était difficile de distinguer les uns des autres sans recourir à des groupes de focus ou d'autres moyens de ce genre. Le trafic entrant *via* les hyperliens, qui représente aujourd'hui plus de la moitié du trafic d'un site moyen, est un trafic qui a une orientation intrinsèquement positive, grâce aux retombées de la réputation de sa source.

Cette considération est importante car Google, qui est le moyen par lequel on fait de l'argent sur le web, attache plus d'importance aux hyperliens qu'à toute autre chose.

Quand Google décide de ce qui est important, ce n'est pas à la suite d'une analyse sémantique, mais de la mesure du nombre de liens entrants. Ces liens entrants sont autant de suffrages. Ce sont des votes de confiance. Des votes de pertinence. Des signes d'approbation. Et quand quelqu'un crée un lien vers un site, c'est le vote par excellence. C'est l'hommage suprême accordé à un site qui l'a mérité. Quand les gens suivent ces résultats de recherche organiques, les sites sur lesquels ils se rendent parce qu'ils y figuraient en première page gagnent de l'argent grâce aux annonces qu'ils leur présentent.

Ainsi, les liens se transforment en un rang de classement élevé lors des recherches organiques. Un bon classement et une recherche organique suscitent du trafic, qui lui-même arrive avec un préjugé positif parce que le site a été conseillé par Google, et ce trafic à préjugé positif se transforme en argent pour ce site. Il s'agit au fond d'un échange économique : Google transforme la réputation en attention (trafic), que les sites transforment en argent grâce à la publicité.

C'est pourquoi le bouche-à-oreille est aujourd'hui le maître du jeu. Ce moyen de communiquer des opinions, le plus ancien de tous, peut aujourd'hui être multiplié par mille, mesuré, étendu au monde entier, puis monétisé directement. Et c'est pourquoi le premier acte du marketing de Longue Traîne consiste à attirer les liens entrants dont dépend l'opinion confiante, organique, ascendante, basique, qui influence en fin de compte le comportement du consommateur du XXIe siècle.

Dans ce basculement du pouvoir des institutions vers les individus, intéressons-nous un instant aux plus grandes institutions qui soient : les grandes marques multinationales. Comme ce sont elles qui ont le plus à perdre sous forme de valeur de leur image, elles sont souvent les plus réticentes à renoncer aux messages bien maîtrisés venus d'en haut. Ce qui rend d'autant plus étonnante l'histoire de Microsoft et de Channel 9.

Début 2003, l'image publique de Microsoft paraissait au plus mal. La société était encore sous le coup de l'enquête antitrust engagée contre elle à la fin des années 1990, son cours de Bourse était atone et Google lui avait ravi la couronne de société technologique la plus en vogue.

Microsoft semblait incapable de modifier la vision du public. Et quand on y pense, ce n'est pas étonnant. Depuis des décennies, le visage de l'entreprise se confond avec celui de deux hommes : Bill Gates et Steve Ballmer. Ce qu'on pense de Microsoft, c'est ce qu'on pense d'eux. Si vous voyez en eux des prédateurs monopolistes, ils ne peuvent pas dire grand-chose pour vous faire changer d'avis. Et si vous les considérez comme foncièrement incapables de créer des produits qui suscitent la même fidélité et le même enthousiasme que ceux d'Apple chez les consommateurs, ce n'est pas une campagne de publicité ou un communiqué de presse qui y remédieront.

Telle était l'idée que ruminait Len Pryor au retour d'une très ordinaire conférence des développeurs Microsoft. Cadre débutant, il était chargé de l'« évangélisme système », mais cette tâche devenait chaque année plus difficile. Les programmeurs constataient qu'on demandait de plus en plus des applications fonctionnant sous Linux ou sur des machines Apple. Des sociétés comme Yahoo ! ou Google faisaient tout le travail vraiment intéressant en ligne. Et le mouvement du web 2.0 avait donné naissance à des outils destinés à écrire du logiciel fonctionnant dans des navigateurs web plutôt que sur un micro-ordinateur, des outils assez puissants et bon marché pour susciter la naissance de milliers de nouvelles entreprises, dont la plupart n'avaient aucunement besoin de logiciels Microsoft.

Lors d'une conférence de développeurs, fin 2003, Pryor s'était essayé à la rédaction d'un blog qui avait remporté un grand succès. Mais le blog avait pris fin avec la conférence. Comment Microsoft aurait-il pu étendre ce moyen de communication tout au long de l'année et au-delà du public de programmeurs purs et durs qui participe à ce genre de conférences ?

Il se trouve que Pryor avait peur de prendre l'avion. Il était resté traumatisé par un accident aérien qui avait failli être fatal à l'un de ses amis proches au début des années 1990. L'idée de mettre sa vie entre les mains de deux pilotes qu'il ne connaissait pas lui provoquait des accès de panique. Avant d'embarquer, il éprouvait systématiquement des douleurs d'estomac, et pendant l'essentiel du vol il luttait contre la peur tantôt par la méditation, tantôt en se cramponnant aux accoudoirs. Un jour, il rencontra un pilote de Delta Air Lines. Il l'interrogea en détails sur la conduite d'un gros appareil, les systèmes de sauvegarde, les raisons qui pouvaient causer la chute d'un avion. Cela fonctionna. En entrant dans la tête du pilote, il finit par comprendre à quel point le transport aérien est sûr en réalité.

On peut appeler cela transparence du processus : plus on en sait sur le fonctionnement d'un système, plus on a confiance en lui.

United Airlines obéissait à la même philosophie quand il a décidé de permettre à ses passagers d'écouter les communications entre le cockpit et la tour de contrôle sur le canal 9 de son système de sonorisation en vol. Si, au moment où l'avion est secoué par un grand trou d'air, vous pouvez entendre le pilote et le contrôleur de la circulation aérienne bavarder du temps qu'il fait à votre aéroport de destination, la simple banalité de leur conversation vous rassure.

Pryor se demandait si une méthode analogue aiderait les gens à mieux comprendre Microsoft. Si l'on pouvait les amener à connaître plus facilement ses ingénieurs – à rendre plus transparent son processus de développement –, les programmeurs extérieurs seraient moins réticents à son égard.

En décembre 2003, Pryor soumit son idée à Vic Gundotra, directeur général chargé des relations avec les développeurs. Elle était, admet-il aujourd'hui, un tantinet ambitieuse. « Je proposais de la télé-réalité avec des caméras dans toutes les salles de conférence », dit-il à Fred Voglestein, chez *Wired*. « Je voulais afficher les spécifications de nos logiciels – passer complètement en *open source*. Vic m'a demandé d'en rabattre un peu, mais le concept lui a bien plu. » Gundotra lui donna deux mois et 20 000 dollars pour mettre en train son projet. Pryor équipa de caméscopes une équipe de cinq personnes, dont lui-même, qu'il envoya à travers l'entreprise pour interroger des ingénieurs sur leur travail et leurs produits. L'idée était d'afficher les vidéos – sans censure et avec un minimum de montage – sur un site web où n'importe qui, salarié de l'entreprise ou non, pourrait les voir et les commenter.

À première vue, c'était absurde. Comment Pryor aurait-il pu court-circuiter les juristes, les communicants, les dirigeants et les responsables du marketing de Microsoft ? Que se passerait-il si les caméras de Channel 9 montraient par accident un secret maison griffonné sur un tableau blanc ? Ou si quelqu'un, rendu émotif par la caméra, disait quelque chose qu'il n'aurait pas dû dire ? Que faire si un brillant ingénieur avait une tête d'ahuri mal peigné ?

Au lancement de Channel 9, le 6 avril 2004, deux choses furent immédiatement claires : les craintes des juristes et autres communicants allaient bel et bien se réaliser – et cela serait bon pour l'entreprise. L'une des premières vidéos déposées sur Channel 9, un entretien avec un scientifique, Bill Hill, en donnait un parfait exemple. La chevelure de Hill aurait eu besoin d'un coup de peigne, et sa barbe d'un bon rasage. Quant à son sujet

– « Windows n'est pas le plus important des systèmes d'exploitation » –, il était largement hors des clous. Son message aux programmeurs : le cadre d'exploitation essentiel, ce sont les hommes et non le logiciel. Son discours farfelu et plein d'idées n'aurait certainement pas été validé par les relations publiques, sans parler de le diffuser. Mais ce fut un énorme succès et il reste l'une des vidéos les plus regardées sur le site.

« Qui vous a permis de faire ça ? Je veux voir votre directeur », disait un courrier électronique envoyé par l'un des patrons du marketing de la division Windows. « Certaines informations de la dernière vidéo sont fausses. Êtes-vous conscient que des actionnaires pourraient nous traîner en justice pour cela ? » protestait un juriste. Pryor fit aussi des dizaines de mauvaises rencontres au hasard des couloirs. Quelqu'un du marketing ou des relations publiques l'arrêtait en chemin pour lui dire en substance : « Pour qui vous prenez-vous ? » Mais ses patrons le soutenaient et écartèrent les censeurs.

Le site rencontra un succès phénoménal auprès de la base. Mais en fin de compte, ce qui assura la survie de Channel 9 fut son succès instantané auprès de son public cible : les développeurs indépendants. Dès le premier jour, le bouche-à-oreille lui avait valu 100 000 consultations. Six mois plus tard, le trafic atteignait 1,2 million de visiteurs uniques par mois. Aujourd'hui, Channel 9 compte près de 4,5 millions de visiteurs uniques mensuels. On y trouve plus de 1 500 vidéos.

Peut-être avez-vous entendu parler de Robert Scoble, le blogueur de Microsoft devenu une célébrité du web, qui mettait dans sa poche les développeurs de logiciels avec ses billets d'une candeur revigorante consacrés à son employeur (qu'il a quitté fin 2006 pour une nouvelle entreprise de podcasts). Mais Scoble n'était que la face visible de la révolution de la transparence mise en branle par Channel 9 au sein de Microsoft. En fait, cette entreprise de 71 000 salariés compte aujourd'hui plus de 4 500 blogueurs qui dissertent sur tous les sujets imaginables intéressant les techniciens, de SQL à la création d'entreprise. On trouve parmi eux Larry Hryb, directeur de la programmation de Xbox Live, qui s'exprime deux ou trois fois par jour sous le pseudonyme Major Nelson – comme sur Xbox Live – et réalise un podcast hebdomadaire. Ses billets ont presque rendu obsolètes les relations publiques conventionnelles de la Xbox. Si vous voulez voir les communiqués de presse les plus récents sur la console de jeu de Microsoft, vous les trouverez sur le blog de Major Nelson.

Aujourd'hui, Microsoft est moins une société monolithique dirigée par deux titans, et davantage une assemblée de milliers de personnes comme vous et moi. Quel que soit le produit Microsoft que vous utilisez ou qui vous intéresse, il fait l'objet d'une conversation publique entretenue par un ingénieur ou un chef de produit. Aucun de ceux-ci ne draine autant de monde que Scoble, mais la qualité de la conversation n'en est que meilleure au regard de leur cible spécifique.

Il se trouve que je m'intéresse au logiciel de vidéo et de musique Microsoft Media Center, et je me suis abonné à quelques-uns des blogs rédigés par des membres de l'équipe qui en est chargée. Un post présentera par exemple le débat interne sur la manière d'afficher un album quand le graphisme du boîtier n'est pas disponible : faut-il utiliser une jolie police proportionnelle ou bien une moins jolie police à chasse fixe avec laquelle l'affichage de toute la « rangée » d'albums sera plus homogène ? La question est triviale et ne présente aucun intérêt pour la grande majorité des utilisateurs de

Microsoft, mais elle m'intéressait moi, et quand le produit final est sorti, appliquant la convention pour laquelle j'avais voté, j'ai ressenti un surcroît de fidélité et d'affection à son égard, ce qui n'est pas le sentiment que m'inspirent normalement les logiciels Microsoft.

Pour gérer sa réputation, Microsoft comptait autrefois sur son énorme service de relations publiques. À présent, cette mission revient à ses salariés. Que reste-t-il aux relations publiques ?

Leur rôle habituel, l'envoi de communiqués de presse aux médias classiques, durera probablement aussi longtemps qu'il y aura des médias classiques. Mais qu'en est-il de la Longue Traîne des médias – tous ces nouveaux moyens d'influence, des micromédias comme Techcrunch ou Gizmodo jusqu'aux blogueurs individuels ? Et des agrégateurs sociaux comme Digg ou Reddit (lequel, pour être franc, appartient à *Wired*) ?

C'est chez eux que la plus puissante des formes de marketing – le bouche-à-oreille – prend sa source, mais la plupart d'entre eux ne veulent pas avoir affaire à un attaché de presse. Les blogs réclament l'authenticité et l'expression individuelle, et non l'esbroufe commerciale. De nombreux blogueurs ne semblent pas du tout sur la même longueur d'onde que les professionnels des RP, systématiquement enthousiastes, et gare à celui qui se fait prendre à essayer de manipuler Digg sans révéler qu'on le paie pour cela.

Imaginez à présent que vous êtes l'un de ces professionnels des relations publiques. Que faites-vous ? Allez-vous vous cramponner au monde que vous connaissez en continuant à diffuser des communiqués de presse et à solliciter la presse traditionnelle (en faisant mine de ne pas remarquer que ses rangs se réduisent et que son influence s'effrite) ? Allez-vous vous mettre à inonder les blogueurs de spams en croisant les doigts ? Allez-vous traiter une petite élite de blogueurs comme la presse traditionnelle et les entourer de votre affection en ignorant les autres ?

J'ai vu des exemples de ces trois solutions, parfois même couronnés de quelque succès. Malgré le décalage culturel, quantité de blogueurs ne verraient certainement rien de mal à être approchés par un professionnel des RP, dans la mesure où ce dernier se fend d'un commentaire ou d'un courrier électronique personnel montrant qu'il lit effectivement le blog et comprend de quoi il parle. Et des entreprises telles que Microsoft ou Sun sont en train de réorienter leur stratégie de relations publiques afin de cultiver spécialement les blogueurs influents en les invitant à des réunions d'information privées et en leur présentant à l'avance leurs nouveaux produits.

Mais foncièrement, les médias sociaux fonctionnent de pair à pair ; les blogueurs préfèrent avoir affaire à quelqu'un qui fait des choses intéressantes qu'à un intermédiaire professionnel payé pour représenter ce quelqu'un. Le problème est que les gens qui font des choses intéressantes sont très occupés, et c'est pourquoi ils paient des attachés de presse pour s'exprimer à leur place.

On peut se demander si la solution ne serait pas dans une évolution du rôle des relations publiques, qui renonceraient aux relations externes au profit des relations internes, à la communication au profit du « coaching » des salariés sur la manière de s'exprimer efficacement eux-mêmes. Prenez les 3 000 blogueurs de Microsoft qui, pour beaucoup d'entre nous, remplacent avantageusement son service de relations publiques. Les chefs de projet internes, comme Major Nelson dans l'équipe Xbox 360, sont une source d'information écoutée et opportune, et les articles de leurs blogs remplacent largement les communiqués de presse officiels. Major Nelson et les autres blogueurs de Microsoft font partie d'un mouvement vers la transparence qui est venu du service des relations avec les développeurs, mais qui aurait aussi bien pu être déclenché par un service de relations publiques clairvoyant.

Voici une amorce de programme pour ce genre de coaching interne sur les médias sociaux :

- Qui sont les gens influents dans notre domaine (et comment on sait qu'ils le sont) ?
- Par qui ou par quoi sont-ils influencés ?
- Comment figurer sur Digg ?
- Comment tenir un blog efficace ?
- Utiliser les listes d'invitation aux béta-tests comme outil de marketing.
- L'art de solliciter des liens.
- Coups d'éclat, concours, astuces, mèmes et autres appâts à liens.
- Ne pas trop en dire : comment savoir quand commencer à parler de ce que vous faites.

Une professionnelle des relations publiques, Abigail Johnson, a très bien expliqué ce changement de cap. « À certains égards, dit-elle, la Longue Traîne nous ramène aux fondamentaux de la communication humaine : avant l'existence de la presse et des médias de masse, il n'y avait pas d'autre moyen que le bouche-à-oreille pour faire circuler un message. Et comme sa diffusion se faisait progressivement et que les gens ne perdaient pas leur temps à enfiler des superlatifs, le plus souvent, ce qui apparaissait sur le marché était le plus souvent la véritable essence d'une entité. »

J'ai principalement parlé jusqu'ici de marketing en ligne. Mais il est fascinant de voir la fragmentation culturelle et la « nichification » caractéristiques du monde en ligne influencer aussi le monde hors ligne. Il n'y a pas si longtemps, Berkeley, la ville de Californie où je vis (malgré mon antipathie générale pour tout ce qui évoque les *hippies*, les *sixties* et la mystique du bain collectif), était le parangon de la marginalité. On y venait pour échapper au conformisme et non pour le définir. Or, aujourd'hui, le mouvement de l'alimentation bio et artisanale, les véhicules hybrides, la consommation verte et les entreprises socialement responsables – tous issus de pôles de la contre-culture tels que Berkeley – modifient le paysage des consommateurs, de Wal-Mart au *prime time* télévisé.

Prenez le chocolat. Entre la Suisse et Hershey, tout ce qui peut être fait afin de créer un nouveau marché pour les fèves de cacao a sans doute été fait. Il n'y a pas si longtemps pourtant, on en disait autant de ces autres graines pour lesquelles on dépense chaque matin trois dollars chez Starbucks. Ne sous-estimez jamais l'intérêt de la découverte de méganiches dans un marché qu'on croyait jusque-là banalisé.

Aujourd'hui, le chocolat marche à grands pas sur les traces du café. Ou du vin. Ou de la bière. Ou du pain. Ou du thé. Ou de l'huile d'olive. Tous ces produits se sont débanalisés du jour où quelque entrepreneur astucieux a compris qu'un grand marché résidait à l'extrémité de la Longue Traîne, là où justement se trouvaient les consommateurs les plus riches, au goût le plus raffiné, attendant que quelqu'un s'aperçoive de l'existence d'une demande latente en dehors du modèle à taille unique.

Pour m'en assurer *de visu*, j'ai visité Tcho, la nouvelle chocolaterie artisanale de mon ami Louis Rossetto. On m'y a tout de suite présenté les étonnantes statistiques du chocolat de la Longue Traîne. Aux États-Unis, le marché du chocolat dans son ensemble est à peu près étale, il ne progresse pas plus vite que la population et l'inflation. Or, le chocolat de luxe progresse de 16 % par an. Il comprend plusieurs niches qui croissent encore plus vite. Le chocolat bio progresse de 70 % par an, et l'on estime que le chocolat du « commerce équitable » progresse de 2 000 % par an (à partir d'une base très faible, il est vrai).

Les nouveaux chocolatiers de niche suivent une feuille de route tracée avant eux par les torréfacteurs. Au lieu d'acheter du chocolat en gros pour le mélanger et le mouler comme la plupart des autres acteurs de leur industrie (que les nouveaux chocolatiers artisanaux appellent par dérision les *remelters*, les refondeurs), ils se procurent des fèves à la source puis suivent leur évolution d'étape en étape, en passant par l'expédition, la fermentation, le séchage et la mouture. Sur chaque barre de Tcho figure un code qu'on peut saisir sur un site web pour voir sur Google Earth le parcours qu'elle a suivi, de la plantation jusqu'au magasin. À chaque étape de ce parcours, des vidéos permettent de voir ce qui se passe et les gens qui en sont chargés. Chaque lot est unique, il fait intervenir fournisseur, intermédiaires et processus selon une combinaison chaque fois différente. Tout est à la disposition des consommateurs que la question intéresse.

Chaque bouchée tient du doctorat en mondialisation.

L'information a une valeur. Les gens sont prêts à payer plus cher pour savoir d'où vient leur alimentation, pour vérifier sa qualité ou la condition économique des travailleurs qui l'ont produite. Quels autres produits devraient être débanalisés de cette manière ?

En un sens, l'essor des produits agricoles bio, artisanaux et autres « faits main » renvoie à l'époque des petits paysans, du travail manuel et des savoirs traditionnels. Pourquoi alors le considérer comme un pan d'un glissement culturel provoqué au XXIe siècle par la technologie ? Parce qu'il illustre la transformation d'une niche en un courant dominant. Et ce mouvement lui-même découle de toute une série de truismes modernes sur la culture des pays développés : aisance financière (les produits de niche sont souvent plus chers), goûts de plus en plus raffinés et éduqués, tolérance et même préférence pour la diversité, canaux de distribution (des épiceries bio de Whole Foods aux cafés Starbucks) mieux adaptés à la diversité que jamais dans le passé.

Et puis il y a le web. Oubliez son côté marché de produits, réfléchissez plutôt à son côté marché d'opinions. C'est le grand aplanisseur du marketing. Il permet aux produits de niche de se faire connaître du monde entier. La plupart des produits seront vendus hors ligne, comme cela a toujours été le cas. Mais dans les années à venir, de plus en plus de produits seront *prévendus* en ligne, en exploitant l'aptitude des méthodes du web à saucissonner les groupes de consommateurs et à influencer le bouche-à-oreille plus efficacement que jamais. Toutes les industries ne se prêtent pas à une diversification infinie des produits, mais toutes ont une diversité infinie de clients. Enfin, on peut traiter ces derniers comme les individus qu'ils sont. C'est le crépuscule du spot publicitaire télévisé.

Coda : la traîne de demain

Pour 30 000 dollars environ, vous pouvez désormais acheter l'imprimante Solidscape T66 3D. C'est un magnifique outil de PAO, même s'il est un peu cher. Mais le prix baisse rapidement, et c'est le type même de technologie d'avant-garde qui donne des ailes à l'imagination. Souvenez-vous de la Lego Factory, qui vous permet de dessiner votre modèle, de le téléverser sur le site du fabricant et de le recevoir en kit une ou deux semaines plus tard ? Désormais, vous pouvez supprimer le délai de livraison. Une imprimante 3D est une petite usine capable de fabriquer à domicile pratiquement n'importe quelle pièce. Un jour, ce sera aussi courant qu'une imprimante à jet d'encre et pas plus cher. Imaginez seulement les portes que cela nous ouvre !

Il existe aujourd'hui différentes sortes d'imprimantes 3D, et l'un des modèles courants utilise un laser qui produit la forme de votre choix à partir d'un polymère liquide ou d'une poudre. À partir d'un fichier numérique 3D (comme une sortie de programme de CAO) ou même d'un fichier de personnage de jeu vidéo obtenu par capture d'écran, le laser se met au travail. Une strate après l'autre, l'imprimante réalise une reproduction parfaite en plastique de l'objet. La Solidscape 3D est capable de transformer des bits en atomes chez vous. C'est le summum en matière de technologie de fabrication Longue Traîne.

Comme la technologie de prototypage 3D ne se limite pas au plastique fragile et utilise des matériaux de plus en plus diversifiés, depuis les métaux jusqu'aux tissus synthétiques, nous pourrons un jour fabriquer des pièces de rechange, des jouets et même des machines complètes que nous aurons téléchargés à partir du site d'un détaillant virtuel. C'est déjà une réalité pour les produits numériques : aujourd'hui, vous pouvez demander à Amazon de vous expédier un logiciel pour établir votre déclaration d'impôts en dix jours ou simplement le télécharger et l'utiliser sur-le-champ. Vous disposez d'un choix comparable en musique : un CD la semaine prochaine ou une plage numérique dans l'instant. Vous pouvez déjà imprimer vos photographies à la maison ; demain, vous serez à même de confectionner aussi le cadre.

Les premiers signes de cette évolution sont déjà visibles. Will Wright, concepteur légendaire de jeux vidéo, est en train de mettre la dernière main à sa nouvelle création : « Spore ». Dans ce jeu, vous pourrez faire évoluer votre créature en lui attribuant des traits et des caractéristiques de votre invention. Si votre création vous plaît, vous pouvez la téléverser sur le serveur de Spore. Puis, pour 20 dollars environ, vous pouvez le faire prototyper en 3D, avec les couleurs et les matériaux de votre choix. Chaque créature est une pièce unique et vous la recevrez dans votre boîte aux lettres en une semaine ou deux. Il faut considérer cela comme la Longue Traîne du merchandising et un aperçu à couper le souffle de ce qui nous attend.

La « Longue Traîne des objets physiques » sera agrégée et stockée sous forme de bits pour être livrée chez vous par fibre optique, comme c'est le cas aujourd'hui pour les produits numériques. Ce n'est que chez vous que l'objet sera matérialisé sous forme d'atomes, là où il sera consommé. Cela ressemble à de la science-fiction, mais rappelons qu'il y a dix ans encore, avoir l'équivalent de toute une collection de disques dans votre poche relevait aussi du rêve.

Dans l'univers du divertissement et de l'information, nous ne sommes déjà plus prisonniers de limites comme l'espace des linéaires, la capacité des chaînes ou la logique de la taille unique. Peut-être que les contraintes liées à la production de masse disparaîtront elles aussi. L'explosion de la diversité en matière de culture, fruit des efficiences numériques, finira par contaminer tous les autres domaines de notre vie. On ne se demandera plus demain s'il est préférable d'avoir plus de choix, mais plutôt : « Que voulons-nous vraiment ? » Et dans l'univers du linéaire illimité, tout est possible.

ÉPILOGUE

Au cours des mois qui se sont écoulés depuis la première publication de *La Longue Traîne*, deux choses remarquables se sont produites. D'abord (et c'est paradoxal pour un ouvrage sur la puissance des niches), le livre est devenu un best-seller, classé dans les dix premiers au hit-parade du *New York Times*, aussi bien que numéro un des ventes de livres hors fiction en Chine. Mais surtout, il a été lu et a trouvé un écho dans des industries que je n'avais jamais considérées comme des marchés de longue traîne. Des centaines de lecteurs m'ont écrit en expliquant comment la Longue Traîne se manifeste dans toutes sortes d'activités, depuis le militantisme religieux (l'éducation à domicile chrétienne est la Longue Traîne de l'enseignement !) jusqu'à la pornographie (peut-être le meilleur exemple de vraie diversité des goûts dans l'espèce humaine, mais je laisserai à d'autres le soin d'expliquer leur… euh… leur position à ce sujet).

On m'a souvent demandé de fournir des exemples supplémentaires des effets de la Longue Traîne hors des royaumes numériques que sont les médias et le divertissement. Dans les précédents chapitres de ce livre, j'ai donné des exemples qui vont d'eBay à Lego, mais les lecteurs voulaient savoir si la tendance à la fragmentation du marché et la demande du public pour les produits de niche s'appliquait aussi au commerce traditionnel et aux produits de grande consommation. La réponse est oui, quoique pas de manière aussi spectaculaire que dans les domaines purement numériques, où l'économie de la distribution a vécu le changement le plus rapide.

La mode est un excellent exemple : elle englobe des marchés de niche comme ceux des créateurs et de la haute couture (où naissent les modes qui formeront un jour la courte tête de la Longue Traîne du marché de masse) et des marchés émergents comme ceux des vêtements anciens (dont eBay est le plus grand distributeur) ou des T-shirts créés par des amateurs sur des sites comme Threadless.com.

Le voyage en est un autre. L'essor des vols à prix cassés proposés par des compagnies comme easyJet ou Ryanair a foncièrement réduit le coût de la distribution pour des millions de voyageurs qui visitent désormais des villes et des régions situées hors des grands flux touristiques, de l'Europe de l'Est aux petites agglomérations d'Europe occidentale.

Et puis, il y a aussi le marché en expansion exponentielle de l'alimentation biologique et « artisanale », né d'une microniche sur des marchés comme celui de ma ville de Berkeley et du mouvement du Slow Food autour de petites fermes italiennes, et qui touche maintenant le grand public avec la chaîne d'épicerie Whole Foods. Les efforts accomplis par Wal-Mart afin de se procurer assez de lait bio pour satisfaire la demande de millions d'Américains moyens est un exemple spectaculaire de la rapidité avec laquelle des forces de la Longue Traîne peuvent parvenir à la tête de la courbe.

L'une des extensions les plus réjouissantes et les plus surprenantes (rafraîchissantes, même !) de la théorie, constatée l'an dernier, concerne l'alcool. Anheuser-Busch, premier producteur d'alcool américain, a créé une division appelée Long Tail Libations (« libations de la Longue Traîne ») pour commercialiser des produits de niche allant de la bière artisanale aux marques régionales.

J'ai pris contact avec Anheuser-Busch afin d'apprendre de la bouche du cheval [1] pourquoi le passage des hits aux niches vient aussi aux boissons. Je comprends comment Internet abaisse les coûts de distribution sur de nombreux marchés et permet ainsi plus de choix (le « linéaire » est infini), mais comment cela s'applique-t-il à des bouteilles sur de vrais linéaires ?

Voici l'explication de Pat McGauley, directeur de Long Tail Libations : si Anheuser-Busch s'intéresse aux bières de niche, ce n'est pas à cause d'un changement radical dans l'économie de la distribution, mais plutôt d'une évolution plus large de notre culture vers les niches. Anheuser-Busch occupe une position unique parmi les brasseurs en ce sens qu'il est assez gros pour contrôler son propre réseau de distribution (les autres passent par des distributeurs tiers, peu convaincus des vertus des micromarchés) et peut donc expérimenter beaucoup plus de produits destinés à des consommateurs de niche.

Au cours des dix dernières années, la société a énormément élargi son catalogue de bières, *coolers* et autres spiritueux, passé de vingt-six marques en 1997 à quatre-vingts en 2007. Aujourd'hui, elle fabrique des bières bio, des boissons pour femmes et quantités de microproductions comme Bare Knuckle Stout ou ZiegenBock (disponibles uniquement au Texas).

Mais ce qui m'a vraiment laissé pantois est sa toute dernière bière. Dans sa quête de niches brassicoles toujours plus finement ciselées, l'entreprise va aujourd'hui plus loin que le bio, plus loin que l'artisanal, plus loin même que le local. Elle a découvert le marché de la bière non allergénique. Fin 2006, elle a présenté une bière sans gluten appelée Redbridge, produite à partir du sorgho et non du blé ou de l'orge.

Rétrospectivement, c'est parfaitement logique : il existe un marché pour toutes sortes d'aliments sans gluten, pourquoi pas la bière aussi ? De fait, le marché des multiples produits non allergéniques est une opportunité de Longue Traîne classique, comme je m'en suis rendu compte quand j'ai appris que le marché des aspirateurs de niche avait dépassé le stade des appareils robots et des Dyson haut de gamme pour s'étendre à des machines avec filtres spéciaux retenant les pollens et les poils, plumes ou écailles d'animaux.

Autre exemple, l'application de la Longue Traîne à la mondialisation de la culture. Dans les sports, les actualités et le divertissement, on ne cherche plus uniquement à toucher un public concentré dans un endroit, mais des auditoires répartis tout autour du monde.

Les grands succès d'un pays sont les niches d'un autre. Au Japon, animations et mangas sont omniprésents ; aux États-Unis, ils forment une niche. Les *telenovelas* s'adressent au grand public en Amérique latine, à des niches ailleurs. Et puis il y a le monde du football, qui apparemment touche le grand public partout sauf aux États-Unis, où l'on n'en voit guère à la télévision hors période de Coupe du monde.

Prenez le cricket. Ce sport tient une grande place dans les pays du Commonwealth ainsi que dans le sous-continent indien et le reste de l'ancien Empire britannique. En Inde, au Pakistan, en Australie, en Afrique du Sud, en Nouvelle-Zélande, au Royaume-Uni, tous les grands matchs de cricket sont diffusés en direct à la télévision. Ailleurs, il est pratiquement impossible de les trouver. Dans l'économie de la télédiffusion, c'est logique : les ondes sont une ressource rare, on ne peut les consacrer qu'à des contenus destinés aux masses. Mais il y a des millions d'amateurs de cricket en dehors de ces quelques marchés concentrés. Et ils ont aussi envie que leurs compatriotes de voir des matchs de cricket en direct, ou même en différé. À présent, ils le peuvent, grâce à la vidéo en lecture continue sur le web.

La diaspora indienne compte environ 25 millions de personnes, installées pour la plupart dans des pays où l'on ne voit pas de cricket à la télévision. Considérez-les comme la « diaspora du cricket », un public dispersé d'une ampleur potentiellement immense. De même pour la diaspora du rugby, la diaspora du football, la diaspora du sumo, etc. Puis changez de perspective et faites-en autant pour les publics potentiels des sports américains dans le monde : la diaspora du football américain, la diaspora du baseball, la diaspora du basket. Puis étendez ce raisonnement aux actualités, aux émissions de télévision, à la musique, etc. Vous voyez ce que je veux dire ?

Aujourd'hui, alors que la télévision migre de plus en plus du monde programmé de la télédiffusion en direct vers le monde en libre-service du *streaming* vidéo sur le web, nous allons entrer dans une époque où les marchés épars vaudront bien les marchés concentrés. La vidéo de Longue Traîne réunira des diasporas à travers leur culture commune, même si celle-ci reste considérée comme une culture de niche dans le monde alentour. Cela s'est déjà produit avec l'essor des radios latinos aux États-Unis ; bientôt, il en sera de même pour toutes les autres cultures immigrantes, aux États-Unis comme à l'étranger. On se représente souvent la Longue Traîne comme une force de fragmentation, mais elle peut aussi être une force d'unification pour ce qui se trouve déjà fragmenté.

Il y aurait probablement un autre livre à écrire en recensant les meilleures pratiques de toutes ces applications diverses et surprenantes. Mais ce sera pour une autre fois et peut-être un autre auteur. Dans ces dernières lignes, j'aimerais évoquer brièvement quelques-uns des malentendus les plus courants qui entourent la théorie, tels que je les ai constatés à maintes reprises après la première publication du livre.

La méprise de loin la plus courante est que la Longue Traîne annoncerait la fin des grands succès. Il n'en est rien. Les hits font autant partie de la distribution normale que les niches. Ce qui est mort, c'est le *monopole* du grand succès.

Pendant trop longtemps, les hits ou les produits ayant vocation à le devenir ont occupé toute la scène car seules les entreprises vouées aux grands succès avaient accès à la distribution au détail, laquelle n'avait de place que pour les best-sellers. Or, ces derniers doivent aujourd'hui partager le terrain avec un million de produits de niche, ce qui conduira à un marché tout différent. Je m'explique.

Il existe essentiellement trois sortes de hits ; appelons-les type 1, type 2 et type 3. Les deux premiers sont ceux « venus d'en haut », issus des traditionnelles machines à fabriquer des succès, les principaux labels, studios, éditeurs et autres entreprises de ce genre. Le troisième est un nouveau genre de succès « venu d'en bas », issu de la base, un marché extrêmement varié et de plus en plus puissant.

- Type 1 : authentiques succès venus d'en haut, produits excellents qui rencontrent un large public (les exemples sont nombreux, du groupe Coldplay jusqu'à la Coupe du monde). Ils commencent grands et restent grands.

• Type 2 : succès artificiels venus d'en haut, produits boiteux soutenus par un marketing massif qui réussit à amener beaucoup de gens à les essayer, quitte à ce que probablement ils le regrettent ensuite (pensez au film *Garfield 2*, en VO *Garfield : A Tail of Two Kitties*). Ils commencent grands, mais mollissent vite.

• Type 3 : succès venus d'en bas qui doivent leur ascension au bouche-à-oreille et au soutien de la base (pensez au groupe de rock Clap Your Hands Say Yeah ou au film *La Marche de l'empereur*). Ils commencent petits et deviennent grands.

Je crois que les succès du type 1 vont continuer à bien se porter. Ceux du type 3 vont faire encore mieux, car le web est le plus grand amplificateur de bouche-à-oreille jamais inventé. Mais les succès du type 2 vont souffrir, car le public se passe le mot de leur médiocrité plus vite que jamais.

Résultat des courses : dans un monde de Longue Traîne, beaucoup de succès venus d'en haut perdent du terrain, mais un nombre plus grand encore de succès venus d'en bas prospèrent. *Ce n'est pas la fin des hits, c'est la montée en puissance d'un nouveau genre de succès.*

On m'a souvent demandé également si la théorie signifie que des producteurs obscurs peuvent désormais espérer devenir riches. Hélas, ce n'est pas aussi simple que cela.

D'abord, revoyons ce que dit en réalité la théorie. En bref, elle comprend deux volets : a) si vous pouvez radicalement abaisser vos coûts de production et de distribution, vous pouvez proposer bien plus de variété ; b) si vous proposez plus de variété et des outils pour en profiter aisément en fonction des goûts individuels de chacun, les gens exprimeront de plus en plus leurs différences au lieu de se rabattre sur un plus petit dénominateur commun comme dans la culture des grands succès traditionnels.

Sur les marchés de Longue Traîne interviennent trois types élémentaires de participants : consommateurs, agrégateurs et producteurs (notez qu'il est possible d'être les trois à la fois, ils ne sont pas mutuellement incompatibles). Les effets principaux sur chacune d'eux sont les suivants :

- Consommateurs. Effet : largement culturel. Les gens ont plus de choix, de sorte que les goûts individuels sont de plus en plus satisfaits, même si cela entraîne une fragmentation culturelle croissante.
- Agrégateurs. Effet : largement économique. Il n'a jamais été facile d'assembler des catalogues extrêmement variés et de créer des outils pour les organiser, de la recherche aux préconisations. Plus de variété ajoutée à plus de demande de variété égale opportunité. Notez aussi que si la taille unique ne convient pas à tous pour les produits, il en va de même pour les agrégateurs ; je crois que des exemples comme ceux d'eBay, d'Amazon, d'iTunes ou de Google, où le gagnant rafle toute la mise, sont un phénomène de première manche. Des agrégateurs de niche spécialisés (pensez aux services de recherche verticale, comme celui du site immobilier Zillow) gagnent du terrain.
- Producteurs. Effet : largement non économique. Pour les producteurs, les avantages principaux de la Longue Traîne ne résident pas dans les revenus directs. En moyenne, Google Adsense ne rapportera à un blog que des revenus ridicules, et MySpace ne permettra probablement pas à un groupe musical de vendre assez de CD pour couvrir ses frais d'enregistrement, sans parler de gagner sa vie avec. Mais la capacité d'indivi-

dualiser une microcélébrité peut avoir un grand intérêt ailleurs. Un blog est un excellent véhicule de notoriété personnelle qui peut apporter toutes sortes de retombées, des offres d'emploi aux contrats de conseil. Et la plupart des pages MySpace consacrées à des groupes musicaux visent à attirer le public vers les salles de spectacle, marché qui intéresse le plus ces groupes. Du point de vue de l'économie non monétaire de la réputation, la Longue Traîne semble bien plus attirante pour ses habitants.

Pour le blogueur ou le microéditeur moyen, la Longue Traîne n'est pas la promesse de faire fortune. Si ce que vous faites a de la valeur, elle vous promet plus d'attention, de réputation et de lecteurs. Mais il ne tient qu'à vous de convertir cette devise non monétaire en bel et bon argent, et les moyens d'y parvenir sont aussi nombreux que les gens qui ont envie d'essayer. Pour beaucoup, se sentir apprécié est souvent une récompense suffisante. Mais il est important de fixer correctement le niveau de ses attentes. La Longue Traîne ne guérit pas de l'obscurité, elle ne fait que la réduire. Mais pour la grande majorité d'entre nous qui vivons, travaillons ou jouons dans la traîne, le glissement culturel au profit des goûts minoritaires apporte déjà une culture plus riche et plus vivace. Comment et quand l'argent suivra-t-il ? Les prochaines décennies nous le diront.

REMERCIEMENTS

Ce livre a bénéficié de l'aide et de la collaboration de milliers de personnes, littéralement, au fil d'un processus de rédaction assez ouvert, né d'un article largement diffusé et poursuivi en public sous forme de blog. Les personnes à remercier sont donc nombreuses, ici comme dans les notes placées à la fin du livre.

Et d'abord, celle qui hormis moi-même y a travaillé le plus, ma femme Anne. Un projet tel que celui-ci n'aurait pu être mené à bien sans un conjoint solide. Anne a été cela, et plus encore. Son aide et sa complicité permanentes ont rendu ce travail possible, malgré le prix à payer, depuis les dimanches consacrés aux enfants pendant que je travaillais chez Starbucks jusqu'aux soirées gâchées, aux vacances sacrifiées, aux sorties annulées et autres servitudes d'un projet absorbant. Mais plus encore, Anne a été ma caisse de résonance, ma première lectrice, ma conseillère, ma confidente et une source inépuisable d'encouragements et de conseils. (Nos jeunes enfants – Daniel, Erin, Toby et Isabel – ont aussi passé une année sans guère voir leur père ; je les remercie de l'avoir fait avec un comportement irréprochable et, je l'espère, sans en être marqués à jamais.)

Dans la phase d'étude et de définition de ce livre, j'ai bénéficié de cadres de travail et de réflexion qui sont peut-être parmi les meilleurs de la planète. Nos amis et voisins Louis Rossetto et Jane Metcalfe, fondateurs de *Wired*, m'ont aimablement prêté leurs magnifiques bureaux de Berkeley pendant plusieurs mois au cours de l'été 2005 (au titre de *scholar in residence*, intitulé qui à lui seul m'a donné l'impression de devenir plus intelligent). Un autre ami très cher, Peter Schwartz, m'a hébergé dans les tout aussi magnifiques bureaux de son Global Business Network à Emeryville, cadre d'une bonne partie des réflexions et de la mise en ordre finale réalisée avec un assistant rédactionnel hors pair, Steven Leckart.

Extrêmement précieux aussi ont été les membres de mon équipe chez *Wired*, en particulier Bob Cohn et Thomas Goetz, respectivement directeur de la publication et rédacteur en chef adjoint. Ils ont brillamment relevé le défi en réussissant tout à la fois à m'encourager et à me libérer quand le livre a exigé de plus en plus de mon temps. Bob a aussi revu l'article original sur la Longue Traîne, en m'aidant à affiner mes arguments et mon expression, et les effets positifs de sa contribution restent sensibles. Melanie Cornwell a nettoyé le manuscrit de ses erreurs sur la culture pop et l'a rendu plus intelligent. Merci aussi à Blaise Zerega, qui en tant que directeur de la rédaction est resté au gouvernail quand je n'étais qu'à moitié présent, et à Joanna Pearlstein, notre directrice des études, à qui je dois beaucoup des premières infographies. Et un remerciement spécial à Si Newhouse pour m'avoir confié sa remarquable plateforme de réflexions et m'avoir généreusement accordé assez de temps libre pour transformer l'une de ces réflexions en un livre.

De nombreux universitaires ont beaucoup contribué à quantifier les effets de la Longue Traîne et à explorer leurs conséquences. Erik Brynjolfsson, de la Sloan School of Management du MIT, et Jeffrey Hu, de la Krannert School of Management de Purdue, ont réalisé une partie des premiers travaux d'estimation de la Longue Traîne d'Amazon ; ils m'ont donné tout à la fois un cadre analytique sur lequel fonder la théorie et la certitude que ce travail était possible. Leurs recherches incessantes dans ce domaine sont fascinantes, et le soutien qu'ils apportent à mon travail est grandement apprécié. À la Harvard Business School, le travail d'Anita Elberse sur la Longue Traîne de Netflix et des DVD a été très utile ; j'attends à la fois sa publication et de nouvelles occasions de travailler ensemble.

À la Stanford Business School, le professeur Haim Mendelson m'a permis de présenter la Longue Traîne à l'une de ses classes et d'en faire un sujet d'étude. À la suite de quoi, j'ai eu la bonne fortune de travailler avec ses étudiantes, Angie Shelton, Natalie Kim, Saloni Saraiya et Bethany Poole, qui ont rédigé les études de cas Yahoo ! Music et eBay. Pour l'étude sur eBay, nous avons aussi reçu l'aide de Terapeak, qui a fourni d'irremplaçables données sur les acheteurs et les vendeurs de la Longue Traîne sur ce marché. Et à l'University of California, Berkeley, l'économiste Hal Varian a été une source d'idées et de conseils, tout en m'incitant à envisager de nouveaux angles et à me montrer plus rigoureux.

Rhapsody, de RealNetworks, a été l'une des premières sources de données et un exemple permanent de bonnes pratiques en matière de Longue Traîne. Rob Glaser et Matt Graves m'ont constamment prodigué aide et encouragements, ce dont je leur suis infiniment reconnaissant. Reed Hastings, P-DG de Netflix, n'a pas seulement été parmi les premiers à m'apporter son soutien et à me fournir des données : c'est lui qui m'a judicieusement fait observer le potentiel de l'expression « Longue Traîne ». Dave Goldberg, de Yahoo !, a apporté sa connaissance de l'industrie musicale et Bill Fisher, de DVDStation, a fourni à la fois des données et des réflexions sur l'évolution de l'économie du DVD. Et Robbie Vann-Adibé, ancien de Ecast, mérite un remerciement spécial pour m'avoir lancé dans ce travail.

Parmi les penseurs et les auteurs qui ont contribué aussi bien au texte qu'aux idées de ce livre figurent Umair Haque, qui a été d'une aide très précieuse pour la partie house music, Glenn Fleishman, qui a immensément contribué aux passages sur Amazon, Andrew Blau, de GBN, qui m'a aidé à réfléchir à la Longue Traîne du point de vue incitatif, Rob Reid, dont j'ai largement repris les longs et remarquables courriels sur l'évolution de l'économie du divertissement, et Kevin Laws, dont les idées initiales sur la puissance d'une masse de niches ont influencé l'article d'origine.

Mon agent, John Brockman, a été non seulement une caisse de résonance et un conseil avisé, mais il m'a aussi introduit dans son monde extraordinaire de penseurs et de savants ; les nombreux dîners et réunions auxquels j'ai participé à son invitation sont parmi les plus intéressants de ma vie. Will Schwalbe, réviseur chez Hyperion, m'a énormément aidé à bien cadrer ce livre, dont la structure actuelle doit beaucoup à ses sages conseils et dont l'achèvement est dû à son enthousiasme constant.

Mes parents méritent des remerciements tout spéciaux. À mon père, Jim Anderson, pour m'avoir montré qu'il était important de voir les choses globalement et de respecter l'honnêteté intellectuelle. Et à ma mère, Carlotta Anderson, pour m'avoir transmis sa rigueur rhétorique et sa curiosité sans limite.

L'étude sur l'industrie du livre a été des plus difficiles, car les données idéales (les statistiques de ventes d'Amazon) n'étaient pas disponibles ; il a fallu les rétrocalculer en grande partie d'après les chiffres fournis par des tiers. Pour cela, je dois des remerciements spéciaux à Morris Rosenthal et à Tim O'Reilly. Merci enfin à John Battelle, auteur de *The Search*, dont l'exemple d'écriture d'un livre à l'aide d'un blog m'a poussé à lancer thelongtail.com, source d'un nombre incalculable d'idées, conseils, données et avis provenant de milliers de lecteurs éclairés, à qui vont mes ultimes et non moins sincères remerciements.

NOTES SUR LES SOURCES ET LECTURES SUPPLÉMENTAIRES

Ce livre est le résultat de près de deux années de recherches et d'entretiens avec des dirigeants d'entreprise comme avec des universitaires. C'est aussi le résultat de l'analyse de grandes quantités de données exclusives sur les ventes et les usages, provenant d'entreprises qui développent des marchés de Longue Traîne, de Netflix à eBay. (Éternels remerciements aux dirigeants qui ont soutenu mon projet et mis ces données à ma disposition.) Il s'appuie enfin sur les travaux de nombreux autres chercheurs, penseurs et écrivains dont les idées et les conclusions ont influencé mes propres réflexions ; beaucoup d'entre eux sont cités dans le texte.

Les notes signalent les sources initiales et contiennent des informations et explications supplémentaires ainsi que des suggestions de lecture. Dans bien des cas, le matériau primaire se trouve sur le web ; j'ai alors mentionné une URL simplifiée. Mais il arrive que les URL changent ; c'est pourquoi je fournis aussi, dans la plupart des cas, des informations suffisantes pour les retrouver à l'aide d'un moteur de recherche.

NOTES

Introduction

1. Les informations sur les albums à succès viennent de la Recording Industry Association of America (www.risa.org), qui possède une excellente base de données des albums d'or (500 000 exemplaires vendus), de platine (1 million), de multiplatine et de diamant (10 millions ou plus). Des recherches peuvent être faites dans cette base. Les données sur les entrées des films de Hollywood proviennent de www.boxofficemojo.com.

2. Les données actuelles et historiques sur la télévision proviennent de Nielsen Media Research.

3. Radio d'information et de divertissement sans but lucratif. (N.d.T.)

4. Feuilleton télévisé américain diffusé à l'origine entre 1964 et 1967. (N.d.T.)

5. Vann-Adibé a quitté Ecast en 2005.

1. La Longue Traîne

1. Ce calcul requiert quelques explications. Le marché hors ligne (Wal-Mart) est un marché des CD, ce qui signifie que presque tous les morceaux de musique vendus font partie d'un album. Avec les services en ligne comme iTunes ou Rhapsody, les chansons peuvent être téléchargées individuellement, et la plupart le sont en effet. Pour convertir le marché des CD en marché de singles, il ne suffit pas de multiplier par 14, nombre moyen de morceaux par album, puisque certains morceaux sont plus demandés que d'autres. Pour affiner le taux de conversion, nous avons donc analysé les 100 000 premiers morceaux sur Rhapsody. Nous avons constaté qu'ils provenaient de

22 000 albums environ, soit une moyenne de 4,5 morceaux par album. Pour tenir compte des morceaux les moins demandés, classés au-delà du 100 000e rang, nous avons considéré que l'album moyen était équivalent à 5,5 morceaux. Les 4 500 titres de Wal-Mart sont donc équivalents à 25 000 morceaux chez Rhapsody.

2. Comparer les superlibrairies et Amazon est également délicat. Amazon ne diffuse pas de données sur les ventes titre par titre, ce qui nous a obligés à les reconstituer à partir des informations disponibles. Celles-ci consistent essentiellement en rangs de classement des titres dans les ventes de livres et en données d'autres sources sur les chiffres de ventes de différentes séries de livres. Le premier travail à ce sujet est dû à Erik Brynjolfsson, du MIT, avec Michael Smith, de Carnegie Mellon, et Jeffrey Hu, de Purdue. Dans « Consumer Surplus in the Digital Economy : Estimating the Value of Increased Product Variety at Online Booksellers » (2003), ils ont estimé la courbe des ventes d'Amazon d'après une vaste analyse de ses informations sur le classement des ventes. Ils ont conclu que les ventes des titres figurant au-delà du 100 000e rang (soit le stock habituel d'une superlibrairie traditionnelle) représentaient 40 % des ventes d'Amazon.

Des discussions ultérieures avec Amazon et d'autres acteurs de l'industrie du livre nous ont amenés à penser que ce chiffre était excessif, en raison très probablement de problèmes relatifs aux algorithmes de classement des ventes d'Amazon et au fait que ce genre d'analyse d'une courbe entière tend à sous-estimer les 100 premiers titres. Nous avons par la suite affiné l'analyse en calibrant les chiffres des classements relatifs avec des chiffres de vente connus obtenus directement des éditeurs. Nous les avons comparés aux estimations du chiffre d'affaires global réalisé par Amazon avec les livres selon les analystes. Nous estimons aujourd'hui que les ventes de titres classés au-delà du 100 000e représentent entre 20 et 30 % des ventes totales de livres d'Amazon, et nous avons retenu le chiffre médian, 25 %.

2. *Ascension et chute du hit*

1. L'essai de Benjamin est *L'Œuvre d'art à l'époque de sa reproduction mécanisée*, 1936.

2. Le concept de cette émission a été adapté en France sous le titre *À la recherche de la nouvelle star.* (N.d.T.)

3. Animateur de radio américain. De 1970 à 1988 puis de 1998 à 2004, il a présenté le palmarès *American Top 40.* (N.d.T.)

3. Une brève histoire de la Longue Traîne

1. Intervention de Bezos au Churchill Club, en février 2005.

2. D'après le site web de Robb, globalguerillas.typepad.com. Le post est daté du 18 mars 2005.

5. Les nouveaux producteurs

1. En ce qui concerne Wikipédia, je me suis fortement appuyé sur « The Book Stop Here », par Daniel Pink, publié dans *Wired* en mars 2005.

2. En mars 2007, quatorze versions de Wikipédia comptaient plus de 100 000 articles et quarante-trois plus de 10 000 articles. (N.d.T.)

3. www.paulgraham.com/web20.html.

4. Lulu.com a lancé une version française en 2006. (N.d.T.)

5. La source est le magazine *Global Agenda* du Forum économique mondial, 2006.

6. Terme d'argot qui signifie « sympa », « marrant », etc.

7. Je dois les détails de ce passage à l'excellent article de Xeni Jardin paru dans le magazine *Wired* en décembre 2005.

8. Ryan Shaw et ses collègues du Media Streams Metadata Exchange de la School of Information Science and Management.

6. Les nouveaux marchés

1. D'après www.nacs.org.

2. D'après www.bisg.org.

7. Les nouveaux prescripteurs d'opinion

1. Intervention de Hastings à la Lehman Brothers Small Cap Conference en novembre 2005.

8. La Longue Traîne en chiffres

1. J'ai utilisé le terme « loi de puissance » de façon libre pour évoquer des distributions où $y = ax^k$. Dans les données empiriques utilisées dans ce livre, y est la popularité ou la quantité de ventes absolues

et x les ventes correspondantes ou le rang de popularité de produits déterminés. a est une constante et k est la puissance à laquelle x est élevé, que l'on appelle « exposant de loi de puissance ». En fait, il existe de nombreuses variations de ce type d'exponentielles, et certains marchés qui ressemblent à des lois de puissance pourraient en fait suivre une distribution log-normale ou d'autres formes statistiques apparentées. L'exploration de ces différences dépasse le cadre de ce livre, mais c'est à Hal Varian de l'université de Californie à Berkeley (et Google) que revient le mérite de m'avoir signalé cette subtilité.

2. http://film-festival.org.

3. Les statistiques présentées ici pour Barnes & Noble, PRX et rediff.com m'ont été communiquées personnellement par les responsables de ces sociétés.

4. Comme l'étude n'a pas encore été publiée et a été communiquée sous forme de projet, ces chiffres sont susceptibles de changer dans la version définitive.

5. Le contraste entre les marchés en ligne et hors ligne est frappant. Les chiffres ci-dessous font clairement apparaître les différences entre ces types de distributions.

Pourcentage des ventes totales :

Rang du titre	**Wal-Mart***	**Rhapsody**	**Blockbuster***	**Netflix**
1-100	65 %	47 %	68 %	38 %
101 et après	36 %	53 %	32 %	62 %

* Les chiffres présentés pour Wal-Mart et Blockbuster proviennent de Nielsen's SoundScan et VideoScan et mesurent le total des ventes hors ligne pour ces deux catégories de distribution. Wal-Mart et Blockbuster étant les plus grands détaillants sur le marché, on peut avancer sans risque d'erreur que leurs ventes suivent sensiblement la même logique.

6. Publié au départ dans *Forbes ASAP*, ce passage est également paru dans *Telecosm : How Infinite Bandwidth Will Revolutionize Our World*, 2000.

7. Correspondance personnelle.

9. La « Petite Tête »

1. Richard Florida, *The Rise of the Creative Class. And How it's Transforming Work, Leisure, Community and Everyday Life*, Basic Books, New York, 2002.

2. *Discover Magazine*, 2005.

3. *Déclin et Survie des grandes villes américaines*, Mardaga, 1995 ; publié pour la première fois en 1961.

4. David Gottlieb a été interviewé pour le documentaire de Frontline, « The Way the Music Died ».

5. Source : Brynjolfsson, Smith et Hu, 2003.

10. Le paradis du choix

1. « When Choice Is Demotivating : Can One Desire Too Much of a Good Thing ? », Sheena Iyengar (Columbia) et Mark Lepper (Stanford), 2000.

2. « The Lure of Choice », Nicola Brown et Barbara Summers (Leeds University Business School) et Daniel Read (London School of Economics), 2002.

3. Information recueillie par l'auteur.

11. Les cultures de niche

1. La première formulation provient de la traduction européenne d'un jeu vidéo, Zero Wing, sur Megadrive. L'introduction du jeu a été si mal traduite par les Japonais que les dialogues sont incompréhensibles. « More cowbell » fait allusion à un sketch sur *Saturday Night Live* relatif à l'enregistrement d'une chanson *Don't Fear The Reaper* par Blue Öyster Cult. Enfin, « I for one welcome our new overlords » est une phrase tirée de la série animée *Les Simpsons*. (N.d.T.)

2. *Forbes*, ASAP, 1998.

12. Des écrans à l'infini

1. « How Much Information ? », Hal Varian *et alii* (UC Berkeley School of Information Management and Systems), 2003.

2. *Streaming Media*, octobre 2005.

3. Communication personnelle.

15. La Longue Traîne du marketing

1. Allusion à une question souvent posée dans les milieux chrétiens américains devant un cas de conscience : « Que ferait Jésus ? » (« *What would Jesus do ?* »). (N.d.T.)

2. Début 2009, Google Trends n'était proposé qu'en versions anglaise et chinoise. Étant donné la prééminence de l'anglais sur le web, très rares sont aujourd'hui les recherches du type « à bas X » ou « vive X » qui donneront réellement un résultat. On se rendra mieux compte de l'utilité de cet outil en effectuant une recherche sur « *X sucks* » ou « *X rocks* ». (N.d.T.)

Épilogue

1. Allusion aux célèbres mascottes d'Anheuser-Busch : des *clydesdales* attelés à un chariot de livraison. (N.d.T.)

INDEX

C

D

J – K

L

O

P

R

X – Z

TABLE

Mise en page par Meta-systems
59100 Roubaix

N° d'édition : L.01EHQN000647.N001
Dépôt légal : septembre 2012
Imprimé en Espagne par Novoprint (Barcelone)